4차 산업혁명 시대를 위한

혁신적 조직행동

유재언 지음

INNOVATIVE ORGANIZATIONAL BEHAVIOR FOR THE FOURTH INDUSTRIAL REVOLUTION

신아사

머리말

21세기에 시작된 4차 산업혁명의 시대에서 기업들은 혁신해야 생존이 가능하게 되었다. 4차 산업혁명의 시대는 인공지능(AI), 가상현실과 증강 현실, 빅 데이터, 클라우드 컴퓨팅, 사물 인터넷(IoT)와 같은 혁신적인 기술을 사용하여 새로운 사업을 창출하고 있다. 현대 사회는 4차 산업혁명으로 출현한 새로운 첨단 기술과 함께 정보기술(IT)의 혁신적 발달로 인하여 지구촌은 글로벌화되면서 다양하고 이질적인 문화가 공존하는 '다양성'의 사회가 되었다. 이러한 다양성의 사회에서는 다양한 문화들, 상이한 관점들과 가치관을 포용하는 새로운 철학과 패러다임이 등장하였다. 이러한 시대적 맥락에서 경영학의 패러다임은 변화하고 있고, 조직행동의 패러다임도 변화되었다. 하지만 조직행동론을 보는 관점은 크게 변화된 것이 없는 것이 우리의 현실이다.

본서는 4차 산업혁명의 개념과 특성 그리고 혁신 성장을 위한 조직과 조직행동을 보는 새로운 시각과 이론을 제공하여 '혁신적 조직 행동'을 위한 새로운 아이디어를 제공하고자 한다. 복잡계 이론(complexity theory)에서 제시하는 새로운 과학적 사고는 인간과 사회 및 조직을 보는 새로운 철학과 시각을 제시한다. 복잡계의 이론의 관점에서 보면 오늘날 글로벌 사회에서 인간과 조직 및 사회는 마치 살아있는 복잡적응계(complex adaptive system)로서 기능한다. 이러한 복잡적응계의 '생명체들'이 만들어 내는 다양한 산업들, 경제 체제, 사회와 기업들은 상호 복잡한 '관계'를 맺으며 생존하고 진화되고 있다. 복잡계 이론의 관점에서 보면, 인간과 조직, 사회, 경제 생태계를 구성하는 모든 생명체는 상호 연결되어 무수히 많은 '관계'를 맺으며 생존하고 있다. 이러한 관계를 구성하며 유지하는 경제 생태계도 더 큰 형태의 복잡 적응계(complex adaptive systems)로 이해되며, 환경과의 상호 작용을 하며 존재하고 있다. 우리 인간과 조직을 포함하는 이러한 복잡 적응계를 유지하는 본질적인 특성은 무엇인가? 자본주의의 역사적인 발전과정을 볼 때, 기업의 정체성과 특성은 기업이 속한 환경과 문화, 역사, 사회 및 경제 체제와 상호 밀접하게 연계되어 변화되고 있다. 따라서 이러한 환경변화에 적응할 수 있는 인간과 집단에 대한 이해, 조직의 본질과 조직행동에 대한 새로운 시각과 관점이 필요하다. 이러한 필요성에서 본서는 경영학을 단지 경제학적인 관점에서 효율성을 추구하는 학문으로 간주하지 않고, 역사성, 사회성과 문화적 맥락을 동시에 고려하는 통합적이고 새로운 관점에서 접근하여 조직행동을 이해하는 이론과 모델을 제시하였다.

지금까지 발표된 조직 혁신과 새로운 조직행동에 관한 책들과 논문들을 참고하여, 환경과 상호작용하는 인간, 조직과 사회를 '복잡계(complex systems)'로 이해하였다. 또한 복잡계 이론의 관점에서 발전된 시스템 방법론(systems methodology), 시스템 이론과 모델을 제시하였다. 복잡계 이론과 시스템 방법론은 조직행동에 대한 창의적 사고와 스스로 판단하고 사고하는 비판적 사고, 도전 정신과 리더십 개발, 환경변화에 대응하는 조직구조와 설계, 학습과 혁신, 창의적인 조직변화와 조직개발, 개방적 조직문화의 형성과 발전을 위한 합리적 사고를 발전시키는 데 유용한 개념적 도구가 될 것이다.

본서가 나오기까지 『혁신적 조직행동론』과 관련하여 토론에 참여하고 아이디어를 제공한 고려대학교, 이화여자대학교, 한양대학교, 계명대학교 학부생들과 대학원생들에게 감사드린다. 또한 졸고를 흔쾌히 출간해 주신 신아사 대표님과 상무님께도 감사드린다.

2018년 봄
계명 동산에서
저자 유재언

목 차

제I부
현대사회와 환경 변화

제II부
복잡계 이론: 경영의 새로운 패러다임

제III부
혁신적 조직행동의 이론적 기초

제 IV 부
조직과정의 이해

제 13장 학습과 혁신 / 245

제 14장 창의적인 조직변화와 조직개발 / 277

제 I 부

현대사회와 환경변화

제 I 부에서는 조직행동의 환경적 요인인 현대 사회의 발전과정과 환경(역사, 문화, 경제)의 변화 및 새로운 패러다임의 출현에 대해서 살펴보고자 한다.

제 1장 현대사회의 발전과정

현대사회는 다양한 조직들로 이루어져 있다. 현대사회는 경제적 환경, 문화적 환경, 정치적 환경의 복합적인 측면을 갖고 있다. 문화적인 측면에서 볼 때, 서구의 기독교는 서구의 산업사회의 출현과 더불어 유럽의 문화를 전 세계로 전파하였다. 아시아 지역은 독특한 역사적 배경과 문화적 환경을 갖고 있는 지역으로 발전되어 왔다. 19세기 이후에 아시아 지역은 일본을 중심으로 근대화가 시작되었고, 중국과 한국도 영국, 프랑스, 네덜란드를 위시한 유럽 국가들과 국제적인 통상을 시작하였다. 이러한 국제적인 통상은 과학 기술의 발달과 가속화되었고, 문화적으로는 기독교 사상과 경제적으로는 자본주의 경제체제를 수용하기 시작하였다. 이러한 역사적인 배경에서 함께 전 세계는 서구화되었고, 서구화의 큰 흐름에서 산업혁명이 출현하고 현대식 의미의 기업이 탄생하였다.

제 1절 산업사회의 개념과 특성

1. 산업혁명과 기업의 출현

(1) 현대 기업의 본질에 대한 이해

18세기 영국에서 시작된 산업혁명이후 사회가 급변하면서 유럽에서 성장한 기업들이 세계 무역을 주도하면서 오늘날의 현대 기업이 탄생되었다. 유럽의 역사를 보면, 영국에서 증기기관을 발명함으로 제1차 산업혁명이 시작되었다. 1차 산업혁명은 1860년에서 1940년까지 영국에서 증기기관차가 등장하여 대중교통의 수단이 되었고, 기계화로 인해서 기계가 사람을 대신하여 제품이나 물건을 생산하는 시대로 변화되었다. 1차 산업혁명은 이후 프랑스나 독일, 이탈리아 등 서구 유럽의 국가들로 전파되었다. 이러한 1차 산업혁명은 수공업 시대의 종말을 의미하였다. 즉 공장의 출현으로 사회의 변혁이 시작되었다. 이러한 사회의 변혁은 19세기에서 20세기 초에 걸쳐서 출현한 2차 산업혁명으로 인하여 가속화되었다. 2차 산업혁명은 전기 에너지를 이용하여 기계화를 통한 '대량생산'을 가능하게 하였다. 20세기 초반에 시작된 산업화와 대량생산 체제에서 현대적 의미의 기업이 탄생하였다. 이 시기에 미국의 테일러(Frederic Winslow Taylor: 1856~1915)에 의해서 과학적 관리법(scientific management)의 원리가 창안되어 현대적 의미의 경영 기법이 탄생하게 되었다. 기업 경영에 있어서 과학적 관리론은 주먹구구의 방식이 아닌 합리적으로 일을 하면서 효율성을 향상시키는 이론적 기반을 제공하였다. 이러한 과학적 관리법은 아담 스미스의 분업의 원리를 적용하여 생산 공정에 있어서 개별적인 작업을 요소 동작으로 분해하고, 각 요소의 동작의 형태, 순서, 소요 시간 등을 시간 연구 및 동작 연구에 의해 표준화하였다. 이러한 표준화된 작업량에 의해서 작업 수행에 있어서 낭비의 비능률을 제거하고 생산 과정에 있어서 필요한 지식과 기술을 활용해서 생산량을 증가시켰다. 1970년 대 독일, 영국, 프랑스, 미국을 중심으로 제조 산업이 형성되고 '과학적 관리법'에 의한 대량 생산의 방식이 등장하여 전 세계로 전파되었다. 이러한 대량생산의 체제를 갖춘 현대식 관점에서 기업이 등장하였고 현대 기업의 본질은 다음과 같은 특성을 갖고 있다.

가. 자본의 형성

현대 기업은 지역사회에 존재하는 인재들과 사회적 자본을 활용한다. 일반적으로 지역 사회 내에 존재하는 사회적 자본은 지역사회의 구성원들과 잠재적 사회적 자본을 연결해주는 공동체 의식, 사회적 분위기, 제도적 여건으로 구성된 시스템 또는 체계로 정의한다(Lin, 2001). 지역사회에 존재하는 잠재적인 사회적 자본은 사회적 네트워크를 통해서 실질적인 사회적 자본으로 탈바꿈되지 못하면 기업은 그 정체성을 상실하게 된다(Nahapiet and Ghosal, 1998).

나. 경제적 관점의 이윤추구

기업의 목적은 경제적인 관점에서 이윤을 추구하는 것이다. 기업은 투자자와 주주로부터 형성되었기 때문에 이윤을 창출하여 투자자와 주주에게 경제적 관점에서 책임을 다해야 한다.

다. 이해관계자 관점의 사회적 미션

이해관계자의 관점에서 보면, 기업의 근본적인 목적은 기업의 사회적 미션을 달성하고자 하는 것이다. 기업의 사회적 미션을 달성하기 위해서는 기업은 투자자, 소비자, 지역사회의 주민들, 조직 구성원과 자원봉사자들과 같은 이해관계자들의 다양한 가치와 이들이 속한 지역사회의 사회적 가치를 추구하면서 동시에 수익창출이라는 경제적 가치를 추구한다. 기업에 참여하는 다양한 이해관계자의 요구와 동기를 보상의 관점에서 보면 크게 심리적·사회적·경제적 보상요구가 있다. 따라서 기업은 이해관계자의 이해관계 속에 내재된 이러한 동기를 정확하게 이해하고 이러한 동기를 충족시키기 위해서 운영할 때 보다 효과적인 전략을 수립하고 경영할 수 있다(Donaldson and Preston, 1995).

라. 기업가 정신과 조직 구성원의 참여

기업의 본질은 기업가 정신과 조직 구성원의 참여로 이루어진 조직이다. 따라서 기업가 정신 및 조직의 주요 이해관계자로서 조직구성원이 지니고 있는 자율성과 참여가 현대식 관점의 기업 형성에 크게 기여하였다. 이러한 기업의 형성과정에서 강조되어야 할 점은 주주의 대리인으로서 그리고 종업원의 보호자로서 경영자의 의무와 권리가 매우 중요하다. 이론적으로 보면, 주인-대리인 관계(principal-agency)에 대한 논의가 심도 있게 이루어져야 하고 최근에 강조되고 있는 기업의 합리적인 경영은 기업가 정신의 입장에서 이해되어야 한다. 최근에는 기업의 본질을 이해하는 데에 있어서 이해관계자 중심의 어프로치에서 논의되고 있는 것이 과연 무엇을 의미하는가를 이해할 필요가 있다. 즉, 기업의 경영자는 과연 기업가가 무엇을 할 수 있고 해야 되는지에 대한 물음에 대한 진지한 고민이 이루어져야 한다. 기업가는 경제 분야와 비즈니스의 분야에서 상당한 기간 동안 지식과 경험을 쌓아온 사람을 일컫는다고 할 수 있다. 그러나 기업가는 전문적 지식뿐만 아니라 리더십과 도전 정신과 열정과 같은 다른 특질을 지니고 있는 사람을 일컫는 것이다. 즉 강한 열정과 기업가 정신이 전문적인 지식과 경험에 결합될 때 이를 비로소 기업가라고 할 수 있을 것이다.

마. 기업의 사회적 책임(CSR)의 중요성

기업은 어느 특정한 비전과 목적을 가지고 운영된다. 따라서 기업은 존재할 가치를 가지며 환경적, 사회적, 그리고 경제적 영향에 대해 조직 구성원들과 지역사회에 대한 책임이 있다. 기업의 사회적 책임(CSR)은 기업뿐만 아니라 사회 및 경제 체제에도 영향을 미치기 때문에 기업은 환경변화에 적합한 사회적 책임을 다해야 한다(Sato, 2013). 즉 기업은 사회적 책임에 대한 당위론적인 관점과 수단적인 관점에 관한 이해의 폭을 넓혀서 어떤 상황 하에서는 어떤 기준이 더 적절한지 판단할 수 있어야 한다. 기업은 경영활동의 여러 다양한 영역에서 나타날 수 있는 사회적이고 윤리적인 이슈들을 다루어야 하는 상황에 이르렀다. 즉, 기업의 경영 활동으로 이해관계자에게 미치는 영향을 고려하여 기업의 사회적 책임이 이루어져야 한다(워더 & 챈들러, 2011).

2. 제 3차 산업혁명의 출현

20세기 후반부터 컴퓨터와 인터넷 기반의 디지털 기술의 혁명에 힘입어 정보기술은 급격하게 발전되면서 제 3차 산업혁명이 시작되었다. 제 3차 산업혁명은정보화 및 자동화가 광범위하게 사용되는 정보기술시대를 열게 되었다. 1960년대 미국에서 시작된 제 3차 산업혁명은 원자력, 컴퓨터, 공간 기술과 생명 공학의 발명과 응용을 주요 상징으로 삼았다. 이러한 제 3차 산업혁명은 정보 기술(IT) 혁명을 통해서 기존의 제조업 중심의 경제 체계를 지식과 정보를 중심으로 하는 '지식 경제'의 시대로 탈바꿈시켰다.

제 2절 자본주의 사회의 변화

1. 지식경제의 출현

지식 경제라는 용어는 자본과 노동력을 바탕으로 하는 시장경제와 구별 짓는 지식과 서비스의 개념을 설명하기 위해서 경영학계에서는 피터 드러커가 처음으로 소개하였다(Drucker, 1993). 지식 경제는 경제적 목적을 실천하기 위한 기업과 환경의 상호작용으로 존재하는 다양한 네트워크를 통해서 구성되며, 기업이 비즈니스의 필요에 의해서 공동체내에서 재화와 지식의 창출과 공유가 역동적인 과정을 통해서 이루어진다. 지식 경제의 핵심이 되는 지식의 개념은 부의 창출과 조직의 핵심적 성과를 산출하는 핵심요소이다(Carlisle, 2002: 122). 경제학자인 칼 폴라니는 아담 스미스의 고전 경제학에서 주장하는 자본주의 사상은 인류 사회의 역사적 특수성과 문화적 측면을 배제하고 단지 이윤의 극대화를 추구하는 인간의 경제적 행위를 가정하는 오류를 범했다고 비난하였다. 이러한 폴라니의 사상은 피터 드러커에 지대한 영향을 미쳤다. 드러커는 자본주의 사회의 정체성은 개인들 상호 호혜성과 신뢰를 통해서 형성되고 지식경제 시대에서 시장의 교환활동에서도 매우 중요한 요소로 작용한다고 주장하였다.

지식경제 시대에 적응하려는 지식경영을 중시하는 기업은 다음과 같은 중요한 질문을 제기해야 한다(Clare and Detore, 2000: 14-15). 즉 지식노동을 중요시 하는 지식 기업의 특성은 다음과 같은 질문에 스스로 답할 수 있어야 한다.

첫째, 조직의 지식은 종업원, 고객 및 주주들을 위한 기업의 가치를 창출하기 위해서 지식을 창출하고 공유하고, 활용하기 위한 경영 체계를 구성하는 기본적인 요소가 될 수 있는가?

둘째, 시장 또는 사회적 환경에서의 조직의 본질에 대한 의미는 무엇인가? 기업의 주주 혹은 기업의 소유주를 위한 이윤 창출인가? 아니면 고객, 종업원, 이해관계자들을 위한 가치 창출인가?

셋째, 고객 혹은 조직 구성원들을 포함하는 이해관계자는 조직이 제공하는 지식으로부터 가치를 창출할 수 있는가?

넷째, 고객, 구성원 혹은 이해관계자는 그들의 원하는 지식을 다른 조직에서 제공하는 지식보다 보다 신속하게 얻을 수 있는가?

20세기 후반부터 등장한 지식경제의 개념은 21세기에 들어와서 전통적인 관점의 노동의 개념을 지식노동이라는 개념으로 전화시켰다(표 1-1).

〈표 1-1〉 전통적 노동과 지식 노동의 비교(출처: Boud and Garrick, 1999)

	전통적 노동	지식 노동
노동의 장소	개인의 주변	집단, 프로젝트
노동의 초점	과업, 목표, 업적	고객, 과제, 이슈
스킬의 진부화	점진적	급속
일련의 스킬, 지식	좁고 자주 기능적	전문화되고 깊음 점점 주변적인 초점을 가짐
활동, 피드백 싸이클	초보적, 즉시적 성질	사업의 시점에서 장기적
업적 척도	과업수행 적고, 정기적이고 신뢰	프로세스의 유효성 잠재적이고 큼 자주 불규칙
종업원의 충성심	조직, 개인의 경력 시스템	직업이나 네트워크 동료
기업업적에의 영향	마스터플랜을 지원하는 다수의 작은 공헌	전략적이고 장기적으로 중요한 소수의 커다란 공헌

지식경제시대에서는 전통적인 관점에서 보는 개인들의 육체적인 노동보다는 집단의 무형자산과 지식 노동을 통해 이루어지는 프로젝트 형 중심으로 비즈니스가 이루어진다. 이러한 프로젝트 중심의 비즈니스는 전략적인 관점에서 보면 중요한 소수의 커다란 공헌이 기업의 성과를 좌우하게 된다(Clare and Detore, 2000).

- 지식의 창출을 우선시함.
- 결과보다는 프로세스의 우월성을 중시함.
- 조직 구성원들의 자유성, 자발적 활동과 참여로 인해 창출된 무형자산(예를 들면, 신뢰와 협력, 개방적인 문화 등)과 지식 자본의 형성과 활용.
- 사회적 환경변화에 적응하는 적응적 조직(adaptive organization)으로 발전함.
- 무형자산과 지식자본은 기업의 핵심역량을 구성하며 이는 경쟁우위를 창출함.

2. 현대 지식기업의 특성

기업은 여러 이해관계집단의 '협동관계'를 바탕으로 성립·존속·성장하여 가는 하나의 협동시스템이다. 인간이 협동을 하게 되는 까닭은 개인의 육체적·생리적·심리적·경제적·사회적 한계를 극복하여 단독으로는 얻을 수 없는 만족이나 이익을 얻으려 하기 때문이다. 이러한 협동은 사람들이 각기 다른 일을 하되 결과적으로는 그 일의 성과가 결합·통합되어 공동의 목표가 보다 더 효율적으로 달성되는 방식으로 전개되는 '분업'을 바탕으로 이루어진다. 그리고 이렇게 분업을 바탕으로 하는 협동관계는 본질적으로 협동참가자들 사이에 상호의존성(interdependence)과 대등성(equality) 그리고 자주성(autonomy)이 있어야만 협동참가자들의 협동의욕을 고취시킬 수 있으며 그들의 공동목표에 대한 합의와 그것의 달성을 기대할 수 있게 된다.

기업은 본질적으로 생산기능을 수행하는 조직이다. 여기에서 생산기능이란 기업이 보유하고 있는 자원, 즉 생산요소들을 적당한 비율로 결합·변환하는 과정을 통하여 사회가 요구하는 여러 가지의 효용가치를 창출·부가하는 활동을 말한다. 예컨대, 제조업의 경우에는 흔히 생산요소로 불리는 토지·노동·자본의 세 가지 자원이 결합된다. 이 중에서 토지는 공장의 입지는 물론 원재료와 같은 자연자원, 기후, 온·습도, 지하수 등을 말하며, 노동은 지적·육체적 노동 및 종업원 개인의 모든 특성을 포함한다. 또한 자본은 건물, 도구, 기계설비, 가공재료 등을 포함한다. 이와 같은 변화과정으로서의 생산기능은 경영자의 경영관리기능에 의해 합리적으로 계획·통제된다. 그리고 생산기능에 의해 창출·부가된 효용 가치는 상품이나 서비스와 같은 형태로 사회에 제공된다.

기업은 실체(entity)로서의 독립적 존재이다. 실체란 기업 그 자체를 기업의 소유자인 주주의 사적 소유물로 보지 않고 이와는 별개의 독자적인 존재로 인식하는 것을 말한다. 다시 말하면, 이는 기업을 원칙적으로 기업의 구성원인 경영자나 종업원 및 기업의 소유자인 주주와는 별도로 생명력을 지니고 있어 자주적·영속적으로 존속하는 존재로 보는 것이다. 따라서 기업이란 스스로 독립적·영속적으로 존재하고 기능을 수행하는 존재라고 할 수 있다. 피터 드러커는 이러한 의미에서 기업을 고객, 즉 사회가 부를 창출하는 데 쓰이는 생산수단 내지 자원을 위탁한 사회적 기관(social institution)이라고 말한다(Drucker, 1999). 오늘날 선진국에서는 기업의 파산법을 개정하여 기업에 대한 특정집단(채권자, 종업원, 주주 등)의 권리보다는 영구적 존속체 내지는 독자적인 사회적 존재로서의 기업 그 자체의 유지·존속에 우선권을 주고 있는 것도 이러한 맥락으로 이해할 수 있다.

제 2장 제 4차 산업혁명과 신자본주의에 대한 이해

제 4차 산업혁명은 어느 학문분야의 어떤 관점에서 보느냐에 따라서 해석이 달라질 수 있다. 본서는 경영학 분야의 조직행동론 및 조직이론의 관점에서 4차 산업혁명을 설명하고자 한다. 이러한 관점에서 본 장에서는 제 4차 산업혁명의 개념과 특징 및 신자본주의(new capitalism)의 개념과 출현과정을 살펴보고자 한다.

제 1절 제 4차 산업혁명의 의미

1. 제 4차 산업혁명의 개념

21세기 글로벌 환경변화는 기업이 과거와는 전혀 다른 방식으로 혁신해야 생존할 수 있는 경영환경으로 변모되었다. 기업은 새로운 경영환경에 생존하기 위해서 새로운 가치를 창출하는 조직으로 전환해야 한다. 기업의 가치 창출은 과거의 생산 요소인 토지, 노동, 자본, 설비에만 의존할 수 없고, 지식과 문화와 같은 무형의 자산을 활용해야 한다. 기업은 생존하기 위해서 다른 기업들과의 전략적 제휴 등을 통해서 경영적·기술적 노하우, 경험, 지식을 공유해야 한다. 4차 산업혁명은 인공지능(AI)과 같은 기계가 '사유하는 인간'의 역할을 대신하게 되었다. 인공지능과 더불어 로봇공학, 빅 데이터 및 사물 인터넷(IoT) 기반의 '초지능 혁명'을 통해서 제 4차 산업혁명이 시작되었다(표 2-1). 제 4차 산업혁명은 사람, 사물, 공간을 통시적으로 연결하고 생산수단, 통신 수단 및 교통수단이 자동화 및 지능화되면서 물리적, 생물학적, 디지털 영역이 통합되어 지식과 기술이 융·복합되어 새로운 산업과 비즈니스를 창출한다(요시카와 료조, 2016).

〈표 2-1〉 4차 산업혁명의 주요 기술 및 특징(출처: 클라우드 슈밥, 2016)

기 술	내 용
인공지능(AI)	• 컴퓨터가 사고, 학습, 자기계발 등 인간 특유의 '사유하는 능력'과 지능적인 행동을 모방할 수 있도록 하는 컴퓨터 공학과 정보기술 • 다양한 분야와 연결하여 인간의 업무를 대체하고 그 보다 높은 효율성을 가져올 것으로 예상됨.
로봇공학	• 로봇공학에 생물학적 구조를 적용함에 따라 더욱 뛰어난 적응성과 유연성을 갖추고 정밀농업에서 간호까지 다양한 분야의 광범위한 업무를 처리할 만큼 활용도가 향상됨.
빅 데이터(Big Data)	• 디지털 환경에서 생성되는 다양한 형태의 방대한 데이터를 바탕으로 인간의 행동 패턴을 분석하고 예측함. • 기업 및 산업 현장에서 빅 데이터의 분석을 통해 시스템의 최적화 및 효율화를 도모함.
사물인터넷 (IoT: Internet of Things)	• 사물에 센서를 부착하여 실시간으로 데이터를 네트워크로 주고받는 기술 • 기계들 간의 의사소통으로 사물 상호 간의 정보를 직접 교환하며 필요에 따라서 정보를 분석하고 스스로 작동하는 자동화 기술임.
3D 프린팅 (Additive Manufacturing)	• 입체적으로 형성된 3차원 디지털 설계도나 모델에 원료를 층층이 겹쳐서 유형의 물체를 만드는 기술로 소형 임플란트에서 대형 풍력발전기까지 만들 수 있음.

2. 제 4차 산업혁명의 특징

4차 산업혁명은 제조업과 서비스업을 혁신적으로 변화시켜 스마트화를 상용화시켰다. 또한 4차 산업혁명의 선진국인 미국, 중국, 독일, 일본을 중심으로 증강현실(AR)과 가상현실(VR)의 기술들이 농수산업과 관광산업에 접목시키는 등 혁신적인 기술을 선보이고 있다. 제 4차 산업혁명의 발전과정은 제 1, 2, 3차 산업혁명의 결과로 파생된 정보기술(IT)의 혁신적인 발전과정에서 발생하였다(그림 2-1).

〈그림 2-1〉 제 1, 2, 3, 4차 산업혁명의 발전과정

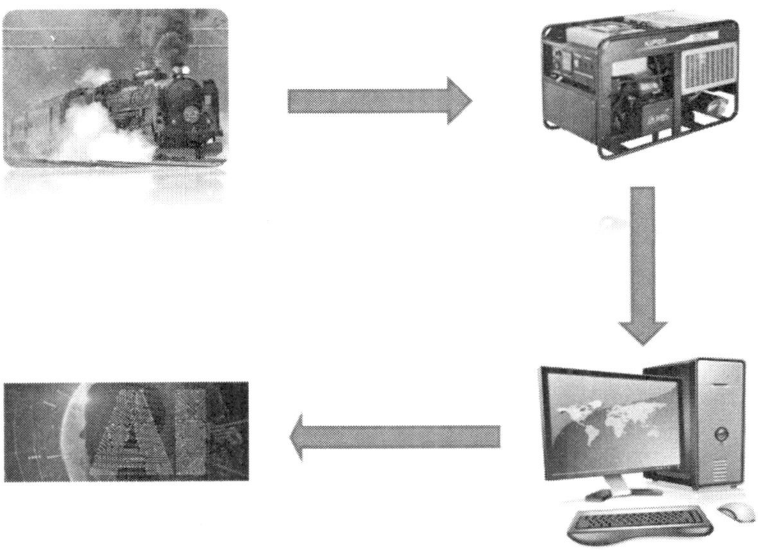

4차 산업혁명의 특징은 물리학 기술, 디지털 기술과 생물학 기술이 상호 융복합되어 이전과는 전혀 다른 새로운 산업과 신 기업의 비즈니스 모델을 창출하고 있다(클라우드 슈밥, 2016). 우리나라의 경우 4차 산업혁명과 관련된 핵심기술이 지속적으로 하락하는 추세이다. 4차 산업 핵심 기술 분야와 기술격차가 발생, 특히 AI 등의 첨단 ICT기술 분야의 전문인력 확보가 매우 어려운 상황이다(박기영, 2017). 우리나라 전체 연구 인력 대비 외국인 전문 인력 비중은 1.76%에 불과하여 과학기술 경쟁력에서 해외 우수인재가 기여하는 수준은 미미하다(삼성경제연구소, 2016). 현재 국내 외국인 취업자는 주로 제조업과 서비스업 분야에서의 저 숙련 인력 중심이며, 고부가가치 산업의 외국인 취업은 미흡한 수준이다. 이는 한국사회가 가진 해외 전문 인력의 국내 취업 혹은 창업이 국내 일자리를 잠식하여 한국인의 취업을 저해시킨다는 인식이 크기 때문이다. 하지만 이러한 인식을 경제 성장의 새로운 동력이라는 긍정적 인식으로 전환시키는 노력이 필요하다. 미국, 영국, 독일 등 선진국은 아웃소싱을 전략적으로 활용하고 있으나, 우리기업은 관리역량, 의사소통능력, 경험 부재, 아웃소싱 거부감 등으로 활용수준이 극히 저조한 실정이다. 하지만 한류 및 우수한 ICT 첨단 인프라 등으로 우리나라도 해외 우수 인재들에게 기회의 땅으로 각광받고 있는 중이다. 이에 다국적 ICT 생태계 조성이라는 큰 틀에서 해외 인재 유치 및 정착과 다국적 조직 문화 확산 등의 지원 정책이 종합적으로 진행되어야 한다(NIPA, 2016).[1]

오늘날 현대 시민사회에서의 인간의 존재는 개인의 삶 자체가 지구촌 사회의 변화에 필연적으로 연결되어 있다. 4차 산업혁명은 지구촌

1) 국내외 ICT 외국인 취업, 창업 비자 현황 조사 및 개선방안 연구(NIPA)

사회를 인공지능(기계 학습과 알고리즘), 빅 데이터(Big data), 사물인터넷(IoT)을 기반으로 한 네트워크 기반으로 연결하고 있으며, 이러한 현대사회를 클라우드 슈밥은 초연결성과 초지능성의 사회라고 부른다. 초연결성 및 초지능성의 사회에서 개인과 조직의 정체성은 무수한 네트워크를 연결하는 하나의 노드 혹은 점으로 이해되어야 한다. 즉 개인과 조직은 국가의 존재와 국경을 초월하는 세계화의 환경 속에서 어떻게 연결되어 있으며 어떤 역할을 수행하는지를 이해해야 한다. 즉 현대 시민사회의 존재와 기업의 지속가능성은 개인, 집단, 사회, 국가의 차원에서만 이해될 수 없으며, 세계화와 연관되어서 가능하다. 예를 들면, 제 4차 산업혁명은 지능화를 통해서 자본과 노동의 제약을 극복함으로써 노동력 부족의 해소, 생산성의 제고 등 새로운 성장원천을 제공할 잠재력이 있지만, 산업구조가 재 정의되는 새로운 산업질서의 변화에 대응하지 못할 경우에 산업 및 서비스 전반의 글로벌 경쟁력이 뒤쳐질 위기가 공존한다(관계부처 합동, 2017). 최근 우리나라는 경제·사회의 구조적·복합적 위기 상황에 직면해 있고, 지능화 혁명을 기반으로 경제 및 사회의 구조적 과제를 동시에 해결해야 하는 과제를 안고 있다. 왜냐하면, 4차 산업혁명은 인공지능, 빅데이터 등 디지털 기술로 촉발되는 초연결 기반의 지능화 혁명으로 인해 산업뿐만 아니라 국가시스템, 사회, 삶 전반의 혁신적 변화를 유발하고, 지능화 기술로 인해 경제와 사회의 대변혁과 기술, 인프라, 생태계의 혁신을 유발하기 때문이다. 물론 이러한 변화 속에는 지능형 서비스의 해킹에 의한 사고위험, 인공지능의 부정확한 데이터로 인한 잘못된 결과를 도출하거나 기술 오류 및 기술 안정성의 이슈 등의 잠재적인 역기능도 갖고 있다. 따라서 4차 산업혁명은 글로벌 사회의 다양한 이슈들을 역사적·문화적·경제적 관점에서 동시에 전체적인 관점에서 파악하는 복합적이고 융합적인 사고와 판단을 통해서 창출되는 인간의 창조력을 필요로 한다(클라우드 슈밥, 2016). 이러한 새로운 사고방식과 인간의 창조력은 새로운 패러다임을 출현시켰다. 다음 절에서는 이러한 새로운 패러다임의 출현을 설명하겠다.

제2절 새로운 패러다임의 출현

4차 산업혁명으로 전 세계적으로 산업간 경계의 붕괴가 가속화 될 것이고, 국경을 초월하는 플랫폼 기업의 이용과 확산으로 인하여 네트워크 형태의 조직과 시스템의 출현과 이러한 형태의 조직을 지배하는 새로운 경영 패러다임이 등장하게 되었다. 동아시아 국가들 중에서 한국과 일본은 중국과는 다른 자본주의 체제하에서 이러한 새로운 패러다임에 적응하게 될 것이다. 역사적으로 보면, 일본은 동북아시아에서 가장 먼저 근대화된 국가이며, 전통적으로 제조업 기반 강국이다(권태명, 2015). 4차 산업혁명시대에서는 로봇기술이나 자동차 생산기술, 전자기기 생산 기술 및 우주항공기술을 이용하여 새로운 경제 패러다임에 적응하게 될 것이다. 한국은 IT 기술의 선도적인 위치를 점하면서 4차 산업혁명에서 요구하는 혁신적 기술을 개발하고 사용하게 될 것이다. 이러한 맥락에서 한국은 과거 수직적인 구조와 보수적인 문화에서 탈피하여 창의적이고 자율적인 수평적인 문화로의 전환을 이루어야 내야 한다. 21세기는 복잡계 환경(complex environment 혹은 environmental complexity)과 개방 체계 경제(open living system economy) 모델이 새로운 경제 패러다임의 기반이 되었다(Stacy, 2006; 유재언, 2014:

308). 이러한 새로운 경제 패러다임에서는 다음과 같은 다양한 관점에 대한 이해가 필요하다.

1. 이해관계자의 관점에 대한 이해

개방 생태계 경제의 관점에서 보면 기업의 이해관계자는 매우 중요한 위치를 차지하고 있다. 생태계 경제는 복잡계로서 상호 연결되어 있기 때문에 이해관계자는 이러한 관계를 통해서 기업의 생존력을 향상시킬 수 있기 때문이다.

2. 조직 구성원의 관점에 대한 이해

개방 생태계의 경제 환경에서는 기업의 조직 구성원들의 역할은 매우 중요하다. 왜냐하면 복잡계 환경에서의 조직 구성원들은 수시로 변화하는 환경에 대한 정보를 의사결정자에게 제공해야 하며, 의사결정자는 이러한 정보 수집을 통해서 환경변화에 적합한 의사결정을 수행해야 하기 때문이다.

3. 윤리적 의사결정과 기업윤리의 중요성

개방 생태계의 경제 환경에서 기업은 사회에 봉사하고 경제적 목적을 달성해야 한다. 따라서 기업은 윤리적 가치를 가지며 사회적, 환경적, 그리고 경제적 영향에 대해 조직 구성원들과 지역사회에 대한 책임이 있다. 기업을 운영하는 과정에서 발생하는 윤리적 의사결정시에 개인주의 철학에 입각한 전통적 자본주의에 입각한 윤리 이론과 공동체 가치와 '타인 중심'의 윤리적 사고에 입각한 신자본주의 사상에 대한 이해가 선행되어야 한다. 즉 기업은 인간의 본질을 다루는 인간관에 있어서 이기주의적인 가정과 이타주의적인 성향으로 구분하여 인간의 잠재성과 가능성을 개발해야 한다. 또한 기업이 직면하는 복잡한 상황에 대한 윤리적인 의사결정에 있어서 당위론적인 관점과 수단적인 관점을 고려 할 수 있다. 기업의 경영자는 개방 생태계의 환경에 관한 이해의 폭을 넓혀서 어떤 상황 하에서는 어떤 기준이 더 적절한지 판단할 수 있어야 한다. 또한 기업은 경영활동의 다양한 영역에서 발생할 수 있는 사회적 문제들과 윤리적인 이슈들을 다루어야 한다 (Drucker, 1999).

4차 산업혁명시대를 맞이하여 자본주의 사회는 새롭게 변모하여 신자본주의(new capitalism)을 탄생시켰다. 다음 절에서는 신자본주의(new capitalism)에 대해서 살펴보겠다.

제3절 신자본주의에 대한 이해

1. 신자본주의의 출현 배경

신자본주의(new capitalism)은 서구 사회가 발전되어 온 문명화의 과정의 산물이다. 문명화의 과정(the process of civilization)은 역사의 흐름과 함께 끊임없이 변화하고 삶의 고통을 동반한 혁신의 과정으로 볼 수 있다(Kilminster, 2011). 이러한 혁신으로 형성된 문명화의 과정은 서구의 자본주의를 탄생시켰다(Hart, 2010; Haque, 2011). 문명화의 과정과 자본주의에 대한 이해는 향후 동북아시아 국가들의 나아갈 방향을 이해하는 데에 있어서 필수적이다. 한국, 중국, 일본의 역사와 문화 및 경제체제와 기업의 출현은 서구의 산업혁명을 동반한 문명화의 과정과 자본주의의 영향으로 이루어 졌다. 즉 역사적인 관점에서 볼 때, 동북아시아 국가의 경제체제와 현대 기업의 정체성은 기업의 출현을 가능하게 한 문명화의 과정과 자본주의의 출현과 발전과정에서 형성되어 동북아시아 국가의 역사적 발전과정, 근대 시민 사회 및 경제 체제의 형성과 상호 밀접하게 연관되어 있다. 세계화된 환경 속에서 우리 사회와 기업이 존속하고 지속가능하기 위한 새로운 경영 패러다임에 적합한 신자본주의란 무엇인가? 본 장에서는 이러한 문제 의식을 갖고 서구의 문명화의 과정에 대한 이해와 산업적 자본주의의 개념과 신자본주의의 탄생과 발전과정을 설명하고자 한다.

자본주의는 시대적 요구에 부응하는 새로운 패러다임의 등장과 이러한 패러다임을 지지하는 현대 사회의 발전을 '문명화의 과정'으로 이끌어 왔다. 서구중심의 역사적인 관점에서 보면, 자본주의는 문명화의 과정에 따라서 상업적 자본주의(mercantile capitalism), 산업적 자본주의(industrial capitalism), 재무적 자본주의(financial capitalism), 정부주도형 복지 자본주의(state welfare capitalism) 및 글로벌화된 자본주의(globalized capitalism)로 변화되었다(Shaw and Barry, 2016).

서구사회의 산업혁명과 근대화 이후에 변화하는 자본주의의 형태는 다음과 같다.

(1) 상업적 자본주의(mercantile capitalism)

상업적 자본주의는 정부와 상업적 이윤추구의 목적이 상호 의존적인 배경에서 발전되었다. 국가적 부의 축적과 사업을 통한 이윤추구가 상호보완적이며 정부는 수출과 수입을 통한 경제 활동에 의해서 나라가 부강해 지기 때문에 비즈니스의 활성화를 위한 경제적 법과 정책을 마련한다.

(2) 산업적 자본주의(industrial capitalism)

산업적 자본주의는 미국의 문명화의 과정에서 출현한 자본주의의 형태로 거대한 규모의 산업과 대량생산 체제의 생산양식을 출현시켰다. 산업적 자본주의는 거대한 재벌가로 앤드류 카네기(Andrew Carnegie)와 존 록펠러(John D. Rockefeller)와 같은 자본가를 탄생시켰다. 산업적 자본주의를 탄생시킨 미국 사회의 관점에서 보면 기업(corporation)의 탄생은 경영자와 소유자가 완전히 독립된 회사로 부터 비롯되었다(Berle and Means, 1982). 19세기에 유럽에서 탄생된 기업은 개인 혹은 소집단의 소유로 이루어져서 운영되었다. 20세기에 들어와서 기업은 개인의 소유권으로 이루어지기 보다는 수백 명 혹은 수천 명의 소유권으로 이루어진다(Berle and Means, 1982: 3). 따라서 산업적 자본주의 사회에서의 기업은 개인 혹은 가족의 소유의 형태에서 탈피하여 비즈니스를 위해서 다수의 투자자들이 모여서 기업을 설립하고 운영하게 되었다. 다수의 투자자를 대신하여 전문 경영인이 이들을 대리하여 기업을 운영하고 관리하는 방식이 정착하게 되었다. 이러한 전통은 지금까지 미국을 중심으로 한 자본주의 체제에서 이어져 오고 있다.

(3) 재무적 자본주의(financial capitalism)

재무적 자본주의는 재무적 자본주의는 소수에 의해 기업이 지배되기 보다는 다수의 투자자가 합작하여 지배구조를 형성하여 비즈니스 활동을 촉진시키는 자본주의의 형태이다. 재무적 자본주의의 특징은 생산수단의 통제, 공동의 이익을 위한 시장과 가격의 형성, 트러스트(trusts) 형태의 회사의 연합체의 형성, 지주회사(holding companies), 거대자본의 은행과 보험의 기업형태로 이루어진다. 이러한 재무적 자본주의의 탄생배경은 영국과 미국의 신자유주의(new liberalism) 경제체제의 위기에서 발생하였다.

(4) 정부주도형 복지 자본주의(state welfare capitalism)

정부주도형 복지 자본주의는 정부가 적극적인 개입하여 기업의 경제활동을 규제하거나 촉진시키는 역할을 하는 자본주의의 형태이다. 또한 정부는 사회의 복지 향상을 위한 복지 정책과 복지 프로그램을 운영한다. 정부가 개입하거나 주도하는 자본주의의 형태는 정보기술의 급속한 발전과 새로운 과학적 사고(예를 들어, 복잡계 과학(complexity science의 등장)에 따라서 지식과 정보과 자본과 노동의 생산 수단을 대체하는 후기 산업사회 혹은 지식 정보 사회로 변화하게 된다. 이러한 배경은 다음과 같다.

2. 신자본주의(new capitalism) 체제의 출현

신자본주의(new capitalism)는 신자유주의 사상의 한계점을 극복하고, 공동체 윤리나 '타자'를 위한 가치를 실현하면서 지역사회 내 존재하는 사회적 자본과 문화적 자본을 바탕으로 새로운 가치를 형성하고, 사회를 변화시키고 있다. 우리나라의 경우에도 최근에 공동체의 가치를 중시하는 정부주도의 사회혁신은 글로벌 환경변화에 적응하려는 시도로 이해되고 있다. 이러한 사회혁신은 지역사회가 속한 특수성과 경제적 요인 및 문화적 요소가 복합적으로 작용하고 있다. 이러한 시대적 흐름에서 개인보다는 공동체의 가치를 중요시하는 경영학의 새로운 패러다임[2]이 등장하였고, 이러한 흐름은 기술과 물질적 위주의 자본주의 보다는 사회성, 역사성과 문화성 중심의 자본주의 모델로 발전하고 있다.

2) 학문적으로 보면, 경영학의 종래의 실증주의(positivism)의 패러다임과 확연히 구분되는 새로운 패러다임은 구성주의(constructivism)이다. 구성주의는 단일한 실재(single reality)보다는 복수의 실재(multiple reality)를 인정하는 입장을 따른다(Bohla, 1992).

제 II 부

복잡계 이론: 경영의 새로운 패러다임

제 II부에서는 제 I부에서 논의한 조직 행동의 결정 요소인 사회의 환경, 역사, 문화, 경제, 구조 및 변화에 대한 이해를 바탕으로 새로운 패러다임의 출현을 논의하고자 한다. 즉 복잡계 과학의 관점에서 현대 사회와 조직 및 인간의 본질을 설명하는 복잡계 이론과 과학적 연구와 문제 해결을 위한 방법론을 설명하고자 한다.

제 3장 복잡계 이론

복잡계 과학(complexity science)의 혁명으로 인해서 등장한 복잡계 이론은 우리 인간과 사회 및 경영에 대한 새로운 시각을 제시하였다. 본 장에서는 경영의 새로운 패러다임으로서 복잡계 이론에 대해서 살펴 보고자 한다.

역사적인 관점에서 볼 때, 조직이론의 발전과정은 다음과 같다. 19세기 근대과학과 산업의 발달과 함께 사회과학(social science)이 발전하였고, 경제학(economics) 과 경영학(management studies)이 사회과학의 한 분과로 발전해 왔다. 조직이론(organization theory)과 조직행동론(theories of macro/micro organizational behaviour)은 경영학의 한 분과로 발전했다. 20세기 전반에는 공학의 발전과 함께 경영과학(management science)으로서 경영학이 발전하였다. 20세기 후반에 이르러 사회학과 심리학 이론이 경영과학(혹은 경영학)에 도입됨으로 오늘날 경영학의 학문체계가 성립되어 발전하기 시작하였다. 21세기에는 과학적 전일주의(scientific holism)를 근간으로 하는, 세계를 바라보는 총괄적 패러다임으로 복잡계 과학(complexity science)과 복잡계[3] 이론(complexity system theory)이 등장

3) 현대사회는 단순성(simplicity)로 설명할 수 없는 역동적이고 예측 불가능한 특성을 갖고 있다. 역동적이고 예측 불가능한 특성을 우리는 복합성 혹은 복잡성(complexity)이라고 부르고, 이러한 복합성의 특성의 가진 체계 혹은 시스템

하였다(장덕진·임동균, 2006). 조직이론을 연구하는 학자들은 이러한 복잡계 이론은 수용하여 조직연구에 사용하기 시작하였고, 조직이론의 발전에 복잡계의 개념과 복잡계 이론을 어떻게 적용할 것인지에 대한 논의가 진행되고 있다(장승권·Chia, 2006). 이러한 이론적 배경에서 본 장에서는 복잡계 이론에 대해서 설명하고자 한다.

제1절 복잡계 이론

복잡계의 개념은 카오스 이론(Chaos Theory)에서 출발한다(Stacy, 1992). 카오스 이론의 관점에서 보면 세상은 질서와 혼돈 혹은 카오스(Chaos)로 구성되어 있다. 카오스 이론에서 발전된 복잡계 이론(Complexity Theory)의 관점에서 볼 때, 복잡계란 비선형성과 예측 불가능성으로 특징지어 진다. 이러한 복잡계의 관점은 뉴톤(Newton)의 과학 철학과 물리학을 기초로 성립된 선형성과 예측가능성을 특징으로 하는 현대과학의 패러다임(이를 원소환원주의(reductionism)이라고 부름) 을 획기적으로 전환시켰다. 복잡계(complex system)의 개념에서 언급되는 체계(system) 혹은 시스템이란 '전체 부분의 합보다 크다(whole is greater than the sum of its parts)'는 전체주의(wholism 혹은 holism)의 가정을 만족시키는 실체 또는 현상이다. 복잡계에서 언급하는 대부분의 체계 혹은 시스템은 자동차, 컴퓨터, 스마트 폰과 같은 인공물로서 시스템이라기보다는 '살아있는 생명체'로서 시스템(living systems)이다 (MacGill, 2012). 살아있는

을 복잡계(complex system)라고 부른다.

생명체로서 복잡계는 인간 만 아니라 인간들로 구성된 사회체계와 자연세계에서 나타나는 현상도 포함한다. 우리가 복잡계로서 이해할 수 있는 시스템의 대표적인 예는 우리 인간이다. 인간은 복잡계로서 두뇌와 몸, 정신으로 이루어진 복잡계이다. 복잡계 이론은 자연과학분야에서 제일 처음 등장하였다. 자연과학의 복잡계 이론은 비선형 복잡 시스템(nonlinear complex systems)의 개념이 자연과학의 분야, 예를 들어, 레이저 물리학, 양자 카오스(quantum chaos), 화학의 분자 모델링, 컴퓨터 시뮬레이션을 통한 생물학의 세포 성장에 관한 연구를 성공적으로 수행하는 문제해결의 방법을 제시하게 되어 학계에 주목을 받게 되었다. 자연과학의 새로운 패러다임으로 인정받은 복잡계 이론은 점차로 사회과학에서도 단순한 사회구조나 체계라도 복잡한 현상을 연구하는 이론적 틀로서 주목받게 되었고, 지금은 사회과학뿐만 아니라 인간의 의식과 정신세계를 연구하는 정신분석학에서도 새로운 패러다임을 제시한 이론으로서 인정받고 있다(Mainzer, 2005).

사회과학의 분야에서 복잡계 이론은 카오스(chaos)의 관점에서 사회현상을 연구하는 데에 시작되었다. 카오스 이론(Chaos Theory)의 관점에서 보면 사회현상은 마치 세계가 질서와 혼돈의 구성물처럼 사회는 질서와 무질서가 공존하는 세계와 같다. 이러한 혼돈과 질서가 뒤섞여 있는 우리 사회와 사회 내에서 발생하는 현상을 이해하려면 기존의 환원주의 관점에서 발달된 선형성과 예측가능성의 이론과 모델들은 한계가 있다. 따라서 비선형성(nonlinearlity), 자율성과 연계성(autonomy and connectivity), 경쟁과 협동(competition and cooperation), 엔트로피(entropy), 자기생산(self generation), 소산구조(dissipative structure or systems), 끌개(attractors), 자기 조직화(self organization), 혼돈의 가장자리(edge of chaos), 복잡적응계(complex adaptive systems)의 개념으로 특징지어 지는 복잡계 이론을 설명하고자 한다.

오늘날 우리사회에서 카오스 현상이나 복잡계 현상을 설명하는 용어는 일반화되어 있다. 예를 들면, 나비효과(butterfly effect), 임계효과 혹은 임계점(critical point), 프랙탈과 자기유사성, 시스템 다이내믹스, 피드백 혹은 되먹임, 엔트로피(entropy), 행위자 기반 모형, 소산구조(dissipative structure or systems), 끌개(attractors), 자기 조직화(self organization), 혼돈의 가장자리(edge of chaos), 복잡적응계(complex adaptive systems)이라는 용어는 이미 우리에게는 낯설지 않은 익숙해진 용어들이다. 이러한 나비효과나 프랙탈과 자기유사성, 피드백, 자기조직화 와 같은 개념은 이미 국내 학자들에 의해서 잘 정리되어 있다(윤영수, 2011). 하지만 국내에서는 복잡계 이론의 관점에서 핵심적으로 다루어지는 복잡적응계의 개념에 대한 정의는 체계적으로 이루어지지 않았다.

복잡계의 이론의 핵심개념인 복잡적응계(complex adaptive system)의 특성은 다음과 같다(장덕진·임동균, 2006).

- 생명체처럼 환경변화에 적응함.
- 산일적 구조(dissipative structure) 혹은 체계(hierarchy)로 나타남.
- 창발적 행태(emergent behavior) 혹은 패턴(pattern)으로 나타남.
- 복잡계를 구성하는 구성요소들 간의 비선형의 관계와 상호작용으로 이루어짐.
- 자기조직화(self-organization)의 형태로 나타남.
- 복잡계를 유지시키는 규범(norms) 혹은 질서(order)를 형성함.

제2절 복잡계 환경과 조직과의 관계

복잡계 이론의 관점에서 보면, 조직은 환경변화에 적응하는 생명체 혹은 복잡적응계(complex adaptive system)이다. 이러한 조직은 비선형성과 예측불가능성으로 특징지어지는 복잡계 환경과 상호작용을 한다. 따라서 조직을 이해하려면 복잡계 환경(environmental complexity)에 대한 관점에서 논의가 이루어져야 한다. 복잡계 환경은 다양한 이슈들, 예를 들어, 문화적·역사적 배경, 경제적 이슈, 사회적 이슈, 정치적 이슈들이 동시에 혼합되어 복잡적응계가 된다. 현대조직으로서 기업이 이러한 복잡계 환경에서 생존하려면 기업 자신의 입장보다는 환경과 소비자의 입장에서 기업의 존재이유와 목적과 기능을 이해해야 한다. 예를 들어, 기업의 이해관계자들의 다양한 관점을 기업 경영에 어떻게 적용해야 할 것인가에 대한 전략적인 방향과 이를 실천하기 위한 비즈니스 모델을 선택해야 한다. 기업의 이해관계자란 정부 기관, 경쟁자, 소비자, 협력업체들과 경쟁업체와 기업의 직원들과 노동조합 등을 포함한다. 또한 복잡계 환경에는 자연 재해, 환경오염, 사회 계층 간의 소득 불균형, 국가 간의 경제적 불균형, 최저임금으로 인한 일자리 감소, 실업, 신사업의 개발로 인한 일자리 창출과 같은 사회적 이슈 및 사회 문제들이 포함된다.

제3절 과학철학과 과학방법론

1. 과학철학에 대한 이해

복잡계 과학이 조직이론 혹은 조직행동론의 연구에 사용되어 혁신적 조직행동론으로 발전되기 위해서는 복잡계 과학의 철학에 대한 이해가 선행되어야 한다. 앞서 언급했듯이 과학의 발전사를 보면 복잡계 과학은 21세기에 등장하였다. 복잡계 과학의 철학은 기존의 과학철학과 어떻게 다른지를 살펴보는 것이 중요하다. 19세기에 발생한 과학적인 혁명으로 등장한 과학철학은 인간의 이성에 기초한 세계관에서 발전되었다. 즉 과학철학의 기반은 인간의 합리적인 사고에 기초한 결정주의(determinism)와 환원주의(reductionism)에 의해서 만들어 졌다. 아주 쉽게 말해서, 과학의 결정주의(determinism)란 "예측 가능한 현상을 통해서 우리의 행동과 미래는 결정된다"는 사상이다. 과학의 환원주의(reductionism)란 "세상에 존재하는 모든 대상이나 현상은 부분적으로 쪼개어서 이해할 수 있고, 쪼개진 대상의 부분들에 대한 이해를 통해서 전체 대상 혹은 현상의 전체를 이해할 수 있다"는 사상이다. 이러한 결정주의와 환원주의 중심의 과학철학은 17세기 프랑스의 철학자이자 과학자인 데카르트(René Descartes)의 사상에서 비롯되었다. 데카르트는 "나는 생각한다 고로 존재한다(*Cogito ergo sum* ; I think, therefore I am)"라고 주장하였다. 이러한 데카르트의 주장에 의하면 인간은 이성에 기초한 합리적인 존재이다. 인간의 본질은 인간의 정신과 몸으로 분리되고 과학철학은 인간의 몸보다는 인간의 정신과 이성을 기반으로 하여 탄생하였다.

21세기 자연과학의 획기적인 발전으로 탄생한 복잡계 과학(complexity or complex system science)과 신경과학(neuroscience)의 이론에 의하면 획기적인 과학적 사고의 발전이 새로운 과학의 본질을 이해하는 새로운 과학 철학과 이론을 발전시키는 계기가 되었다. 예를 들면, 러시아의 과학자인 프리고진(Prigogine)은 새로운 과학적 사유로 자연과학의 새로운 실험과 관측에 의해서 과학의 본질에 대한 새로운 가능성을 제시하였다(Prigogine and Stengers, 1984; Connolly, 2002). 이러한 새로운 가능성에 대해서 존재론과 인식론의 관점에서 다음과 같이 논의하고자 한다.

(1) 존경욕구

전통적인 과학철학은 인간의 이성에 기반을 둔 환원주의 사상에 의해서 지배되었다. 이러한 과학철학은 과학적 사고와 과학방법론이 장소, 시간성, 문화성과 사회적 맥락을 초월한다는 가정을 갖고 있다. 모든 인간은 이성적으로 혹은 합리적으로 사유하는 존재이기 때문에 존재한다. 그러나 이러한 과학철학의 입장은 현실 세계에서 인간의 행동과 사회의 현상을 설명하는 데에 한계가 있다. 모든 인간은 어느 특정한 장소, 시간과 사회적 환경과 문화적 특수성에 의해서 태어나서 성장하기 때문에 인간의 사고와 행동은 장소, 시간적 상황, 사회적 환경과 문화에 의해서 영향을 받는다. 즉 모든 인간은 항상 이성적으로 판단하여 합리적으로 행동하지 않는다.

따라서 인간의 본질과 사회의 현상을 설명하는 과학철학은 데카르트의 합리주의에 근거한 환원주의의 사상에서 탈피해야 할 것이다.

그렇다면 인간은 어떤 존재인가? 인간이 합리적이지 않으면 감정적이고 상황변화에 따라서 수시로 변화는 존재인가? 인간과 동물의 차이점은 무엇인가? 인간은 문화적인 존재로서 그가 속한 **사회와 조직의 구성원이다. 또한 그가 속한 집단이나 조직에 의해서 정체성이 드러나게 된다**(Jackson and Carter, 2000). 이러한 관점에서 인간의 존재에 대한 다음과 같은 질문이 제기된다.

- 사회구성원이자 조직구성원으로서 인간은 왜 존재하는가?
- 사회구성원 혹은 조직구성원으로서 삶의 의미는 무엇인가?
- 나(개인)는 어떻게 살 것인가?

위와 같은 존재론적 질문은 사회 혹은 조직에서 나와 다른 사람은 어떻게 살아가야 되는 지에 대한 존재 방식을 고민하게 된다. 즉 인간은 현실적인 존재로서 사회와 조직, 즉 본질적으로 나와 타인으로 구성되는 공동체(community)로 구성된 세상에서 사는 것이다(Hall, 1987). 우리는 이러한 나와 타인의 존재의 의미를 공간성과 시간성이라는 상황적 맥락에서 발견한다. 인간의 존재가 성립하기 위한 공간성의 개념은 나와 타인이 살아가야 할 장소, 즉 사회와 조직이 필요하다는 당위성을 부여한다. 또한 시간성의 개념은 과거, 현재, 미래가 동시에 연결되어 사고하는 사유체계와 사고방식을 가능하게 한다. 따라서 인간의 존재론은 어느 인간 혹은 집단이 역사성과 문화적인 특성을 갖고 있으며, 그들의 생존과 번영을 위해서 인간의 사고와 행동이 어떻게 변화되어 가야 하는 지에 대한 당위성을 제공한다. 이러한 인간의 사고와 행동의 본질이 무엇인지는 다음의 인식론에서 논의하고자 한다.

(2) 인식론

과학철학에서 인식론이란 과학적 지식의 본질을 이해하는 학문이다. 데카르트 철학적 사유는 크게 사유(thought)와 연장(extension)으로 구분된다. 앞서 다루었던 존재론에서는 연장(extension)에 해당되는 존재의 의미를 다루었다면 인식론에서는 사유(thought)가 의미하는 바가 무엇인지를 다루고자 한다. 즉 인식론에서 다루는 과학적 지식은 인간의 사유 혹은 사유체계를 통해서 어떻게 만들어 지는 지를 다루고자 한다.

21세기에 탄생한 신경과학(neuroscience)에서는 인간의 정신과 몸은 상호 밀접하게 연관되어 있으며 인간은 사회적 존재로서 그가 속한 사회적 문화와 분리되어 독립되어 존재할 수 없다고 한다(Connolly, 2002). 즉 인간의 생명은 환경과 분리되어 스스로 생존하고 유지할 수 없고 자연환경과 사회 환경과의 밀접한 연관을 가진 생명체 혹은 복잡적응계(complex adaptive system)로서 이해해야 된다. 즉 복잡적응계로서 인간은 스스로의 사고와 이성적 정신에 의해서 지식을 창출할 수 가 없다. 인간은 그가 속한 사회적 환경과의 상호작용에서 그가 살아가는 데 필요한 자원, 경험과 지식을 얻게 된다. 또한 인간은 자신의 정신적 능력에만 의존하지 않고 그가 속해 있는 환경 속에서 생각하고 행동하는 경향이 있다. 인간이 혼자서 무인도에서 살아가는 것이 가능하지만 무인도에서 혼자서 생존하기는 매우 어렵고 만일 그가 생존한다고 하더라도 과학적으로 발전한 문명의 혜택을 누리기는 어렵다. 따라서 과학적 지식의 발전은 인간사회의 공동체를 기반으로 가능하다. 또한 공동체에 기반하여 발전되고 있는 과학적 지식은 새로운 기술혁명과 사회 변혁의 과정을 거쳐서 진화되어 가고 있다. 따라서 과학적 지식은 개인의 발전뿐만 아니라 조직 혹은 기업 및 지역 사회의 발전에 기여하고 공동체의 가치를 전파하여 미래의 사회의 새로운 가능성과 발전을 위해서 사용되어야 한다(유재언, 2014).

2. 과학적 연구와 방법론

본 절에서는 과학적 연구의 대상이 되는 조직의 개념과 본질, 과학적 지식을 산출하는 과학적 연구(scientific research)와 과학적 방법론(scientific method)에 대해서 구체적으로 살펴보고자 한다.

(1) 조직을 어떻게 볼 것인가?

조직행동론에서 사용하는 과학적 연구와 방법론을 설명하기에 앞서서 조직행동론의 연구대상인 조직의 개념과 본질에 대해서 논의하고자 한다. 왜냐하면 조직의 개념과 본질에 대한 이해가 선행되지 않으면 과학적 연구와 방법론의 사용이 무의미해질 수가 있기 때문이다. 예를 들어 과학적 지식을 조직행동의 이해와 조직의 발전이 아닌 다른 분야에 적용하면 과학적 지식이 무슨 의미가 있는가? 과학적 지식을 무기 개발에 사용하여 전쟁에 사용한다고 하면 이러한 과학적 지식을 산출하는 과학적 연구와 방법론은 좋은 무기를 만드는 데 사용가능한 지식을 산출해야 하지만, 조직행동에 대한 이해와 조직행동의 발전에 사용한다고 하면 조직내 바람직한 조직행동을 창출하는 데 유용한 지식을 산출해야 하기 때문이다. 이러한 이유에서 조직의 본질에 대해서 먼저 다루고자 한다.[4] '조직행동의 새로운 사고(New thinking in Organizational Behaviour)'이라는 책에서 보면 조직은 어떤 관점에서 보느냐에 따라서 조직에 대한 이해는 달라진다. 또한 조직과 조직행동을 연구하는 과학적 방법론은 달라진다(Tsoukas, 1994).

조직을 보는 관점이 달라지면 경영(management)의 방식도 달라진다. 예를 들어 조직을 폐쇄적이고 보수적인 집단이 구성하는 구축물 혹은 '합리적 기계'로 보면 경영방식은 중앙집권식 방식에 의해서 경영자가 명령하고 통제하는 방식이 된다. 만일 조직이 대학생들의 동아리처럼 친구들의 모임으로 구성되면, 자유로운 분위기 속에서 개방적으로 대화하고 새로운 아이디어에 의해서 조직을 운영하게 된다. 만일 조직을 영화나 연극을 상영하는 극장(theater)이라고 하면 어떻게 될까? 만일 우리가 관객이 되면 영화 속의 조직과 환경을 동시에 볼 수 있다. 영화 속에 등장하는 인물들은 조직구성원들로 볼 수 있다. 최근에 영화관에서 상영한 '신과 함께: 죄와 벌'의 경우는 현실과는 동 떨어진 사후세계를 무대로 다루어진 이야기이다. 사후세계를 갖다 온 사람의 이야기를 실화를 통해서 보여주는 것이 아니라 영화의 연출가가 작가의 상상력을 통대로 구성한 이야기이다. '택시 운전사'의 경우는 1980년 5월 18일부터 5월 27일까지 광주시민과 전라남도민이 중심이 되어 발생한 5·18광주 민주화 운동에 대한 실화를 다룬 이야기이다. 일명 '광주사태'라고 불리는 5·18광주 민주화 운동은 그 당시 전두환 보안사령관을 비롯한 신군부 세력의 퇴진 및 계엄령 철폐 등을 요구하

4) 조직의 개념과 의미는 제 4장 조직행동의 이론적 기초, 제 1절 조직행동의 개념에서 설명함.

며 전개한 대한민국의 민주화 운동이다. 당시 광주시민은 신군부 세력이 실행한 5·17비상계엄의 전국 확대 조치로 인해 발생한 헌정 파괴와 민주화의 역행에 항거했으며, 이러한 시민들의 저항에 대해서 신군부는 시위 진압 훈련을 받은 공수부대를 투입해 이를 폭력적으로 진압하여 수많은 시민이 희생되었다. 이후에도 무장한 시민군과 계엄군 사이에 지속적인 교전이 벌어져 다수의 사상자가 발생한 사건이다. '택시 운전사'에서 보여 주듯이 그 당시 대한민국 내 언론 통제로 그 당시 사건에 대한 실제 상황은 은폐되었으나 독일 제 1공영방송의 위르겐 힌츠페터 기자가 택시를 타고 광주에 가서 민주화 운동과 그 참상을 세계에 처음으로 알렸다. 이러한 사건을 보는 영화의 관객은 그 당시 광주사태에 연루된 대학생 조직과 시위 진압을 담당한 신군부 조직사이에 상황을 녹화한 위르겐 힌츠페터 기자 그리고 그를 태우고 광주로 들어 간 택시운전자 및 그들을 돕는 대학생과 택시 운전자 조직의 목적, 환경, 상황, 갈등 등을 생생하게 보여 준다. 따라서 우리가 조직을 드라마나 극장으로 보면 조직의 본질을 이해하는 방식이 달라진다(Boleman and Deal, 1994). 위의 예에서 보듯이, 조직은 2명 이상의 사람들이 모여서 공동의 목표에 대한 인식을 갖고 이러한 공동의 목표를 달성하기 위해서 구성원들 간의 상호 협력과 갈등을 통해서 이러한 공동의 목표를 달성하기 위해서 존재하는 것이다. '신과 함께'에서 등장하는 소방서의 조직이나 '택시 운전사'에서 등장하는 택시 운전사의 조직은 단지 경제적 목적을 성취하기 위해서 존재하는 것이 아니다. 소방서는 불의의 재난으로부터 위험에 처한 사람들의 목숨을 구하기 위해서 존재하는 조직이라면, 택시 운전사 조직은 손님에게 교통 서비스를 제공하는 위해서 존재한다. 하지만 영화 '택시 운전사'에서 등장하는 택시 운전사의 조직은 손님에게 교통수단을 제공하는 동시에 사회적 정의를 위해서 목숨을 걸고 행동하는 조직이기도 하다. 따라서 조직을 드라마나 영화를 상영하는 극장으로 본다면 조직은 기업처럼 경제적 목적만을 달성하기 위해서 존재하지 않는다. 따라서 조직은 조직의 목표를 달성하기 위해서 존재하지만 조직의 목표는 반드시 한 가지만 존재하는 것이 아니라 다수의 목적을 갖고 이를 성취하기 위해서 존재하기도 한다. 그리고 조직의 목표달성을 위해서 수행하는 업무가 반드시 효율적이거나 효과적이지 않을 수도 있으며, 조직의 목표를 성취하지 못하는 경우도 종종 발생한다.

조직은 영화를 상영하는 극장과 같다, 왜?

출처: 네이버, '영화 신과 함께,' 2018년 2월 25일

영화 '신과 함께'에서 보듯이 지옥으로 떨어진 소방관은 불이 난 곳으로 달려가 최선을 다했지만 결국은 사람도 구하지 못하고 자신도 죽게 되는 경우이다.

위의 경우에서처럼 조직은 조직의 목표를 달성하기 위해서 존재하고 조직원은 조직의 목표를 달성하기 위해서 환경으로부터 에너지, 정보, 지식 등을 습득하여 목표 달성에 최선을 다하게 된다. 조직 구성원들은 협력하여 환경으로 부터의 투입물(물질, 에너지, 정보)을 이용하여 산출물을 만들어 환경에 내보내게 된다. 이러한 산출물은 고객에게 제공하는 제품이나 서비스가 아닐 수도 있다. 영화 '택시 운전사'의 경우에 영화배우 송강호가 연기했던 택시운전사는 광주의 택시운전사(영화배우 유해인이 연기함)로부터 그 당시 군인들이 지키고 있는 광주시를 빠져 나갈 정보를 얻어 광주를 빠져 나왔다. 따라서 조직은 생명과도 같은 정보나 지식을 제공하는 존재이기도 하다. 만일 위르겐 힌츠페터 독일 기자를 태운 택시가 이러한 정보를 광주의 택시운전사 조직으로부터 입수하지 못했다면, 광주에서 빠져 나오지 못하고 군인들에 잡혀서 죽을 수도 있는 상황이었다. 따라서 지식은 목숨과도 같은 역할을 할 수 도 있는 것이다.

(2) 과학적 연구방법

일반적으로 과학적 지식은 우리를 둘러싸고 있는 환경을 이해하고 이러한 환경을 이용하여 우리가 필요로 하는 무언가를 만들거나 사용하는 데 도움을 준다. 과학적 지식은 상식과는 구분되는 과학적 연구에 의해서 이론과 가설을 도출하고 이러한 이론과 가설을 관측이나 관찰과 경험에 의해서 입증한 결과이다(그림 3-1). 과학적인 연구에 의해서 지식을 산출하는 방법은 크게 두 가지 방법으로 구분된다. 첫 번째 방법은 데카르트(René Descartes)의 합리주의 방법에 의한 연역법(deduction 혹은 deductive method)이다. 연역법은 이론을 중심으로 가설을 세우고 가설을 입증하기 위한 관찰이나 조사를 하여 가설의 기각 또는 채택의 과정을 거쳐서 일반화하는 것이다. 예를 들어, "사람은 죽는다"라고 하는 명제를 제시하고 관찰을 통해서 이러한 명제를 일반화하는 것이다. 예를 들어, "사람은 죽는다(가설)," "소크라테스는 사람이다(관찰)," 따라서 "소크라테스는 죽는다(검증)." 이러한 논리를 전개하는 방식을 삼단논법이라고 부른다. 두 번째 방법은 베이컨(Francis Bacon)에 의해서 주장된 경험주의 관점이다. 이러한 경험주의에 의한 방법을 귀납법(induction 혹은 inductive method)이라고 한다. 귀납법은 관찰자의 경험과 관측에 의해서 발견된 사실을 일반화하여 이론을 만드는 것이다. 예를 들어, 태양이 동쪽에서 떠서 서쪽으로 지는 현상을 여러 차례의 관찰을 통해서 확인하고 나서 "태양은 동쪽에서 떠서 서쪽으로 진다"라고 하는 명제를 제시한다.

과학적 연구방법인 연역법과 귀납법에 대해 구체적으로 설명하면 다음과 같다(정동섭 외 2015: 64).

가. 연역법(deductive method)

연역법(deductive method)은 프랑스의 철학자인 데카르트에 의해서 창안된 전통적인 과학적 방법이다. 연역법은 이론적 연구로서 가설을 설정하고 개념과 변수를 조작화하여 관찰과 검증을 거쳐서 이론화하는 과정으로 구성되어 있다. 위에서 설명하였듯이 이론화하는 과정은 삼단논법과 같은 합리적인 논리의 전개방식을 따른다. 즉 삼단논법에 의한 가설-관찰-검증의 논리적 전개방식과 경험적 사실과 일치하게 될 때, 과학적 법칙을 발견하게 된다. 연역법은 보편적 원리로부터 부분에 대한 지식을 이끌어 낸다. 즉, 일반적인 사실로부터 특수한 사실을 추론해 내는 방법이다.

나. 귀납법(inductive method)

귀납법(inductive method)은 영국의 철학자인 베이컨에 의해서 주장된 경험론적인 방법이다. 귀납법이란 경험의 세계에서 관찰된 사실들이 공통적인 유형 혹은 패턴으로 전개되는 것을 발견하여 이러한 유형과 패턴을 객관적인 수준에서 증명하는 것이다. 객관적인 수준이 되기 위해서는 현상의 분석절차와 방법이 계량화되어야 한다. 귀납법은 특수한 사실을 전제로 하여 일반적인 사실 혹은 원리로서의 결론을 내리는 방법이다.

과학적 연구방법은 연역법과 귀납법을 상호보완적으로 사용하여, 연역법의 논리적 필연성과 함께 경험에 의한 예측적 가치의 중요성을 인정하는 귀납적 논리를 동시에 사용하는 것이 일반적이다.

(3) 과학적 방법론

과학적 방법론(scientific method)은 과학철학과 과학적 연구방법(research)을 거쳐서 과학적 지식을 만들어 내는 방법을 의미한다. 조직행동론은 이러한 과학적 방법을 거쳐서 성립된 사회과학의 경영학의 한 분야가 되었다. 조직행동의 연구 대상은 조직과 인간의 행동이다. 앞서 언급했듯이 조직의 개념과 본질을 어떻게 이해하는 가에 따라서 조직과 조직행동을 연구하는 과학적 방법론은 달라진다. 조직을 이윤

창출을 목적으로 하는 기업으로 보고 연구를 한다면, 과학적 지식을 산출하는 과학적 연구의 특징은 다음과 같다(이훈영, 2008: 26-30).

가. 과학적 연구의 논리성(logic)

우리는 일반적으로 어떤 사실이나 상황을 판단할 때 과거의 경험이나 신념에 의해서 한다. 과거의 경험이나 신념에 의해서 판단하고 행동하게 되면 결과적으로 잘되는 경우도 있지만 잘못되는 경우도 발생하게 된다. 예를 들어, 대학교에서 만난 사람과 결혼할 것인가? 말 것인가? 대학을 졸업한 후에 어떤 직장을 선택할 것인가? 하는 인생의 중대사를 결정할 때에 일반 사람들은 그의 주변 사람들과 상의해서 그들의 경험을 통해서 배운 지식을 근거로 의사결정을 하게 된다. 물론 이러한 의사결정이 잘 된 경우도 있지만 이러한 결정을 후회하게 되는 경우도 많다. 이러한 상황은 논리적 이론에 기초하기 보다는 상식과 경험, 종교적인 신념이나 개인적인 선호성에 기인한다. 반면에, 과학적 지식을 산출하기 위한 목적으로 진행되는 과학적 연구는 논리성을 갖고 있다. 논리성이란 두 개의 배타적인 상태가 동시에 발생할 수 없는 상황이나 현상을 의미한다. 예를 들어, 불을 지피지도 않았는데 불이 났다는 것은 논리적으로 맞지 않는 상황이 된다. 따라서 논리성이란 앞뒤 이치에 맞는 논리적인 상태나 현상을 설명하는 논리적인 이론을 근거로 성립한다.

나. 과학적 연구의 결정론(determinism)

과학적 연구는 결정론적인 특성을 갖고 있다. 과학적 연구의 결정론이란 모든 과학적 현상은 혼자서 스스로 발생하는 것이 아니라 어떠한 원인이 있어서 결과적으로 어떤 사건이나 현상이 발생한다는 것이다. 또한 발생한 어떤 사건이나 현상의 원인이 논리적으로 확인되어야 한다는 것이다.

다. 과학적 연구의 일반화(generalization)

과학적 연구는 일반화할 수 있는 특성을 갖고 있다. 과학적 연구의 일반화란 과학적 연구는 하나의 특정한 사건이나 현상만을 설명하는 것을 목적으로 하지 않고 사건이나 현상들을 포괄적으로 적용하여 설명할 수 있는 일반적인 논리를 추구하는 것을 목적으로 한다.

라. 과학적 연구의 특이성(specificity)

과학적 연구는 특이성적인 특성을 갖고 있다. 과학적 연구는 일반화를 추구하고 있으나, 과학적 연구에서 사용하는 대부분의 개념들은 하나 이상의 다양한 해석이 가능하다. 따라서 개념들의 사용 시 혼동을 막기 위해서 과학적 연구의 특이성이 필요하다. 과학적 연구의 특이성이란 다양한 방법들 중에 어느 특정한 측정방법 하나만을 선택하여 사용하는 것을 의미한다. 예를 들어 어느 고등학교의 학생들의 지능지수와 축구 실력과의 관계를 연구하고자 하는 경우에, 지능 지수를 어떠한 방법으로 측정할 것인가 그리고 축구 실력을 어떻게 평가할 것인가 하는 문제가 발생한다. 일반적으로 지능지수를 IQ 테스트 점수로 평가한다고 하는 데 이것이 고등학교 학생들의 지능지수를 정확하게 측정한 값이 될 수 있는가 그리고 축구실력을 공격력이나 방어력으로 평가하는 경우에 공격력이나 방어력은 무엇으로 어떻게 평가할 수 있는 가에 대한 다양한 의견이 있을 수 있다. 그러나 과학적 연구를 수행하기 위해서는 다양한 모든 방법을 사용하지 않고 특정한 방법을 선택하여 연구를 진행할 수밖에 없기 때문에 과학적 연구는 특이성을 갖는다고 한다.

마. 과학적 연구의 간결성(parsimoniousness)

과학적 연구는 간결한 특성을 갖고 있다. 과학적 연구는 최소한의 정보를 사용하여 최대한의 설명력을 발휘할 수 있어야 한다. 아무리 복잡한 현상도 이러한 설명을 설명하는 정확한 정보를 얻을 수만 있다면 이러한 현상을 비교적 정확하게 설명할 수 있다. 그러나 현실적으로 정확한 정보를 무한히 얻는 것은 불가능하며, 유용한 정보를 얻는다고 해도 이러한 정보가 완벽하지 않을 수도 있다. 따라서 연구자는 연구결과로 얻고자 하는 설명력과 이에 필요한 정보량 사이의 관계를 정확하게 판단하여 얻고자 하는 설명력에 충분한 필요한 만큼의 정보를 확보해야 한다. 즉 가장 바람직한 연구와 연구결과를 얻을 수 있는 모형은 가장 적은 양의 정보로 가장 많은 것을 설명할 수 있는 과학적 연구나 모형이 적합하다.

바. 과학적 연구의 검증가능성(verifiability)

과학적 연구는 검증이 가능해야 한다. 과학적 연구에 의해서 형성된 지식은 그 산출과정이 명확해서 다른 연구자가 같은 방법을 사용해서 이를 다시 입증할 수 있어야 한다.

사. 과학적 연구의 상호주관성(inter-subjectivity)

과학적 연구는 상호주관적인 특성을 갖고 있다. 과학적 연구의 상호주관성은 연구자들이 공통적으로 가지고 있는 주관에 근거한다는 것이다. 이러한 상호주관성은 과학적 연구가 객관적으로 진행되어야 함을 의미한다. 연구자는 개인으로서 주관성을 갖고 있기 마련이다. 따라서 연구자 자신의 지적 수준과 동기를 기반으로 연구가 시작되는 경우가 많기 때문에, 연구자 자신의 주관적 요소가 포함될 수 있다.

어느 한 개념을 설명하는 과정에서도 연구자의 주관적인 관점에 포함되어 연구자에 따라 서로 다르게 정의되어 측정될 수 있기 때문에, 동일한 목적의 연구라도 연구자의 성향이나 연구자가 사용하는 연구방법에 따라 다른 결과가 나올 수 있다. 그러나 과학적 연구가 객관적으로 수행되어야 하기 때문에, 연구자마다 서로 다른 주관적인 판단과 지식을 바탕으로 연구를 계획하고 수행해도 연구 결과는 모두 동일하게 되어야 한다. 즉, 다양한 연구자들이 공통적으로 갖고 있는 '상호주관성'에 근거한 연구가 되어야 진정한 과학적 연구가 될 수 있다.

아. 과학적 연구의 수정가능성(open to modification)

과학적 연구는 수정가능성을 갖고 있다. 과학적 연구의 결과로 입증된 이론이나 사실을 검증하다 보면 현상과 관련된 변수들이나 이들을 측정한 값들이 크게 변하게 되어 기존의 이론이 맞지 않는 경우가 발생한다. 이러한 경우에는 기존의 이론이나 사실이 수정되어야 한다. 따라서 과학적 연구는 항상 수정을 전제로 하는 수정가능성이 있어야 한다. 과학적 연구는 항상 영원불멸한 진리만을 탐구하는 과정이 아니다.

위에서 설명한 과학적 방법론의 연구(research)의 절차를 그림으로 설명하면 〈그림 3-1〉과 같다.

〈그림 3-1〉 과학적 방법론(scientific methods)에 대한 이해

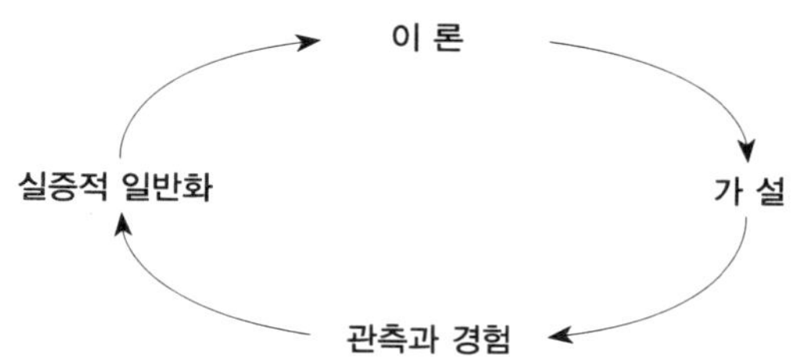

3. 시스템 방법론(systems methodology)[5]

앞 절에서 조직의 개념과 본질을 어떻게 이해하는 가에 따라서 조직과 조직행동을 연구하는 과학적 방법론은 달라진다고 했다(Tsoukas, 1994). 만일 연구자가 합리적인 관료제에 의해서 운영되는 공공기관이나 기업처럼 목적이 명확하고 단일적인 목적(예를 들어, '이윤 창출')을 추구하는 조직을 대상으로 연구를 한다면, 과학적 지식을 산출하는 과학적 방법론은 실증적 연구방법(empirical research)이 적합할 것이다. 왜냐하면 실증적 연구방법은 조직내 문제 상황이나 이슈들을 연구하기 위해서 연구 문제(research question)에 대한 가설을 세우고 연구에 대한 설계를 하고, 독립변수와 종속변수를 정해서 연구모형을 만들고 이러한 연구모형에 대한 합리적인 분석을 위해서 자료를 수집하고 분석하여 가설을 채택하거나 기각하여 연구의 결론에 이르는 방법이기 때문이다(정동섭 외 2105: 65-66). 따라서 기업 조직의 경우에 조직의 성과를 측정하기 위해서 성과에 영향을 주는 변수가 무엇인지를 찾아내고 이러한 변수사이의 관계가 정(+)의 관계에 있는 지 아니면, 부(−)의 관계에 있는 지를 분석하여 조직의 성과에 영향을 주는 변수가 무엇인지를 찾아내어 이를 조직의 경영에 적용해 볼 수 있기 때문이다.

만일 조직을 관료제 조직이 아닌 다른 관점에서 본다면 위에서와 같이 실증적 연구방법에 의해서 조직과 조직행동을 연구하는 것은 적합하지 않을 수가 있다. 왜냐하면 조직은 반드시 이윤추구만을 위

---

5) 시스템 방법론은 저자에 의해서 '시스템 어프로치'로 국내에 이미 소개되었음(유재언, 2014). 본서에서는 복잡계 이론의 관점에서 시스템 어프로치를 수정하여 시스템 방법론으로 대체함.

한 목적을 갖지 않고 앞서 언급했듯이 또 다른 지식과 정보를 산출하기 위한 목적으로 기능할 수도 있기 때문이다(Tsoukas, 1994). 만일 조직이 단일적인 목적을 추구하는 관료제 조직이나 기업조직이 아니라면 앞서 예를 들었듯이 드라마나 영화를 상영하는 극장이나 영화관으로 본다면 기업의 성과는 관객들에 의해서 정해지고 관객은 반드시 그가 영화를 관람하기 위해서 낸 비용에 상응하는 대가를 정량적으로만 측정하지 않는다. 그가 드라마나 영화를 보고 감동을 받아서 주변의 친구들이나 아는 사람들과 얘기를 할 수 도 있고 그냥 스트레스 해소를 위해서 영화를 보고 잊어버릴 수 도 있다. 만일 영화가 재미가 없었다면 그는 자기가 영화를 잘못 선택해서 그냥 손해를 보았다고 느끼면 시간낭비만 했을 것이라고 생각할 것이다. 그러나 영화를 보고 재미있었고 자기의 삶을 반성하고 성찰하는 계기가 될 수도 있다. 예를 들어, '신과 함께'의 영화에서 보여 주듯이 영화의 주인공이 부모한테 잘못하여 지옥으로 가서 심판을 받는 장면을 보고 관객이 자기도 부모한테 잘못을 한 점이 많고 반성하여 영화를 본 이후에 부모에게 효도를 하기위해서 노력할 수 도 있고, 영화에서는 감명을 받았지만, 현실에서는 부모에게 이 전처럼 대할 수 도 있다. 따라서 이러한 과정을 실증적인 방법을 통해서 영화의 평가를 객관적으로 정량적으로 분석하기는 매우 힘들다. 따라서 새로운 과학적 사고에 의한 과학적 방법론이 필요하다(Churchman, 1971; Checkland and Poulter, 2006).

미국 버클리 대학교의 경영학과 교수인 처치맨(Churchman)에 의하면 과학적 사고에 의한 '탐구(inquiry)'란 문제를 논리적이고 체계적으로 이해하는 과정이다(Churchman, 1971). 또한, 현실에서 발견되는 문제를 논리와 절차를 갖고 문제를 해결하는 과정을 '설계(design)'라고 부른다(Churchman, 1971). 기업에서는 우리는 어떤 것을 '설계'할 때 이것을 '기획'이라고 한다. 기획은 일련의 절차를 거치게 되며, 기획의 방법은 다양하지만, 훌륭한 기획은 왜(why), 무엇을(what), 어떻게(how), 만일 ~ 어떤 일이 발생한다면(if)의 조건을 충족시킬 때 이루어진다(박신영, 2017). 예를 들어, 여행사를 이용하지 않고 외국의 어느 장소를 여행한다고 하자. 훌륭한 기획자는 여행을 떠나기에 앞서서 왜 이곳으로 여행을 가야 하는가? (why). 그곳으로 여행을 가서 무엇을 해야 하는가? (what). 여행을 가서 그 지역의 사람들과 만나서 그 곳의 풍속과 문화에 대해서 배우려고 한다며, 이러한 풍속과 문화를 어떻게 배울 것인가? (how). 만일 언어적인 장벽이 존재하거나 그 곳 사람들이 외국인 관광객을 좋아하지 않아서 그들이 우리를 만나기조차 꺼려한다면 어떻게 대응을 해야 하는가? (if)를 미리 생각해서 여행을 준비한다면, 이러한 여행 계획은 좋은 '설계'가 될 것이다. 현실에서 발견되는 모든 상황은 '문제'로 볼 수 있다. 우리의 의사결정은 이러한 문제에 직면하여 문제를 이해하고 해결하는 과정 혹은 프로세스 이다. 문제해결의 과정을 논리적 판단과 절차에 의해서 풀게 된다면 프로세스 지향적인 방법론이 된다. 문제를 인식하고 문제를 해결하는 과정은 '설계'의 과정이다.

시스템 사고(systems thinking)의 관점에서 보면, 세계를 인식하는 주체(subject) 혹은 연구자(researcher)를 객관적 관찰자(objective observer)라고 가정한다. 이러한 객관적 관찰자로서 연구자는 연구대상(object) 즉, 세계의 사물이나 현상을 의미하는 연구 대상 또는 객체(object)를 연구한다. 즉 시스템 사고는 과학적 사고의 주체인 연구자와 연구대상이 되는 객체를 분리하는 이분법적인 사고를 갖고 있다. 연구자는 시스템(system)의 일부로서 인간과 대상 또는 환경과의 상호작용을 객관화하는 것이다. 시스템 사고의 연구자와 연구대상 간의 상호작용에 의한 이러한 이분법적 사고의 연구 방법을 '구성적 목적론(formative teleology)'을 갖는다고 한다(Stacy, Griffin and Shaw, 2000). 이러한 구성적 목적론을 지향하는 시스템 사고는 "알 수 있는 미래"를 예측하여 조직내 문제 상황을 발견하여 이러한 문제 상황의 해결을 위한 학습과정을 통해서 조직과 구성원의 태도와 행동을 변화시키는 것이다(Checkland, 1999: Checkland and Poulter, 2006). 이러한 시스템 사고(이러한 시스템 사고를 '소프트 시스템 사고(soft systems thinking)'이라고 부름)는 한계점을 갖고 있다. 왜냐 하면, 인식하는 주체 혹은 연구자로서 기능을 하는 사람들은 언어(language)를 통해서 그들이 인식하고 경험하는 세계를 표현하기 때문에 사회과학에서 과학적으로 인정되는 지식은 언어의 매개 작용 없이 주체나 객체의 상호작용만으로는 산출될 수 없다. 과학적인 지식을 산출하기 위해서 인식주관 또는 주체는 '언어'라는 매개물을 통해서 세계 속에 존재하는 시스템의 성질 또는 내용(content)과 변화되는 대상의 의미(the meaning of becoming)를 파악해야 한다(Midgley, 2000: 78). 이러한 소프트 시스템 사고를 적용하는 소프트 시스템 방법론(soft systems methodology)는 액션리서치(action research)의 방법을 과학적 연구방법으로 사용한다(Chekland and Scholes, 1990). 액션 리서치에 의한 학습과정은 다음과 같은 4단계의 프로세스를 거친다. 액션 리서치의 첫 번째의 단계는 조직이 처한 상황적 맥락에서의 핵심 이슈 또는 문제의 발견이다. 두 번째의 단계는 이러한 조직내 핵심 이슈 또는 문제를 해결하기 위한 대안을 제시하는 것이다. 세 번째의 단계는 제시된 다수의 대안 중에서 액션 러닝의 참가자들의 합의를 통해서 선택된 최종 대안을 실행하는 단계이다. 네 번째의 단계는 대안을 실행한 후에 결과에 대한 피드백 또는 성찰을 통해서 선택된 대안의 실행에 대한 평가를 하는 단계이다(Coghlan and Brannick, 2001: 17, 그림 3-2참조).

〈그림 3-2〉 문제 해결을 위한 학습 프로세스

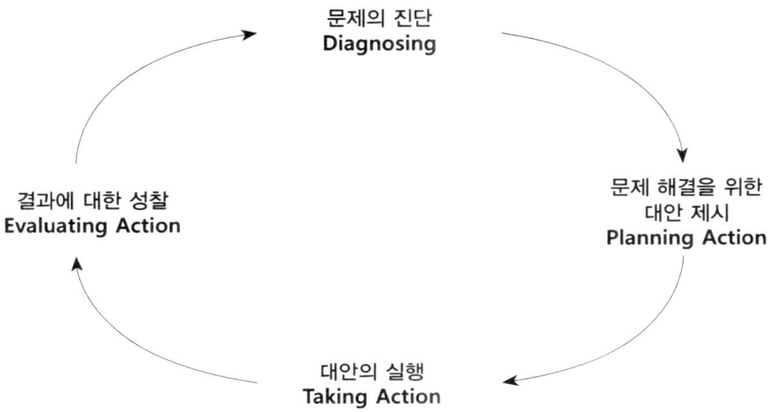

출처: Coghlan and Brannick(2001: 17)

4. 복잡계 관점의 시스템 모델: 자생 체계 모형(VSM)

복잡계 과학 혹은 복합성 과학(complexity science)의 출현과 함께 발전된 카오스 이론(chaos theory)은 1970년 후반 미국의 산타페 연구소(Santa Fe Institute)의 설립과 함께 복잡계 이론(complex systems theory 혹은 complexity theory)으로 발전되었다(Jackson, 2003: 114). 복잡계 이론은 자연현상 및 사회현상을 보는 혁신적인 사고를 제시하였다. 예를 들어 종래의 과학에서는 균형점(equilibrium)에 도달하는 선형적 모델(linear model)의 관점에서 자연현상과 사회현상을 이해하였다. 반면에 복잡계 이론의 관점에서는 자연현상과 사회 현상을 비선형적인 행동과 예측 불가능한 특성으로 이해하여 새로운 과학적인 사유체계를 제공하였다(Prigogine and Stengers, 1984; Stacy *et al*., 2000; Stacy, 2006).

영국의 맨체스터 대학교의 교수인 스태포드 비어(Stafford Beer)가 창안한 자생 체계 모형(Viable System Model: VSM)은 복잡적응계(complex adaptive system)의 관점에서 조직을 이해하고 조직분석과 설계를 위한 시스템 모델로 발전되었다(Espejo and Reyes, 2011). 자생 체계모형의 관점에서 본 조직의 효과적인 조직분석과 조직설계를 위해서 다음과 같은 세 가지 조건을 갖추어야 한다고 한다(Schwaninger, 2004). 첫째, 조직은 효율성(efficiency)을 갖고 있어야 한다. 즉 조직은 동일한 산출물(output)를 다른 조직보다 적은 비용(input)으로 생산하고 제공할 수 있어야 한다. 둘째, 조직은 다수의 이해관계자들에게 경제적 가치 이상의 사회적 가치나 정신적 가치를 제공할 수 있는 효과성(effectiveness)을 갖고 있어야 한다. 조직은 종사자나 투자자 등의 이해관계자에게 경제적 이익뿐만 아니라 조직은 사회적 미션의 실행을 통해 사회적으로 혜택을 주는 활동을 해야 한다. 또한 소비자나 고객에게는 조직이 제공하는 제품이나 서비스가 직접 제공하는 효용과는 별도로 정신적 효용 가치가 있어야 한다. 셋째, 조직은 외부로부터 정당성(legitimacy)을 인정받아야 한다. 조직이 그 조직의 비전과 사명의 목적을 달성하려는 본연의 목적에 충실할 경우, 이해관계자와 이해 당사자들만이 아닌 지역사회와 글로벌 사회에도 긍정적인 효과(예를 들면, 사회 문제의 해결, 잠재적인 고객으로서 사회의 소외계층과 저개발국의 지역사회를 위한 제품과 사회 서비스의 제공 등)를 가져오게 된다. 이러한 긍정적인 효과를 통해 조직은 외부로부터 정당성을 인정받게 된다.

(1) 자생 체계 모형(VSM)의 개념

조직의 경영은 글로벌화 된 환경에서 조직의 사회적 성과뿐만 아니라 전략적인 방향제시에도 고려해야 되어야 하며, 조직의 전략적인 경영은 당연히 재무적 성과에도 영향을 미친다. 자생 체계 모형(VSM)은 조직의 효율성(생산성과 이윤 창출)뿐만 아니라 전략 경영의 측면에서 조직의 효과성과 규범적인 경영측면에서 조직의 가치의 정당성과 이를 바탕으로 한 조직의 정체성과 비전 제시를 목표로 하는 모델이라고 볼 수 있다(Espejo *et al.*, 1996: 227-248). 자생 체계 모형은 지역사회의 변화와 기업의 체계적경영을 위한 효과적인 시스템 모델로 입증되었다(Schwaninger, 1994). 구체적으로 설명하면, 자생 체계 모형의 체계(system) 1, 2, 3(3*포함)은 조직의 효율성에 초점을 두며 이를 실무적 경영(영어로는 'operative management'이라고 함)의 측면에서 실행되고, 체계 4는 조직의 비전설정을 위한 환경 분석을 통한 미래 방향제시와 시장의 타당성을 탐색하여 전략적 측면에서 조직의 효과성을 추구하는 전략적 경영(영어로는 'strategic management'이라고 함)을 실천하고, 체계 5는 조직의 정당성은 무엇인지를 결정하고 조직 내에서 추구하는 가치의 정당성에 기초하여 조직의 정체성(identity)과 비전을 수립하는 규범적인 경영 또는 윤리적인 경영(영어로는 'normative management'라고 함)을 실천한다(Schwaninger, 2004). 즉 자생 체계 모형의 관점에서 보면 조직의 지속가능성은 실무적 경영, 전략적 경영, 그리고 규범적 경영의 3가지 차원에서 고려하여야 한다. 자생 체계 모형은 사이버네틱스 이론에 근거한 모델(Beer, 1985)로 복잡적응계로서의 조직이 갖추어야 할 세 가지 조건인, 효율성, 효과성, 정당성을 동시에 모두 충족시킬 수 있는 시스템 모델이다(Schwaninger, 1994; Espejo *et al.*, 1996)(그림 3-3, 표 3-1 참조). 국내에서는 자생 체계 모형의 논리는 지식경제 산업에 적합한 지식기반 사업을 연구하는 과학적 모형으로 사용되었고 경영학 교육에 있어서 사회적 실천과 이중순환학습을 유발시킬 수 있는 시스템 모델로 사용되었다(유재언, 2013).

자생 체계 모형의 개념은 사이버네틱스의 이론과 원리, 예를 들면, 아쉬비 (Ashby)의 '필수 다양성의 법칙(Law of Requisite Variety)'에 따라서 변화하는 환경에 적응할 수 있는 조직 체계(organizational system)이다. 이러한 조직체계는 환경의 다양성(variety)을 흡수하여 조직내 필수 다양

〈그림 3-3〉 비어(Beer)의 자생 체계 모형(VSM)

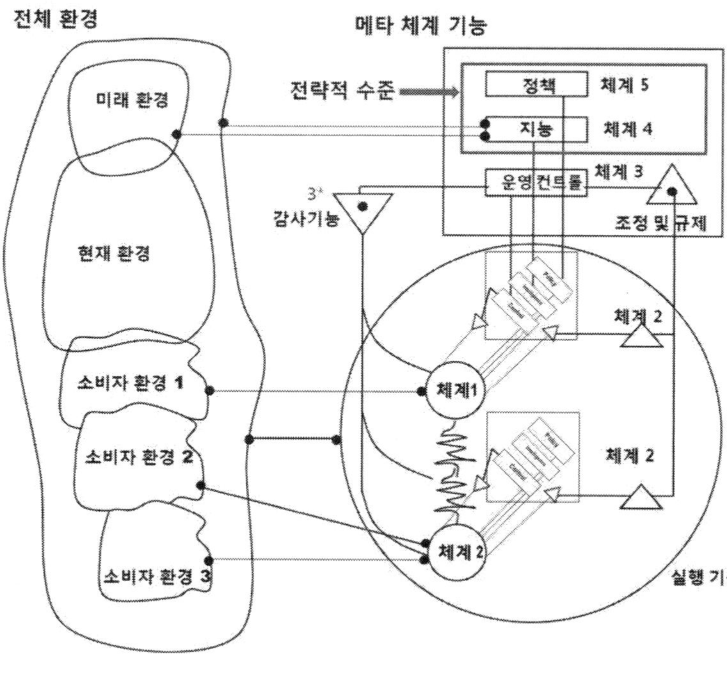

출처: 유재언, 2014: 170

성(requisite variety)을 갖고 있는 필수 기능(영어로는 primary activities or primary tasks라고 함)과 이러한 필수 기능들을 조정하고 관리하는 '비필수 기능'으로 구성되어 있다고 전제한다. 자생 체계 모델의 필수 기능은 '실행 기능'(체계 1로 구성됨)으로 구성되며 비필수 기능은 메타체계로서 인식되는 '조정 및 규제 기능'(체계 2), '운영 컨트롤 기능'(체계 3)과 '감사 기능'(체계 3스타 (영어로는 system 3*), '지능 기능'(체계 4) 및 '정책 기능'(체계 5)로 구성되어 진다(그림 3-3참조).

(2) 자생 체계 모형과 학습 과정

최근에 자생 체계 모형의 유용성은 지속가능한 조직을 위해서 조직의 전략적 사고와 조직의 경영과 운영체계를 어떻게 체계적으로 설명할 수 있는 이중순환 학습을 유발시키는 시스템 모델로서 사용된다(Garratt, 1983). 비어(Beer)가 창안한 자생 체계 모형을 사용하여 조직의 혁신과 변화를 위한 고차원적인 학습 및 이중 순환 학습 방법으로 사용될 수 있다. 예를 들어, 기업의 경영자는 기업이 직면한 현재의 문제 해결을 통한 제 1차적 학습뿐만 아니라 미래의 환경 변화에 적합한 변화를 위해서 기존의 경영이념과 사고방식에 대한 문제제기의 과정을 통해서 제 2차적 수준의 학습(deutro-learning) 과정을 통해서 고차원적 학습을 할 수 있다. 이러한 고차원적인 학습과정은 이중 순환의 학습 과정으로 발전하게 된다(Garratt, 2011)(그림 3-4참조). 〈그림 3-4〉에서 보듯이 기업의 경영자는 이중순환의 학습과정을 통해서 외부 환경의 변화를 예측하고 예측된 모델을 통해서 조직이 변화하는 방향을 설정한다. 복잡 적응계로서의 조직은 내부의 컨트롤 작용을 통해 조직의 실제 상황과 미래의 변화를 위한 전략적 계획과 일치시키는 작용을 한다. 복잡적응계로서의 조직은 외부 환경의 변화의 속도보다 빠르게 학습하고 변함으로서 급변하는 환경에서 생존하고 진화하거나 변화할 수 있다(Beer, 1979).

〈그림 3-4〉 자생 체계 모형의 학습과정

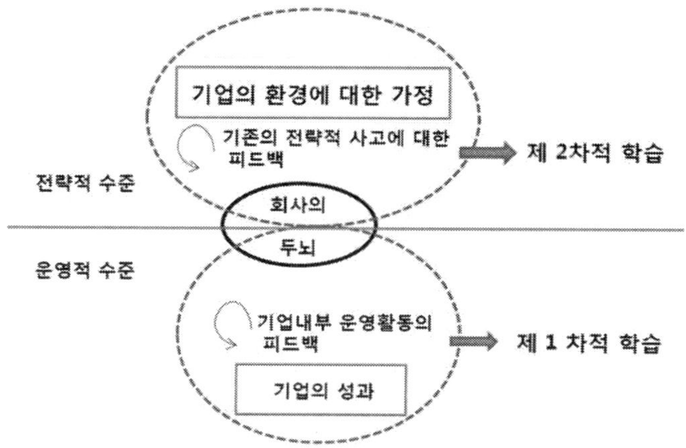

출처: 유재언, 2014: 172

〈표 3-1〉 자생 체계 모형(VSM)의 효율성, 효과성 및 정당성(Schwaninger, 1994)

경영의 수준	측정 기준	궁극적 목표	VSM의 체계
규범적 경영	정당성(legitimacy)	생태학적 가치와 자생성(viability)	체계(시스템) 5: '정책 수립'의 기능
전략적 경영	효과성 (Effectiveness)	사회적 가치의 창출	체계(시스템) 4: '지능'기능
실무적 경영	효율성(Efficiency)	경제적 가치의 창출	체계(시스템) 3: '컨트롤'기능

5. 문제 중심의 학습 방법(problem-based learning method): 소프트 시스템 방법론(SSM)

(1) 소프트 시스템 방법론(SSM)의 개념

소프트 시스템 방법론(SSM: Soft Systems Methodology)은 영국의 랑카스터 대학교(Lancaster University)의 피터 체크랜드(Peter Checkland) 교수에 의해서 문제 기반의 학습 방법(problem-based learning method)으로 개발되었다. 체크랜드 교수에 의하면, 문제(problem) 혹은 문제 상황(problematic situations)은 개념적인 관점에서 바람직한 상황과 현실에서 현재 상태와의 갭 혹은 차이로 정의된다(Checkland, 1981). 즉 문제 상황이란 현실세계에서 존재하는 상황 또는 상태로 구성원들이 목표로 하는 바람직한 상태와 불일치하기 때문에 발생한다(그림 3-5).

〈그림 3-5〉 문제(problem)에 대한 이해

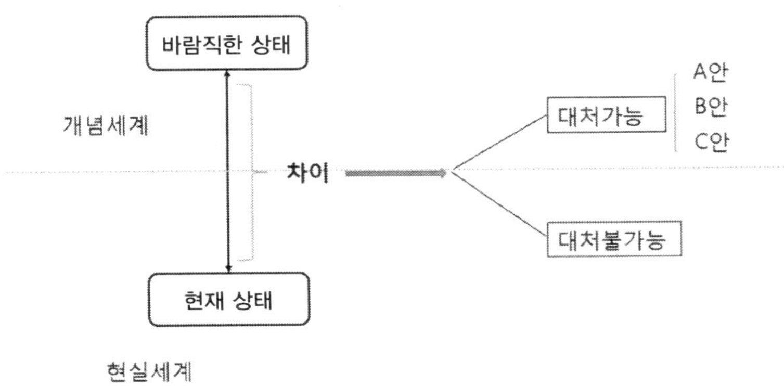

그렇다면, 우리가 직면하는 이러한 문제 혹은 문제 상황에 직면하여 이러한 문제 상황을 어떻게 이해하고 해결해 나갈 것인가? 소프트 시스템 방법론(SSM)은 이러한 문제를 찾아내고 해결하면서 학습하는 과정을 다음과 같이 설명한다.

문제 기반의 학습과정은 조직내 토론위주의 참여식 조직문화가 선행되어야 이루어질 수 있다. 개방적인 조직문화를 바탕으로 자유로운 토론이 이루어지는 분위기에서 체계적인 학습 과정을 통해서 발전된 연구방법이 소프트 시스템 방법론(Soft Systems Methodology: SSM)이다. 소프트 시스템 방법론은 영국의 랑카스터(Lancaster) 대학교의 교수인 체크랜드(Peter Checkland)에 의해서 1980년 초부터 널리 학계에 보급되었다(Checkland, 1981). 이러한 소프트 시스템 방법론은 조직구조, 프로세스 및 문화에 대한 이해를 바탕으로 조직 구성원들의 사고와 태도를 변화시키는 방법론으로 실무에서도 널리 사용되고 있다(Checkland and Poulter, 2006). 체크랜드(Checkland) 교수에 의하면 '가치판단 체계'는 '인간행위의 합목적적인 행동(purposeful activity)'을 추구하는 '인간 활동 체계(human activity systems)'로 구체화될 수 있다. 인간 활동 체계는 조직내 갈등관계, 인간의 다양한 지각현상, 이해관계로 파생되는 문제 상황을 이해하고 개선하는 데 용이한 '개념적 모델(conceptual models)'이 된다(Checkland and Scholes, 1990: Checkland and Poulter, 2006: Checkland, 2010).

(2) 소프트 시스템 방법론(SSM)의 철학적 배경

체클랜드(Checkland) 교수는 소프트 시스템 방법론(SSM)의 특성을 다음과 같이 제시하였다(Checkland, 2010: 130; 유재언, 2014: 184-186).

첫째, 연구의 참여자가 누구인가에 따라서 현실 내에 존재하는 동일한 현상이라도 다르게 지각하고 해석한다. 즉 액션 리서치의 참여자는 그들이 갖고 있는 '세계관(worldviews)'에 의해서 그들이 지각한 현상을 상이하게 해석한다. 둘째, 참여자의 세계관은 고정 불변한 것이 아니라, 시간이 지남에 따라서 변화될 수 있으며, 실제로 세계관은 변화한다. 셋째, 참여자 혹은 구성원들의 세계관에 의해서 상이하게 지각되는 문제 상황은 다양한 관점에서 다르게 해석된다. 소프트 시스템 방법론은 참여자의 합목적인 행동(purposeful action)을 전제하고, 이러한 합목적인 인간 행동은 시스템 모델 또는 개념적 모델(system models or conceptual models)로 표현된다(Checkland 1981: Checkland and Scholes, 1990: Checkland and Poulter, 2006). 소프트 시스템 방법론(SSM)은 현실 세계에 대한 '사실판단(reality judgement)'과 시스템적 사고에 대한 '가치판단(value judgement)'의 상호작용을 통해서 이루어지는 학습 과정이다(그림 3-6참조).

소프트 시스템 방법론(SSM)은 현상론(phenomenology)의 관점에서 참여자 혹은 구성원들의 다양한 관점(perspectives)을 통해서 현실의 복잡한 상황을 해석하고 '시스템 사고'를 모델화시켜, 이러한 모델과 조직 내 '문제'를 비교하여, 조직의 변화를 유도하는 방법론이다(Checkland and Poulter, 2006). 소프트 시스템 방법론의 존재론 및 인식론적인 철학적 배경과 적용단계는 〈표 3-2〉에서 요약하였다.

〈표 3-2〉 소프트 시스템 방법론(SSM)의 철학과 적용단계

SSM의 철학: 존재론과 인식론	SSM의 적용 단계
	• **1단계** : 문제의 구체화: '문제 상황도(rich picture)'의 작성 - 조직 내부에서 존재하는 문제(상황)을 구체화하여 이를 상황도(rich picture)를 만듦. • **2단계**: 근원적 문제(root definition)의 정의: 시스템 사고의 관점에서 문제의 근본적 원인을 파악하는 단계임
• **존재론**: 실재론 - 인간의 존재는 실존적으로 실재하고 인간의 인식체계는 관념적으로 구성된다. • **인식론**: 반실증주의 - 지식은 상호주관성에 의해서 형성된다.	- 다양한 시각과 관점에서 문제에 대한 해석하여 문제를 시스템 사고의 관점에서 정의함. 즉 시스템 사고의 관점에서 문제에 대한 정의(root definition)를 함. • **3단계**: 개념적 모델의 구체화 - 시스템 사고의 관점에서 정의한 문제를 개념적 모델(conceptual model)화 시킴. • **4단계**: '문제 상황'과 개념적 모델의 비교 - 문제해결을 위해서 조직내 문제와 개념적 모델을 비교하여 문제해결과 조직변화를 위한 대안을 찾음. • **5단계**: 대안의 선택과 적용 - 문제해결과 조직변화를 위한 최적의 대안을 선택하여 실행함.

(3) 소프트 시스템 방법론(SSM)의 적용 절차

소프트 시스템 방법론(SSM)은 조직의 문제를 해결하는 과정에서 조직과 구성원들의 사고방식, 태도와 행동을 변화시키는 방법이다. 체크랜드(checkland)에 의하면, 소프트 시스템 방법론(SSM)을 적용하여 조직을 변화시키거나 개발하는 적용 절차는 다음과 같다(Checkland and Scholes, 1990). 소프트 시스템 방법론을 조직내 문제해결에 적용하는 과정은 문화적 상황의 분석(stream of cultural analysis)과 실제 문제 상황의

분석(logic-based stream of analysis)으로 구분된다. 소프트 시스템 방법론(SSM)의 문화적 상황의 분석은 다음과 같은 3단계로 나뉜다.

가. 소프트 시스템 방법론(SSM)의 문화적 상황의 분석(stream of cultural analysis)

제 1단계: 문화적 차원의 이해

조직문화란 어떤 절대적인 방식이 아닌 방식으로 형성되어 학습과정을 거쳐서 지속적으로 변화한다. 이는 마치 생명체처럼 살아 있으며, 끊임없이 진화하고 자기조직화하는 현실로 이해된다(가레스 모건, 2012: 207). 이러한 문화는 조직 구성원들의 신념과 가치 체계로서 현실 세계를 이해하고 변화시키는 기준이 된다. 따라서 조직문화를 이해하고 변화시키려면 구성원들 사이에 내재된 '사실과 가치에 대한 판단 체계'(이를 영어로는 Vickers' appreciation이라고 함)를 개념화하여 모델화하고 이를 현실 세계에서 나타나는 문제 상황과 비교하여 그 차이를 줄여 나가는 방식으로 구성원들의 사고 체계와 태도를 변화시켜서 궁극적으로 조직문화를 변화시켜 나가야 한다.

제 2단계: 정치적 상황의 분석

조직내 정치적 상황이란 조직 내에서 권력(power)과 공식적인 권한(authority)이 어떻게 사용되고 있는가에 대한 분석이다. 기업에서 보면 최고 경영자인 회장 또는 사장이 권력과 권한이 있다. 또한 대기업의 경우에는 임원급이 최고 경영자로부터 권한을 부여 받아서 특정 사안과 업무에 대한 권한과 책임을 갖고 있기도 한다. 조직내 권력적 차원을 분석하기 위해서는 의사결정의 과정과 보고 체계가 어떻게 되어 있는지를 파악해야 한다. 또한 조직내 공식적인 조직도 상에서 나타나는 직급과 명칭에 의해서 어떠한 업무가 주어지고 어떠한 결재 라인을 거쳐서 업무가 진행되는 지를 파악해야 한다. 또한 조직내 최고경영자와 임원진사이에 비공식적 의사소통의 패턴이 어떻게 이루지는 가를 살펴보는 것도 중요하다.

제 3단계: 조직구조와 프로세스 차원의 분석

조직구조와 프로세스 차원의 분석은 조직 구조의 문제, 프로세스의 문제, 구조와 프로세스의 상호 관계를 파악함으로써 이루어진다. 조직의 구조의 문제에 대한 분석은 조직내 계층, 보고 구조, 공식적 의사소통 과정과 비공식적 의사소통의 패턴 등을 이해함으로써 이루어진다. 조직내 프로세스의 문제는 조직내 의사결정의 과정과 관련된 행동과 활동의 실행이 어떻게 이루어지는지를 파악하는 것이다. 구조와 프로세스의 상호작용에 대한 분석은 구성원들이 공감하는 조직내 분위기와 리더십 스타일 등에 의해서 이루어진다.

나. 소프트 시스템 방법론(SSM)의 실제 문제 상황의 분석(logic-based stream of analysis)

소프트 시스템 방법론(SSM)의 실제 문제 상황의 분석(logic-based stream of analysis)은 조직 내에서 발생하는 문제 상황(problematic situations)을 인식하는 과정에서 시작된다. 조직의 문제 상황은 단순히 눈에 보이는 가시적인 문제뿐만 아니라 구조화되지 않은 문제 상황, 즉 조직내 문제 상황이 발생하게 된 역사적인 맥락과 조직 구성원들 간의 다양하고 복잡한 이해관계, 개개인간에 나타나는 상이한 지각 현상과 관련이 있는 문제 상황을 포함한다. 소프트 시스템 방법론의 제 2단계에서는 조직내 문제 상황을 단편적이거나 부분적인 아닌 거시적이고 통합적인 시각에서 파악한다. 문제 상황에 대한 거시적이고 전체적인 시각을 이끌어 내기 위해서는 문제 상황에 대한 조직 구성원들의 다양한 관점을 직접적인 참여와 논의의 과정을 통해서 파악해야 한다. 다양한 시각에서 파악된 문제 상황을 전체적인 시각에서 일목요연하게 정리하여 표현한 간결한 문장, 모델, 표, 그림 등으로 구체적으로 나타낸다. 이를 소프트 시스템 방법론에서는 '문제 상황도(rich picture)'를 만든다고 한다. 참여자는 '문제 상황도'를 통해서 조직내 문제 상황에 대한 전체적인 윤곽을 파악할 수 있고, 문제 상황의 근본적인 원인도 이해할 수 있다. 소프트 시스템 방법론의 제 3단계에서는 조직 내에서 발견되는 문제의 표면적 현상이 아닌 조직 내부에 뿌리박혀 있는 '근원적 문제'와 핵심 이슈들이 무엇인지를 파악하고, 이를 개념화시켜서 '근원적 문제의 정의(root definitions)'라고 부른다. 조직 내 문제 상황의 '근원적 문제'를 정의하기 위해서는 문제 상황에 대한 연구자와 조직 구성원들 간의 합의를 통해서 문제가 발생하게 된 근본적인 원인 또는 핵심 이슈를 찾아내야 한다. 소프트 시스템 방법론의 제 4단계에서는 참여자들, 예를 들면, 연구자 또는 컨설턴트와 조직 구성원들 간의 체계적인 논의의 과정을 통해서 '시스템적 사고'를 반영하는 '개념적 모델(conceptual models)'를 만들어야 한다. 개념적 모델에서 구현된 시스템적 사고의 초점은 문제를 '어떻게(How to do)' 해결해야 할 것인지가 아니라 구성원들이 진정으로 '무엇을 하고자 하는가(What to do)'에 대한 사고가 되어야 한다. 소프트 시스템 방법론의 제 5단계에서는 제 4단계에서 만들어진 개념적 모델과 현재의 문제 상황에 대한 비교를 통해 시스템적 사고를 현장에 어떻게 적용할 수 있는지를 판단한다. 소프트 시스템 방법론의 제 6단계에서는 참여자들 사이의 '문화적으로 실현 가능하고 체계적으로 바람직한(culturally feasible and systemically desirable)' 대안에 대한 합의를 한다. 소프트 시스템 방법론의 제 7단계는 선택된 대안과 액션 플랜을 실행하고 피드백하는 단계이다. 즉 학습자와 조직 구성원들은 조직내 문제 상황을 개선하기 위해서 채택된 대안을 실행하는 단계이다. 즉 실제로 대안을 문제 상황에 적용함으로써 문제 상황을 해결한다. 이러한 학습 과정은 조직의 고조나 업무 프로세스에 대한 변화뿐만 아니라 조직 구성원들의 태도나 행동의 변화를 통한 학습을 수반해야 한다. 소프트 시스템 방법론의 학습과정은 '사실 판단'과 '가치판단'에 대한 순환적인 사이클을 통해서 끊임없는 학습이 이루어져야 한다(그림 3-6 참조). 최근에 발전된 소프트 시스템 방법론의 적용 절차는 다음과 같다(Checkland, 1999에서 인용하여 수정함).

- 제 1단계: 문제 상황의 구체화: '문제 상황도(rich picture)'의 작성

경영진과 변화담당자가 조직이나 집단의 문제 상황을 파악하기 위해서 문제 상황을 구체화하여 '문제 상황도(rich picture)'를 작성하는 단계이다.

- 제 2단계: '근원적 문제의 정의(root definitions)'

완성된 '문제 상황도(rich picture)'를 기반으로 하여 '시스템 사고'의 관점에서 문제의 근본적인 원인을 규명하기 위한 '근원적 문제의 정의(root definitions)'를 구체화하는 단계이다.

- 제 3단계: 개념적 모델(conceptual models)의 구체화

대상조직이나 문제 집단을 대상으로 심층적 인터뷰를 실시하여 개념적 모델을 구체화할 수 있는 자료를 수집한다. 수집된 자료를 바탕

으로 '근원적 문제의 정의(root definitions)'를 기반으로 하여 '시스템 사고'의 관점에서 '바람직한 상황'을 구체화하는 개념적 모델(conceptual models)을 만든다.

• 제 4단계: 현재의 문제 상황과 개념적 모델과의 비교

수집된 자료를 분석하여 문제를 파악하고 개념적 모델에서 구체화된 활동들과 비교하여 문제 해결방안을 위한 대안을 찾는 단계이다. 계획을 수립하여 실행한다.

• 제 5단계: '문화적으로 실현 가능하고 체계적으로 바람직한 변화(culturally feasible and systemically desirable changes)'(대안)에 대한 토론과 대안의 실행

〈그림 3-6〉 소프트 시스템 방법론(SSM)의 학습 과정

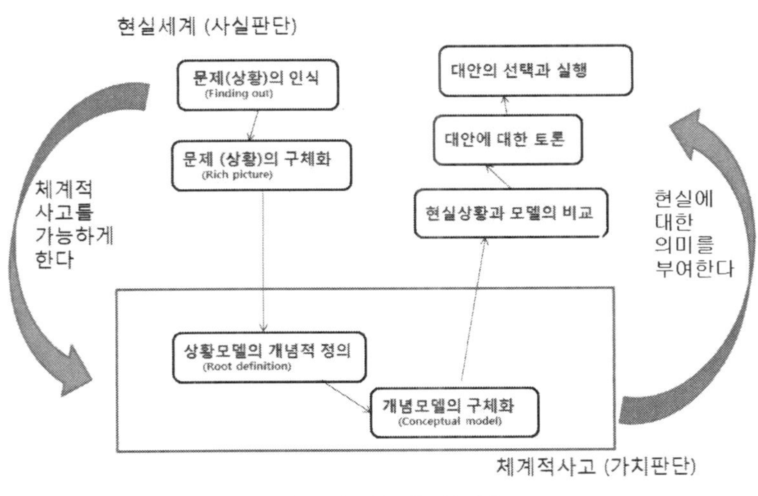

출처: Checkland(1981: 163)

소프트 시스템 방법론(SSM)의 실제 문제 상황의 분석(logic-based stream of analysis)을 통한 학습과정은 시스템 사고에 의한 체계적 판단과 현실세계의 문제 상황에 대한 사실 판단의 이중적인 순환과정을 통해서 이루어진다(그림 3-6).

제 4절 복잡적응계로서의 인간과 조직

복잡계 이론에서 언급한 복잡계의 특성을 가진 대표적인 예는 우리 인간이다. 인간의 신체는 복잡적응계(complex adaptive systems)이다. 특히 인간의 두뇌를 보면 놀라울 정도로 복잡적응계로서 완벽하게 기능한다. 복잡적응계로서 인간의 두뇌의 출현은 지구상에 생명체가 탄생된 후 3억년의 긴 시간을 거쳐서 이루어졌다. 현재까지 지구상에서 인간보다 우수한 두뇌를 가진 생명체는 존재하지 않는다. 이러한 인간의 두뇌는 3가지 유형의 두뇌들로 구성되어 있다. 즉 인간 두뇌는 우리의 감정과 연관된 감성두뇌(emotional brain), 지각현상과 연관된 인지두뇌(congnitive brain), 지식과 연관된 인지두뇌(intellectual brain)의 3가지의 기능을 동시에 가진다. 이를 과학적인 용어로는 '삼위일체형 두뇌(triune brain)'라고 부른다(MacGill, 2012). 이러한 삼위일체형 두뇌기능을 가진 복잡적응계로서의 인간 두뇌는 해부학적으로는 좌반구와 우반구로 구성되어 있고, 뇌신경체계로서 두뇌는 다섯 가지의 계층(echelon) 또는 체계(system)로 구성되어 있다.

영국의 스태포드 비어(Stafford Beer) 교수는 인간 두뇌의 뇌신경체계의 다섯 가지의 체계를 모형화한 자생 체계 모형(Viable System Model:

VSM)은 창안하였다. 비어 교수는 이러한 복잡적응계로서 인간 두뇌의 모델과 유사한 자생체계(viable system)의 모형을 조직의 설계와 진단의 효과적인 모델로 제시하였다(Beer, 1979).

VSM의 관점에서 보면, 인간은 복잡적응계로서 개인의 자율성(autonomy)을 갖는다. 이러한 조건을 충족하는 가장 적합한 모델이 자생 체계 모형이다. 개인의 자율성은 환경의 복합성(complexity)을 이해하고 이러한 복잡한 환경에 대응할 수 있는 능력을 제공한다. 이러한 자율성을 가진 체계를 비어 교수는 '자생 체계(viable system)'라고 부른다. 자생체계로서 인간은 외부환경과 상호 작용을 하면서 생존적 역량을 확보하기 위해서 인간의 두뇌 내부에 필수 다양성을 확보하는 '필수 다양성의 법칙(Law of Requisite Variety)'을 따라서 운영된다(Ashby, 1966). 필수 다양성의 법칙에 의하면, 복잡적응계로서의 자생 체계는 환경의 조정자(controller)로서 필수 다양성(requisite variety)을 갖고 환경변화에 바람직한 상태로서 체계의 상태을 유지하는 능력을 갖고 있다. 이러한 특성은 오로지 자생 체계 모형만이 갖고 있는 장점이다. 자생체계는 변화하는 환경 속에서 스스로 생존할 수 있는 체계이다. 만일 우리 인간이 지진, 홍수, 가뭄과 같은 자연 재해로 인한 환경의 변화에 살아남으려면 예측하기 어려운 환경의 위험 요소를 감지하여 효과적으로 대응할 수 있는 역량이 있어야 한다. 만일 우리가 환경변화에 대응하여 생존하지 못한다면, 인간은 결국 지구상에서 사라지게 될 것이다.

1. 필수 다양성의 법칙(Law of Requisite Variety)

자생 체계로서 인간은 개인 스스로의 힘으로 거대한 외부 환경을 지배할 수 없다. 왜냐하면 우리는 끊임없이 변화하는 환경과의 상호 작용을 통해서 스스로가 이러한 환경의 일부가 되어야 생존할 수 있기 때문이다. 외부환경은 체계 자체가 예측할 수 없는 수많은 환경 변수들을 내포하고 있고, 복잡계로서 예측 불가능한 다양한 양상으로 끊임없이 변화하고 있다. 이러한 환경의 다양성 및 복잡성(complexity)은 복잡적응체계의 운영 프로세스에서 파생하는 복잡성보다도 더 광범위하고 다양한 요소들 즉 다양성(variety)로 구성되어 있다. 필수 다양성의 법칙에 따르면 체계(또는 조직)의 관리 활동보다는 체계의 운영 활동의 다양성이 더욱 복잡하며, 체계의 운영 활동보다 훨씬 복잡한 환경의 다양성은 항상 조직이 변화하는 환경 속에서 생존해 나가는 데에 위협적인 요소가 된다. 자생 체계는 크게 두 가지의 기능으로 구분된다. 즉 환경의 변화에 생존하기 위해서 필수적으로 해야 하는 활동들로 구성된 실행기능과 이러한 체계의 필수 활동을 실제로 실행하는 실행체계 및 이러한 실행체계를 관리하는 메타체계로 구성된다(Beer, 1985).

필수다양성의 관점에서 보면, 자생 체계가 환경의 변화에서 생존하려면 체계의 실행기능 및 메타 기능의 다양성과 외부 환경과의 변화하는 다양성은 균형 상태를 이루어야 한다. 필수 다양성의 법칙에서 언급하는 다양성(variety)이란 어느 상황에 대한 어떤 특정한 상태를 나타내는 것이므로 이러한 특정 상태를 기호 또는 언어로서 표시되는 정보와는 밀접한 관계를 갖고 있다(Ashby, 1966). 자생체계의 다양성과 외부환경의 다양성은 두뇌 체계의 다양한 기능들이 상호 작용하여 체계의 목표에 대한 관점에 따라 상이하게 인식되고 표현됨으로 주어진 맥락 또는 특수한 상황에 따라서 다르게 해석되고 이용되어진다.

2. 복잡적응계로서의 두뇌 체계에 대한 이해

복잡계 이론의 관점에서 보면 인간의 두뇌는 복잡적응계(complex adaptive system)이다. 비어(Beer)는 이러한 복잡적응계를 외부환경변화에 대응하여 스스로 생존가능성을 확보하는 자생 체계(viable system)라고 주장하였다(Beer, 1979, 1981). 자생 체계 모형의 이론에서는 자생 체계가 환경에 생존하기 위해서 필수적으로 수행해야 하는 '필수 활동(primary activities)'으로 구성되어야 한다. 이러한 자생 체계는 환경 속에 생존하기 위한 필수 활동이 무엇인지 결정해야 하며, 이러한 활동을 구체화하여 체계의 정체성을 정하고 생존 가능성을 확보하는 책임은 메타 체계(metasystems)의 기능으로 인식된다. 따라서 자생 체계의 활동은 크게 필수 활동을 수행하는 실행체계와 이러한 필수 활동을 관리하는 메타 체계로 구성되어 있다(표 3-3).

〈표 3-3〉 자생체계모형(VSM)의 관점에서 본 복잡적응계의 주요 기능

두뇌 체계 유형		정의	주요기능	세부기능
실행 체계	체계 1	실행기능	내부관리기능	• 체계의 실행목표수립 • 체계의 필수 활동 기능
			실행기능	• 활동목표수립 • 실행기능
			정보기능	• 환경관련 정보수집 • 실행관련정보 수집 및 전달
	체계 2	조정 및 규제기능	전사조정기능	• 실행기능들 간의 조정 및 규제 활동
			부문별 조정기능	• 성과의 측정기준 마련 • 핵심 업무분류 및 조정
	체계 3	컨트롤기능	경영기능	• 내부 실행활동에 대한 관리 • 합리적 자원배분 • 실행기능의 정보수집 및 전달
			컨트롤기능	• 예산기능 • 정보처리와 커뮤니케이션기능
			효율화기능	• 핵심 업무의 파악 • 성과평가
메타 체계	체계 3*	감사기능	실행통제기능	• 실행기능 활동 진단 및 활성화
			감사기능	• 생산 및 제조활동의 감사기능 • 위험요소 파악과 리스크관리
	체계 4	지능기능	의사결정지원기능	• 외부환경 파악 및 분석 • 장기적 관점의 투자분석
			예측기능	• 미래 환경의 변화 예측 • 미래 변화 모델 제시
			정보체계기능	• 정보수집, 분류, 전달기능
			연구 및 개발 기능	• 연구, 개발, 학습기능
	체계 5	정책기능	규범적 기능	• 과학 철학에 의한 규범설정
			최고의사결정기능	• 최고 의사결정 • 비전 및 조직의 방향제시
			정책 및 조직문화 기능	• 장 · 단기적 전략 수립 • 조직문화/ 정책의(재)형성기능

3. 복잡적응계의 실행체계: 실행기능과 규제 및 조정기능

실행 체계(이를 자생 체계 모형의 이론에서는 'System 1'이라고 부름)는 체계가 환경에 생존하기 위해서 필수적으로 해야 하는 핵심 활동(primary activities)으로 구성되어 있다. 실행 체계의 내부에서 발생되는 각양각색의 위험요소의 다양성(variety)을 효과적으로 처리하기 위해서 실행 체계의 활동을 조정하고 규제하는 기능이 필요하다. 이러한 통제기능은 실행 체계의 핵심 활동에 대한 실질적 능력, 잠재력, 실제 업무 성과를 정확히 측정하여 전반적인 정책적 기능을 수립하는데 보조적인 활동을 수행한다. 자생 체계의 규제 및 조정기능은 실행체계가 수행하는 핵심 활동의 분석과 조정을 하는 역할을 한다. 즉 메타 체계가 실행 체계 내 모든 활동을 철저히 파악하여 통제할 수 없기 때문에 각 실행체계가 수행하는 활동의 다양성을 관리하기가 어렵다. 실행 체계의 다양성을 컨트롤하여 메타 체계가 각 실행 체계의 활동을 적절하게 관리할 수 있도록 직접적으로 실행 체계의 활동을 조절하는 기능이 '규제 및 조정기능'이다. 예를 들어, 기업에서 일반 관리자(senior manager)는 체계 내의 업무 활동을 전사목표와 일치하도록 통제하고 관련 여부를 통합할 수 있는 책임과 권한을 갖는다. 관리자에게는 조직이 보유하고 있는 인적자원과 물적 자원을 각 부서에 적절히 배분할 권리와 분배된 자원을 통제할 수 있는 권리가 부여 된다. 일선 관리자(junior manager)는 회사의 내부 업무에 관한 정보를 통제하는 정보통제 업무를 수행한다.

만일 실행 체계를 구성하는 요소가 어떤 이유에서라도 활동에 관련된 중요한 내부 정보를 메타 체계에게 전달하지 않는다면 실행체계에 대한 통제력을 상실하게 된다. 이런 상황을 미연에 방지하기 위해서는 메타체계와 실행 체계 사이의 정보의 틈을 없애야 한다. 정보의 틈을 없애기 위해서는 '필수다양성의 법칙'에 따라 체계의 실행기능의 다양성과 메타 체계 사이의 다양성을 일치시켜야 한다. 따라서 자생 체계의 '규제 및 조정기능'은 체계 내의 실행활동과 관리활동에서 파생되는 다양성을 일치시켜서 체계 내의 위험 요소를 흡수하여 체계 내의 밸런스를 효과적으로 이루는 업무를 담당한다. 변화하는 환경에 대응하려면 필요한 핵심 업무가 최소한 두 가지 이상이 있어야 함을 암시 한다. 왜냐하면 환경의 다양성을 체계가 효과적으로 흡수하려면 체계는 최소한 두 가지 이상의 업무를 수행하여 체계 스스로가 다양성을 갖추지 않으면 안 되기 때문이다. 체계 내부의 다양성은 핵심 업무를 수행하는 업무 실행 기능으로부터 비롯된다.

자생 체계의 각각의 업무 실행 기능은 자율적으로 수행되며 각각의 업무 활동을 통제하고 조정하는 관리기능과 연결되어 독자적인 또 하나의 자생 체계를 형성하게 된다. 이렇게 구성된 자생 체계들은 그들의 고유 업무를 수행하기 위해서 지역별 환경과 끊임없이 상호작용을 한다. 예를 들어 어느 체계의 핵심 업무가 제품개발과 생산, 판매활동으로 분류된다고 하면 체계 내의 제품개발, 생산, 판매활동 등은 독자적인 관리기능에 의해 각각 자율적인 업무활동을 수행하지만 이들 업무들은 상호간에 밀접하게 연결되어 직접 또는 간접으로 외부환경과 상호작용을 하면서 위험성을 내포한다. 따라서 전사적인 차원에서 외부환경의 위험요소를 극복하기 위해서는 제품개발, 생산, 판매부문을 통합하고 연결시키는 기능이 필요한데 이러한 기능을 자생 체계에서는 통제(control) 기능이라고 부른다. 통제기능은 업무를 수행하는 각각의 운영체계들이 최대한 자율성을 갖고 운영되는 것을 지원하는 기능이다. 반면에 통제기능은 여러 개의 운영체계의 자율적 업무활동이 체계 전체의 생존성을 위협하게 된다면 이러한 활동을 규제해서 체계의 생존성을 유지하는 업무 통제 활동도 수행한다. 자생 체계의 통제기능의 역할은 관리자의 지휘 또는 지시 기능으로 이해하기 보다는 구성원에게 최대한의 자율성을 보장하기 위해서 체계의 생존성을 위협하는 업무활동을 규제하는 기능이다. 최고 관리자가 체계 내의 상황을 객관적으로 인식하는 실증적인 측면보다는 체계가 처한 그 때 그 때의 특수상황을 다양하게 인식한다. 이러한 관점은 체계의 내부 상황을 단일적인 시각으로 객관화시키기 보다는 복합적인 양상을 띠는 외부환경에 적합하도록 여러 각도에서 체계의 상황을 인식하게 해준다. 변화하는 환경에 대응하려는 기업은 체계 내의 구조 자체도 고객의 다양한 욕구변화를 충족시킬 수 있는 형태로 끊임없이 바뀌어야 한다. 그러나 이러한 변화는 체계 내의 여러 기능 및 부서를 더욱 복잡하게 세분화시키게 되고 필연적으로 관리자와 직원들 사이에 정보의 틈을 형성하게 만든다. 관리자가 이러한 정보의 틈을 인식했을 때 관리자는 효과적인 정보의 활용을 위해서 지휘 및 지시 기능을 강화시킬 것이다. 관리자의 감독 기능의 강화는 일선관리자에게 더 많은 업무 부담을 주어 구성원들이 행하는 업무의 자율성을 제한시킬 것이다. 결과적으로 다양해진 고객의 욕구를 충족시키려는 체계 기능의 다변화는 필연적으로 관리자와 조직구성원 간의 정보의 틈을 형성하여 체계의 경직성을 더욱 심화시키게 되며, 통제기능이 강화될수록 상의하달식의 관료주의적 체제하에서는 체계는 더욱 경직화 되어 관리자는 위기의식을 느껴 관리자로서 갖는 책임과 권한을 회피하게 될 것이다.

이러한 현상을 자생 체계 모형의 관점에서 보면 업무 실행 기능의 다양성과 통제기능 간의 다양성이 불일치하여 발생하는 다양한 체계들 사이의 기능 간의 불균형 현상이라고 볼 수 있다. 이러한 현상을 제거하기 위해서는 자생 체계 내의 통제기능을 제대로 발휘될 수 있도록 하여야 하는데 통제기능이 제대로 발휘되려면 조직구성원들이 수행하는 업무활동의 다양성을 축소시켜야만 체계 내의 업무 실행 기능과 통제기능의 균형이 이루어질 것이다. 그러나 업무 실행 기능의 다양성을 축소시키는 것만으로는 체계 내의 안정성을 확보하기가 어렵다. 체계의 안정성을 지속하기 위해서는 체계 내의 정보 전달 체계가 확립되어 업무 실행 기능의 운영 상태를 정확히 통제기능으로 전달할 수 있어야 한다. 외부 환경의 변화에 대응하여 업무 실행 기능의 자율성이 보장되어야만 체계의 업무 활동이 성과를 거둘 수 있다. 또한 체계 내 업무활동에 대한 자율적인 활동은 업무 조정 기능을 통해서 업무의 일관성을 따라야 하며, 규정(regulation)과 조정(coordination)은 업무를 담당하는 부서 내에서 자율적으로 이루어지거나 업무를 관장하는 독립적인 주체에 의해서 행하여질 수 있다. 논리적인 측면에서 보면 독립적인 주체에 의하여 수행되는 업무조정 기능이 더욱 효과적이고 바람직하다. 왜냐하면 업무활동으로부터 분리된 독자적인 조정 기능은 체계의 업무 활동을 외부에서 좀 더 객관적이며 전체적인 시각으로 인식할 수 있기 때문이다. 그러나 실질적으로는 업무활동과 별개로 독립된 업무 통제기능은 업무에 대한 통제력을 필요 이상으로 높일 수 있고 통제 범위의 확대로 인하여 전략적인 측면에서도 바람직하지 못하다. 업무를 수행하는 부서가 자체적으로 업무를 조정하고 통제한다면 업무 활동은 전체적인 조화를 이룰 수 있고 업무 활동의 일관성을 유지할 수도 있다. 따라서 자생 체계에서는 업무 실행 기능 간의 자율적인 조정과 각 부서의 밀접한 상호 간의 협조를 통해서 자생 체계는 환경 변화에 적을 할 수 있는 자생력을 갖게 된다.

체계의 자생력이란 체계의 업무 실행 기능 자체의 자동조절기능(self regulation)이 구비되어 환경 변화에 맞추어서 업무 활동을 스스로가 조절하는 힘을 말한다. 그러나 이러한 자율조정기능은 관리자와 업무 담당자 사이에 의사소통의 한계로 인하여 관리자가 수집한 전반적인 업무 활동에 관한 편견을 반영하게 되어 보고 기능이 제대로 운영되지 못하게 된다. 업무보고기능이 활성화 되어 운영되기 위해서는 업무 전반에 걸친 상황에 대한 정보를 역으로 체크할 수 있는 추가적이고 독자적인 의사소통 라인이 필요하게 된다. 따라서 독자적인 의사소통의 매개 기능으로서 업무 활동을 관리자에게 직접 연결시켜 주는 업무 모니터링 채널이 요구되어 진다. 업무조정기능 체계의 통제 기능이 체계의 거시적인 경영정책에 일관된 핵심 업무 활동의 자율성 보장을 위해서 필요한 것이라면 업무조정 체계의 모니터링 기능은 체계 내의 업무 수행 기능들과 관리기능 사이의 의사소통을 원활히 하기 위해서 필요하다. 자생 체계 모형의 규제 및 조정 기능(이를 자생 체계 모형에서는 'System 2'라고 부름)의 주요 활동은 다음과 같다. 첫째로, 통제기능은 운영 체계의 최우선 업무활동에 대한 관리자의 지휘 또는 지시를 최소한으로 줄이기 위해서 업무를 분배하고 통합한다. 둘째로, 조정기능은 핵심 업무 활동을 직접 감독하기 보다는 상황에 따라 업무를 조정하는 유연성을 발휘해야 한다. 셋째로, 통제기능은 핵심 업무 활동 기능 간의 의사소통의 단절을 방지하기 위해서 업무 전반에 걸친 검색 능력을 배양시킨다.

지금까지 살펴 본 바와 같이 자생 체계의 업무 조정 체계의 기능은 크게 두 가지로 분류된다. 즉 조정 및 규제 기능(regulation & coordinnation)과 업무검색 및 감사기능(monitoring)으로 구분된다. 조정기능이 효과적으로 이루어지면 상이한 업무 간의 응집력을 높여서 각 업무에 대한 관리자의 지시와 필요성을 감소시키지만 업무 간의 응집력이 높아지면 각 부서가 수행하는 주요 업무가 제대로 이루어지고 있는지를 수시로 체크하는 업무 모니터링 기능도 필요하게 된다. 업무 조정 기능과 업무 모니터링 기능 사이의 커뮤니케이션은 업무의 지휘 기능을 통해서 이루어진다. 업무 조정 기능은 스스로 업무를 조절하는 자동조절(self regulation) 기능을 구비하고 있고 업무 모니터링 기능은 상이한 업무 간의 긴밀한 협조와 의사소통이 제대로 이루어지도록 업무에 대한 지원 역할을 한다. 관리자는 정보처리 관점에서 업무 조정 기능과 업무 모니터링 기능의 활동 전반에 걸친 정보를 수집하여 업무를 조정하고 통합하여 균형을 유지시키는 통제(control) 기능을 갖고 있어야 한다. 그러나 업무에 관한 정보가 너무 과다하여 관리자가 이를 통제하기 어렵다면 업무 조정 기능은 업무에 관한 정보를 축소시켜 관리자가 컨트롤 할 수 있는 수준으로 조정해야 한다. 자생 체계 모형의 운영체계와 업무조정 체계, 관리통제 체계를 자생 체계 모형에서는 각각 체계 1(운영 체계 또는 실행 체계), 체계 2(업무 조정 체계), 체계 3(관리 및 컨트롤 체계)으로 부른다.

4. 복잡적응계의 메타 체계: 컨트롤 및 감사기능, 지능기능과 정책 기능

자생 체계 모형의 궁극적인 목표는 환경변화에 대응하여 지속가능성을 갖는 것이다. 따라서 체계의 최고 의사 결정자는 체계의 자생성(viability)을 확보하기 위한 전사적인 이미지 구축에 관한 비전을 제시하고 이를 실현하고자 전체 체계를 경영하여야 한다. 체계 내의 정책 수립기능, 통제기능 및 정보기능이 서로 잘 조합되어 효과적으로 회사의 거시적인 정책 및 장기적인 전략을 수립하기 위해서는 다음과 같은 사항이 준수되어야 한다.

첫째, 의사결정자가 필요로 하는 정보를 최소화시켜야 한다. 최고 의사결정자에게 제공되는 정보의 요건은 환경의 기회요소와 위협요소를 평가할 수 있고 체계 내의 상황을 컨트롤 할 수 있는 정보여야 한다.

둘째, 체계의 실체에 대한 정확한 정의와 거시적인 정책 입안, 실행, 수정에 관한 다양한 관점을 제시할 수 있는 통제기능 및 정보수집기능이 상호 보완될 수 있도록 설계되어야 한다. 따라서 환경변화에 대응하기 위한 체계의 변화를 유도하는 거시적인 정책의 입안 시에는 자유로운 토론을 바탕으로 대다수의 의견이 반영되어 자생 체계가 최대한의 능력을 발휘해야 한다.

셋째, 체계 내의 거시적인 정책입안기능, 정보수집기능 및 통제기능은 상호 간의 대·내외 정보의 상호공유를 통해서 유기적인 협조 체제가 이루어져야 한다.

자생 체계 모형(Viable System Model)의 관점에서 본 복잡적응계로서의 인간 두뇌 체계의 유형별 주요기능(실행기능, 규제 및 조정 기능과 메타 체계의 관리기능)과 세부적인 활동에 대한 설명은 〈표 3-3〉에서 정리하였다.

제5절 복잡적응계로서의 사회

복잡적응계의 개념은 인간의 두뇌에만 적용되는 것이 아니다. 복잡계 이론의 관점에서 보면, 우리가 흔히 당연한 것으로 생각해 왔던 수많은 조직과 집단들로 구성된 사회도 복잡적응계(complex adaptive systems)를 이루고 있음을 알게 된다. 이러한 사회는 단순하게 이해되지 않는다. 언뜻 보면, 단순한 사회 시스템이라고 하더라도 그 안에서 발생하는 현상들은 단순한 모델로 설명하고 예측할 수 없는 경우가 대부분이다. 예를 들어 사회를 구성하는 조직의 경우에 조직은 이질적인 개인들로 구성된 집단과 다양한 집단들이 하나의 조직체를 이룬다. 우리가 어떤 대상이 되는 조직을 이해하려면, 조직의 구성하는 개인이 갖고 있는 가치관, 정서, 성격과 태도 및 지각현상, 이러한 지각현상을 바탕으로 형성되는 개인행동을 이해해야 한다. 조직내 개인들의 행동은 가치관과 지각현상의 차이로 사람마다 다를 수밖에 없다. 예를 들어, 형제나 자매라도 그들의 생각과 행동은 각각 다르다. 하물며, 조직사회에서 일하면서 만나는 사람들은 같은 한국 사람이라도 다를 수밖에 없다. 개인들의 행동을 이해하기는 어려울 수밖에 없다. 또한 개인들이 모여서 집단을 이루게 되면, 개인 혼자서 행동할 때와 집단으로 행동할 때는 달라지게 마련이다. 예를 들어, 김예슬이라는 초등학생이 혼자서 집에서 놀고 있을 때와 또래 친구들과 모여서 같이 놀 때는 김예슬의 행동은 달라진다. 만약 예슬이는 혼자서 있을 때 그림그리기를 좋아한다고 가정하자. 그러나 예슬이가 생일이 되어서 친구들을 여러 명 초대했을 때 예슬이는 자기가 좋아하는 그림을 그리는 행동을 하지 못하게 된다. 친구들이 스마트폰으로 게임을 하고자 한다면 예슬이는 자연스럽게 친구들과 어울려 컴퓨터 게임을 하게 된다. 또한 예슬이의 친구들로 구성된 집단에서 예슬이의 친구인 민우가 또 다른 친구인 슬기와 놀다가 슬기가 좋아하는 예쁜 가방을 갖고자 시비가 붙으면 이러한 갈등 현상을 통해서 민우와 슬기뿐만 아니라 예슬이까지 이러한 복잡한 갈등관계에 말려들게 된다. 결국 민우와 슬기는 싸움을 하게 되고 예슬이는 싸움을 말리다가 자기도 결국 화를 내게 된다. 이러한 초등학교 놀이 집단의 경우에서와 같이 조직내 집단은 개인 차원에서는 이해할 수 없는 많은 새로운 현상과 집단행동들이 나타나게 된다. 이를 조직행동론의 관점에서 보면 집단역학(group dynamics), 리더십, 갈등과 스트레스와 같은 현상이다. 이러한 집단행동들은 개인차원에서는 이해할 수 없다. 또한 이러한 집단들로 구성된 조직체는 조직의 목적에 따라서 형성되어 조직의 구조를 설계하고 조직을 유지하는 조직문화와 의사결정자, 전략적인 차원에서의 조직행동들이 나타나기 때문에 조직체는 조직을 구성하는 집단과 개인과는 전혀 다른 행동을 보이게 된다.

사회는 다양하고도 이질적인 조직체들로 구성되어 있기 때문에 얼핏 보면 단순하게 보이는 작은 사회라도 그 안에서 구성되는 복잡한 메커니즘을 이해하는 데에는 이론과 모델이 필요하다. 복잡계의 관점에서 보면 사회는 복잡적응계(complex adaptive systems)이기 때문에 사회를 이해하는 데에 있어서 복잡적응계의 개념을 이해하는 것이 필요하다.

사회학의 사회 구조론에 의하면 전통적으로 사회구조는 정태적인 것으로 간주해 왔다. 물론 사회는 시간에 흐름에 따라서 변화라고 역동적인 측면이 존재하지만, 상대적으로 긴 시간에 걸쳐서 지속되는

'항상성'이 사회에 존재하고 이러한 변하지 않는 특성으로 이루어지는 사회는 어떤 특수한 '구조'를 형성하게 된다. 이러한 사회적 구조는 어떠한 변혁이 발생하지 않는 한 콘크리트로 구성된 빌딩처럼 견고하게 만들어져 개인이 이를 변화시키려고 아무리 노력해도 변하지 않는다. 복잡계 이론의 관점에서 보면 이러한 구조로 이루어지 사회는 겉으로는 요지부동하는 거대한 건축물처럼 보이지만 실상은 수없이 많은 행위자들이 나름대로의 행위 규칙을 만들고 복잡한 상호작용을 하면서 이루어내는 창발적 질서에 의해서 움직이고 있다. 따라서 현대사회에서 출현하는 새로운 사회구조로서 복잡계 네트워크는 관계와 창발성에 의해서 이루어지는 복잡적응계이다. 예를 들어, 온라인상에서 구성되어 생겨났다가 사라지는 수없이 많은 온라인 커뮤니티, 행위자 기반 모형을 바탕으로 형성되는 인공사회와 인터넷 공간을 바탕으로 이루어지는 플랫폼 기업들로 구성된 온라인상의 복잡계 네트워크는 과거 데카르트의 합리론 철학에 기반을 준 연역주의(reductionism)의 관점에서 보면 이해 할 수가 없다. 즉 '부분의 합은 전체가 아닌, 부분의 합은 전체보다 크다'라는 가정의 기반위에 성립된 복잡계 이론의 관점에서 보아야 온라인상에서 이루어지는 네트워크를 구성하는 집단들과 조직들 사이의 자율성과 연계성(autonomy and connectivity), 경쟁과 협동(competition and cooperation), 소산구조(dissipative structure or systems), 창발성(emergent property), 끌개(attractors), 자기 조직화(self organization)와 같은 현상을 이해할 수 있다.

복잡계 이론의 관점에서 보면 일반적인 사회 및 온라인상에서 구성된 복잡계 네트워크로서의 사회는 다음과 같은 필수요건이 충족된다 (MacGill, 2012: 117~122).

1. 복잡적응계로서의 사회의 필수 요건

(1) 인구

복잡적응계로서의 사회는 사회구성원들로 이루어진다. 따라서 인구의 크기에 따라서 사회의 영향력이 좌우된다. 예를 들어, 글로벌 사회에서 구글을 이용하는 사용자와 소비자의 인구수에 따라서 구글에 의해서 구성되는 복잡계 네트워크의 사회는 우리 사회에 대한 영향력이 커질 수도 작아질 수 도 있다.

(2) 물질적 환경

복잡적응계로서의 사회는 물질적 환경으로부터 영향을 받는다. 어느 사회를 막론하고 사회는 자연환경으로 구성되어, 날씨와 천연 자원, 인구, 기술 등과 같은 물질적 환경으로부터 영향을 받아서 존재한다.

(3) 문화

복잡적응계로서의 사회는 그 나름대로의 독특한 문화를 구성한다. 문화란 사회 구성원들이 속한 공동체에서 나타나는 출현적 속성(emergent property) 혹은 창발성이다. 문화에 의해서 사회 구성원들은 일상생활 속에 내재된 공통성을 갖고 생활한다. 예를 들어, 문화 속에 내재된 공통성은 음식, 옷, 예술, 음악, 스포츠, 기술과 같은 것들이다. 이러한 공통성은 일상적으로 사회 구성원들에게 당연시하게 여기는 것들로 이루어져 있고 이러한 공통성을 통해서 형성되는 문화는 사회구성원들에게 그들이 속한 사회의 정체성(identity)을 갖게 한다.

(4) 언어

복잡적응계로서의 사회는 사회구성원들이 사용하는 언어가 존재한다. 언어는 문화의 가장 근본적인 속성에 속한다. 예를 들어 한국인이 사용하는 한글은 한국인으로서의 정체성과 문화를 이해하는 가장 기본적인 요소이다. 언어는 문화와 상징적 관계를 가지면서 시간의 흐름에 따라서 변화하고 발전한다. 예를 들어, 조선시대의 한국 사회에서는 문화적으로 유교사상이 지배했고, 장유유서의 사상이나 남존여비의 사상이 언어 속에 녹아들어가 있었다. 따라서 조선시대의 사회에서 어른을 대한 존댓말이 자연스럽게 발달되어 있었으며, 남자가 사용하는 언어와 여자가 사용하는 언어 사용은 명백히 달랐다.

(5) 신화 및 역사

복잡적응계로서의 모든 사회는 신화(mythology)와 역사를 갖고 있다. 예를 들어, 구글의 경우 창립자인 래리 페이지(Larry Page)와 세르게이 브린(Sergey Brin)이 이루어 놓은 신화적 이야기를 갖고 있다. 또한 구글의 창립과정부터 현재까지의 나름대로의 역사를 갖고 있다. 예를 들어, 구글은 유투브(YouTube)라는 자회사를 만들어 전 세계로 유튜브의 서비스를 제공하고 있다.

(6) 교육

복잡적응계로서의 사회는 교육이 주요한 역할을 한다. 모든 사회는 그 사회를 유지하는 가치와 신념이 존재한다. 예를 들어, 한국인은 교육을 통해서 우리 사회에서 요구하는 올바른 가치와 규범을 익히고 사회에 적합한 행동을 하게 된다. 한국 사회에서 교육열은 세계가 인정한다. 근대화 이후의 우리나라는 일본으로 부터의 식민지배로 인하여 한국인의 정체성이 말살되었고, 그 후 남북 간의 전쟁이 발발하여 사회는 피폐화되었다. 하지만 우리나라의 경제 발전은 뜨거운 교육열에 의해서 이루어진 성과이다.

(7) 발전의 수준

사회의 발전 수준(level of development)은 자원의 효과적인 사용, 가치의 선택 등에 매우 커다란 영향을 미친다. 발전의 수준에 의해서 사회구조의 복잡성이 달라진다. 예를 들어, 문명화의 과정에 따라서 사회구조의 형태는 달라지고, 사람들의 관계, 자원의 배분, 신념 체계는 그 사회의 발전 수준을 잘 반영한다.

(8) 외부의 영향력

복잡적응계로서의 인식되는 사회는 외부의 영향력에 의해서 영향을 받는다. 만약 주변의 다른 국가의 정치적, 사회적, 경제적 영향력이 크다면 사회는 이러한 국가의 영향력에 의해서 변화되거나 발전하기도 한다. 역사적으로 보면, 우리나라의 경우에는 주변 국가인 중국과 일본의 영향력을 받아서 우리 사회가 변화되었고, 근대화 이후에는 미국을 중심으로 한 서구의 영향력을 받아서 근대 사회로 발전되었다.

(9) 권한 구조

복잡적응계로서의 사회는 그 사회의 질서를 형성하여 이끌어 가는 권한 구조가 있다. 이러한 권한 구조는 때로는 폭력과 강압을 통해서 사회를 형성하고 유지해 간다. 막스 베버(Max Weber)에 의하면 문명화의 과정을 통해서 이루어진 서구 사회는 이러한 권한 구조를 통해서 사회가 무질서의 상태로 전락하는 것을 방지하고 질서를 유지하는 힘으로 기능하였다.

(10) 경제

사회에서 경제의 역할은 에너지의 보급을 통해서 사회를 유지하는 것이다. 사회의 권한 구조와 함께 형성되는 경제적 구조는 인구가 늘어남에 따라서 매우 복잡한 형태로 변화하게 된다. 예를 들어, 초기의 근대 사회에서는 단순한 무역의 형태로 사회에서 필요로 하는 자원과 에너지를 마련하였다. 그러나 오늘날의 현대 사회에서는 정보 기술의 발달과 함께 출현한 인터넷 전자 상거래, 인공지능을 활용한 플랫폼 형태의 비즈니스 등 복잡한 형태의 경제 구조가 형성되었다.

제 6절 경영의 새로운 패러다임

복잡계 이론은 기업의 경영을 위한 새로운 사고방식과 패러다임을 제시한다. 예를 들면, 기업의 환경은 복잡계(complex systems)으로 인식되며, 기업은 살아있는 생명체로서 복합 적응계(complex adaptive systems)로서 인식된다. 복합 적응계로서의 조직은 생태계적 환경과 사회적, 경제적, 문화적, 정치적 환경의 복합성(complexity)에 대응하기 위해서 '필수 다양성의 법칙(Law of Requisite Variety)'의 의해서 기업 조직을 경영해야 한다(Beer, 1985). 즉, 조직은 복합적응계 혹은 자생 체계로서 기업의 생존과 직결되는 '필수 기능' 및 필수기능을 가능하게 하는 기업의 비전, 가치, 사명, 조직의 문화 등의 '비필수 기능'으로 구성되어 있음을 이해하고 운영해야 한다.

1994년 발표된 '성공하는 기업들의 8가지 습관'의 연구결과를 보면 기업의 이윤추구의 목적이 기업의 지속가능성이나 생존력과는 전혀 상반된 결과를 보여주고 있다(Collins and Porras, 1994). 만일 기업의 이윤추구의 목적과 기업의 생존 가능성이 상충될 경우 경영자들은 손쉽게 단기적인 이윤추구의 방법을 선택하게 되며 이것이 기업의 생존 및 장기적인 존속을 위한 최선이 된다고 믿는다. 그러나 미국과 일본을 비롯한 서구 유럽 기업들의 평균 수명이 12년 6개월 정도에 지나지 않는다는 사실에 접하게 되면 기업의 추구하는 이윤극대화의 논리에 오류가 내재되어 있음을 쉽게 간파할 수 있다(손태원, 2005: 3). 전통적 경제학의 이론에서 제시하는 생산의 3대 요소는 토지, 노동, 자본이다. 하지만 복잡계 환경을 설명하는 기업 경영 이론의 새로운 패러다임에서 제시하는 **기업의 핵심역량을 창출하는 생산의 3대 요소는 사람, 가치창출, 지식과 정보**이다. 기업의 가치 창출의 핵심은 사람에게 달려 있고, 기존의 경제적 생산성 중심의 패러다임에서 강조해 온 노동과 자본의 최적화를 지향해 온 패러다임은 대체되고 있다. 오늘날 기업 경영의 새로운 패러다임은 단순 노동력을 통한 생산성의 향상만이 아니라 지식과 정보를 창출하고 공유하여 새로운 가치를 창출할 수 있는 "사람을 통한 창의성(creativity through people)"이 새로운 철학과 기업 경영의 새로운 패러다임이 되었다(손태원, 2005: 7).

제 III 부

혁신적 조직행동의 이론적 기초

제Ⅲ부에서는 조직 행동의 결정요소로서 개인과 집단에 대한 이해를 바탕으로 개인행동, 집단행동 및 조직행동에 대해서 살펴보고자 한다. 개인행동은 지각이론과 개인(self)에 대한 이해에 대해서 살펴보고, 집단행동은 집단의 의미에 대한 이해를 바탕으로 권력과 조직정치, 리더십, 갈등과 갈등관리, 의사소통 이론, 집단의사결정이론과 조직문화에 대해서 살펴보고자 한다.

제 4장 조직행동의 이론적 기초

앞 장에서 다루었던 과학적 연구 방법에 대한 지식을 바탕으로 본 장에서는 조직 행동에 대한 이론에 대해서 살펴보고자 한다.

제 1절 조직행동의 개념

1. 조직과 조직행동의 의미

조직행동(organization behavior)은 조직과 인간 행동의 합성어로 조직 내에서의 개인과 집단의 행동을 의미한다. 현대 사회는 다양한 조직들로 이루어져 있다고 제 1장에서 설명하였다. 조직 이론의 의하면 인간 조직(human organizations)은 공동의 목표 수행을 위해 함께 일하는 사람들(개인과 집단)의 사회적 구성체라고 할 수 있다(Farace, *et al.*, 1977: 16). 이러한 조직에 대한 정의는 다음과 같은 요소를 포함하고 있다.

- 2명 이상의 사람들
- 상호 협력과 갈등을 통해서 성취할 수 있는 공동의 목표에 대한

인식

- 환경으로 부터의 물질, 에너지, 정보를 얻음
- 협력과 컨트롤의 상호작용으로 환경으로 부터의 투입물(물질, 에너지, 정보)을 이용함
- 환경으로 부터의 투입물(물질, 에너지, 정보)을 가공하여 산출물을 만들어 환경에 다시 내보냄.

조직 속에는 위와 같은 요소가 포함되어 있으며, 조직 행동(organization behavior)은 위와 같은 요소를 위해서 조직 내의 개인들과 집단이 모여서 행동하는 것에 대한 과학적인 연구의 결과를 의미한다. 즉 조직행동론은 조직내 인간들의 행동과 태도에 대한 과학적 연구이며, 여기에서 말하는 행동이란 조직내 일 또는 작업과 관련된 행동(work-related behavior)을 의미한다(Robbins, 1983: 2).

조직행동론의 연구대상은 조직내 인간의 행동이며 인간의 행동은 크게 세 개의 범주로 나눌 수 있다. 즉 개인행동(individual behavior), 집단행동(group behavior), 조직행동(organization system behavior)의 수준으로 나눈다.

개인행동은 개인이 조직에서 혼자 하는 행동이나 개인의 태도와 연관된 행동을 의미한다. 예를 들어, 업무수행, 출퇴근, 지각현상, 성격, 태도, 동기부여, 개인적 의사결정, 직무만족, 학습은 개인행동에 속한다. 개인행동에 대한 연구는 이러한 개인적 행동과 태도에 대한 연구를 의미한다.

집단행동은 조직 내에서 사람들 사이의 관계나 상호작용, 특히 공식적인 행동을 의미한다. 예를 들어 경영자(팀장, 부장, 임원, 사장 등)가 부하 직원에게 업무를 지시하거나, 회의를 통해서 업무를 상의하거나

토의 또는 협상하는 행동을 의미한다. 집단행동에는 개인들이 조직내 작업집단 속에서 사회화되는 과정, 조직구성원들 혹은 집단 구성원들 사이의 의사소통의 과정, 관료제의 역할, 공식적인 구조도 포함된다. 따라서 집단행동에 관한 연구는 집단 내 공식적인 절차, 행동, 구조, 의사소통, 집단 의사결정의 과정, 관료제의 역할에 대한 연구를 의미한다.

조직행동 혹은 조직체계(organization system) 행동은 개인행동과 집단행동을 넘어선 조직 수준 혹은 조직체계 차원의 행동을 의미한다. 예를 들어, 회사가 해외의 현지공장을 세우거나, 조직변화와 조직개발을 위해서 새로운 조직 체계와 시스템을 설계하여 조직문화를 변화시켜 결국은 개인행동과 집단행동을 변화시키고 영향을 주는 행위를 의미한다.

2. 조직행동론의 연구 목적

그렇다면 조직행동을 연구하는 목적은 무엇인가? 학자들에 따라서 의견이 다를 수 있다. 그러나 일반적으로 보면 조직행동을 연구하는 목적은 다음과 같다(Robbins, 1983: 5-6). 조직행동론의 이론적 측면과 조직의 유효성 측면에서 다음과 같이 볼 수 있다.

첫 번째, 조직행동론의 이론적 측면에서 보면 다음과 같은 세 가지의 연구 목적이 있다.

- 조직행동과 현상에 대한 설명(explanation)

조직행동론을 연구하는 첫 번째 목적은 조직에서 일어나는 행동과 현상에 대한 이해를 통해서 설명(explanation)을 하기 위한 것이다. 조직행동론에서는 조직내 구성원들의 영향을 주는 요인을 파악하여 구성원들이 왜 이러한 행동을 하게 되었는지를 설명하는 이론적 근거를 제시한다. 조직행동과 현상에 대한 설명은 다음과 같은 과학적 연구방법을 사용한다.

(1) 원인분석

세상의 모든 현상들이 그러하듯이 조직 내에서 발생하는 행동들과 현상에는 인과관계가 있다. 이러한 인과관계를 찾아내어 행동의 원인을 찾아내면, 이러한 행동의 원인을 조절하여 행동의 결과를 바꿀 수 있다.

(2) 연구의 순환

이론이란 여러 현상과 사안에 대해 인과관계를 설명해 주고 과학적 기초를 제공하는 체계화된 규칙의 총체이다. 이러한 이론을 통해서 연구자는 기존의 이론에 대한 지식을 얻을 수 있고, 연구자의 지식과 어떤 가정을 연결시켜서 가설을 만든다. 실증적인 연구나 연구자의 관찰과 경험을 통해서 이러한 가정을 입증하면 한층 더 발전된 이론을 만들 수 있다.

(3) 과학적 접근

연구자의 주관성을 배제하고 일정한 원칙과 기준에 의해서 객관적으로 실험하거나 관찰을 통해서 입증된 것만이 과학적인 이론으로 인정될 수 있다. 과학적 연구방법은 크게 세 가지, 즉 경험적 연구(empirical research), 행동 연구(action research) 및 이론적 연구(theoretical research)로 나뉜다.

※ **경험적 연구**(귀납법) : 어떤 현상을 관찰하고 인과관계를 발견하여 하나의 학설을 만들고 다른 연구자가 다른 곳에서 같은 인과관계를 발견하는 것이 반복되면서 그 학설이 일반화되는 방법이다.

※ **행동 연구**(액션 리서치) : 행동 연구는 연구자가 직접 어떤 현상이 발생하는 곳에서 실제로 경험을 통해서 겪게 되는 사실을 기존의 과학적 모델이나 과학적 연구방법을 통해서 설명하는 방법이다. 이러한 행동연구는 연구자의 지식과 그가 현장에서 겪은 경험에서 얻은 사실을 바탕으로 현장에서 발생하는 문제를 직접해결하거나 참여자들 사이의 체계적인 논의의 과정을 통해서 문제에 대한 해결책을 제시한다. 조직개발의 담당자는 이렇게 제시된 해결책을 현장에 적용함으로 조직의 변화를 유도하고, 조직원의 행동과 태도를 바꾸는 방법으로 사용한다. 행동연구에서 연구자의 주관성을 배제하기 위해서 연구자와 참여자의 상호주관성의 원칙에 의해서 체계적인 논의의 과정을 거치고 현장의 상황을 연구하는 과학적 모델과 연구방법론(예를 들면, 자생 체계 모델(VSM), 소프트 체계 방법론(SSM)과 같은 시스템 어프로치)을 사용하는 것이 일반적이다.

※ 이론적 연구(연역법) : 어떤 이론을 기초로 다른 가정을 세우고 그 가정에 근거한 인과관계를 실험과 관찰을 통해서 입증하여 초보 단계의 이론으로 세운다. 초보 단계의 이론은 재검증되면서 점차 세련된 이론으로 발전한다.

- 예측(prediction)

조직행동을 연구하는 두 번째 목적은 예측(prediction)이다. 예를 들어, 경영자가 조직에 업무 효율성을 높이기 위해서 새로운 컴퓨터 시스템을 설치하거나 소프트웨어 프로그램을 통해서 행정적인 업무를 간소화한다고 하면, 조직 구성원들의 행동은 어떻게 바뀔 것인지를 미리 예측할 수 있다. 경영자는 이러한 예측을 통해서 개인과 집단의 조직내 행동을 조직의 목표를 성취하기 위해서 변화시킬 수가 있다.

- 컨트롤(control)

조직행동을 연구하는 세 번째 목적은 컨트롤(control)이다. 자본주의 사회는 민주적인 원칙과 개인의 자율성과 자유에 기초하여 성립되었기 때문에 사람들의 행동을 컨트롤한다는 것 자체가 윤리적으로 문제가 될 수 있다. 그러나 조직행동을 연구하여 조직의 목적을 성취하고자 하려는 경영자의 의도는 그 자체가 조직구성원들의 행동을 컨트롤하는 행위가 될 수 있다. 조직행동론에서 사용되는 다양한 모델과 기법(technique)은 이러한 의도로 사용될 수가 있다. 이러한 조직행동의 컨트롤의 목적은 경영자의 권한과 권력의 이슈와 연결되어 있고, 이론의 철학적 배경과 사람들이 보는 관점에 따라서 달라 질 수 있다.

두 번째, 조직유효성의 측면에서 보면 다음과 같은 목적이 있다.

• 조직유효성(organizational effectiveness)

조직은 조직목표를 달성하기 위해서 존재한다. 조직유효성이란 조직목표의 달성정도를 나타내는 개념이다. 조직유효성의 개념과 조직효율성(organizational efficiency)와 혼동해서는 안 된다. 조직은 유효성과 효율성에 의해서 인위적으로 만들어진 것이라는 점에서 조직의 목표달성의 평가의 가장 기본적인 평가기준으로 양자를 사용하고 있다. 조직유효성은 조직의 목표현실의 상태로 결정되고, 효율성은 조직의 목표달성의 결과인 산출물에 이용된 자원 혹은 투입물의 양에 의해서 측정된다는 점에서 차이가 있다. 이와 같은 차이에도 불구하고 유효성과 효율성은 상호배타적인 개념이 아니라 상호보완적인 것으로 유효성이 없이 효율성이 있을 수 없고 효율성이 없이 유효성이 있을 수 없다. 따라서 조직이 현재의 상태를 유지하고 존속하면서 발전하기 위해서는 조직유효성과 효율성이 동시에 이루어져야 한다. 아지리스(Argyris)에 의하면 조직이 목표를 달성하기 위한 필수적인 모든 활동을 핵심 활동(core activity)라고 부른다(Argyris, 1964). 따라서 조직유효성이란 조직이 핵심활동을 수행하고 있는 것과 밀접한 연관성이 있다. 조직유효성에 영향을 미치는 조직의 핵심활동과 요인들은 다음과 같다. 첫 번째, 조직의 외적 환경에 적응하기 위한 기술혁신, 사회 및 경제적 정보, 사회 문화적 요인이 있다. 두 번째, 조직의 안정과 유지를 위한 활동으로는 의사결정, 갈등의 해결, 변화의 수용이 있다. 세 번째, 조직 구성원의 성과와 관련된 활동으로는 구성원의 자발성, 커뮤니케이션, 리더십, 조직의 문화적 요인이 있다. 그러면 조직의 목표달성의 정도를 나타내는 조직유효성을 어떻게 측정할 수 있는가? 조직에 있어서 조직의 공식적 목표와 실질적 목표가 서로 상이하게 다를 수 있고 조직의 목표는 다양하기 때문에, 단순한 조직의 경우가 아닌 복잡한 조직일수록 조직유효성을 측정하기 위한 일반적인 기준을 설정하기가 어렵다.

제2절 조직행동의 모델

앞서 언급했듯이 조직행동론의 연구대상은 조직내 인간의 행동이며 인간의 행동 모델은 다음과 같은 개인행동(individual behavior), 집단행동(group behavior) 및 조직행동(organization system behavior)의 모델로 나눈다.

1. 개인행동의 모델

개인행동(individual behavior)의 모델은 조직내 개인 차원의 행동에 대한 연구를 통해서 완성된 이론에 의해서 만들어 졌다. 예를 들어, 조직내에서 발생하는 개인의 지각, 학습, 성격 또는 인성, 개인적 의사결정, 동기부여(motivation), 직무만족에 대한 연구를 통해서 성립된 이론에 관한 것이다. 학문적으로는 심리학(psychology)이 개인행동의 모델의 연구에 주로 사용된다. 일반적으로 개인행동의 모델은 다음과 같다.

- 지각이론
- 학습이론
- 동기부여 이론
- 개인의 성격 이론
- 개인적 의사결정 이론
- 직무만족 이론

2. 집단행동의 모델

집단행동(group behavior)의 모델은 조직내 개인들 간의 상호작용, 사람들 사이의 관계와 집단 차원의 행동에 대한 연구를 통해서 완성된 이론에 의해서 만들어 졌다. 예를 들어, 조직내 공식적인 집단행동으로서 회의, 집단적 의사결정의 과정, 의사결정의 절차, 공식적인 지위의 역할, 책임과 권한에 대한 사용, 권력과 갈등, 의사소통, 리더십, 사람들의 태도에 대한 이해, 변화, 집단행동이 개인적 필요를 만족시키는 절차와 방식과 같은 것이다. 학문적으로는 사회학(sociology)이 집단행동의 모델에 대한 연구에 주로 사용된다. 일반적으로 집단행동의 모델은 다음과 같다.

- 의사소통이론

집단에서 의사소통(communication)이 존재하지 않는다면, 그 집단은 존재할 수 없다. 의사소통은 사람들이 언어 혹은 비언어적인 행동을 통해서 상호 간에 정보와 생각을 전하는 행위이다. 의사소통은 발신자와 수신자 사이의 언어 혹은 비언어로 메시지를 전달함으로 가능해진다. 집단 혹은 조직 내에서 의사소통은 공식적 의사소통, 하향적 의사소통, 수평적 의사소통, 비공식적 의사소통이 존재한다.

• 집단 의사결정이론

집단 의사결정(group decision-making)은 집단의 성과와 유효성과 관련하여 중요한 개념이다. 집단의사결정은 집단내에서 업무와 관련된 대면 회의, 토의, 전자회의를 통한 논의의 과정을 통해서 발생한다. 구체적인 집단의사결정의 기법으로는 브레인 스토밍(brainstorming), 델파이법(Delphi method), 명목집단법(norminal group technique), 변증법적 토의(dialectical inquiry or debate)가 있다(임창희, 2004: 313-316).

• 리더십이론

기업 경영의 입장에서 보면 리더십은 경영자 혹은 관리자가 조직 구성원들의 활동이 조직의 목표로 지향하도록 그들이 맡은 업무관련 활동을 계획, 조정, 지식, 통제하는 것을 말한다. 즉 리더십이란 경영자가 구성원들에게 업무와 관련하여 영향력을 행사하는 과정이라고 볼 수 있다. 조직내 리더십의 기능은 집단의 목표설정과 문제 해결을 촉진시키는 기능과 구성원의 욕구를 만족시키고 집단의 발전과 유지를 촉진시키는 것이다. 이러한 리더십의 중요성은 리더 개인의 자질에 의해서라기보다는 조직의 복잡성의 정도에 따라 조직 체계와 시스템 구성원의 팔로워십과 같은 요소를 중요시하여 업무의 변화를 모색하는 것이 현 실정이다. 따라서 리더십이론은 이러한 실정을 반영해야 하며, 최근의 현대 리더십 이론은 이러한 현실적인 상황을 반영하여 발전되었다. 이러한 최근의 리더십 이론은 서번트 리더십(servants leadership), 혁신적 리더십(transformational leadership), 코칭 리더십(coaching leadership), 셀프 리더십(self leadership), 영적 리더십(spiritual leadership), 팔로워십(followership)과 같은 이론들이 발전되었다.

리더십의 유형은 1939년 미국의 아이오와(Iowa) 대학교의 레윈(K. Lewin)과 리피트(R. Lipitt)의 연구에 의한 독재형, 민주형(또는 참여형), 자유방임형의 세 가지로 분류하는 것이 가장 일반적인 분류이다. 우리나라에서 연구되고 있는 전통적 리더십이론은 특성이론, 행동이론, 상황이론이 있다. 첫 번째, 리더십 특성이론은 특정한 성격의 소유자가 공통의 문제를 추구하는 데 있어서 그의 통찰력과 의지, 감정, 판단력을 바탕으로 다른 사람들의 이끌고 다스리는 특성이라고 보는 특성중심의 접근이다. 이러한 특성이론은 리더십이 집단효과에 보다 바람직하게 영향력을 줄 수 있는 행동양식을 리더 개인이 갖고 있는 개인적 특성에서 찾으려고 한다. 두 번째, 리더십 인간중심 행동 혹은 생산중심 행동이론은 조직의 목표달성을 위해 집단의 활동에 영향을 미치는 과정과 구성원들과의 상호작용의 형태는 리더의 영향력과 행동에 기인한다는 접근방법이다(Stogdill, 1974). 이러한 리더십 행동이론은 집단 구성원들로 하여금 집단에 있도록 하는 기능과 그 기능을 리더와 부하가 목적하는 바가 상호 일치하는 데에서 생기는 인간관계에 관련시키는 입장이다. 이러한 인간관계가 집단을 유지시키는 힘이 되고, 인간관계가 집단이 수행하는 과업보다 더 중요하게 여기는 리더십의 유형은 인간중심 행동의 리더십이고, 집단이 수행하는 과업이 집단의 인간관계보다 중요시 되면 생산중심(혹은 과업중심) 행동의 리더십이 된다. 세 번째 상황이론은 리더 개인의 자질과 행동보다는 상황 중심의 접근법으로서 조직과 집단이 처한 상황이 리더의 영향력과 구성원들 간의 인간관계를 중심으로 하는 집단상황에 크게 변화를 가져오는 활동이라고 보는 입장이다.

우리나라에서는 우리나라의 기업 상황에 적합한 리더십 유형의 선택과 경영자와 종업원의 상호복합적인 관계를 반영하는 리더십을 육성하는 것이 필요하다. 예를 들어, 제 4차 산업혁명시대를 맞이하여 급변하는 환경에 적절히 대응하기 위해서는 조직 규모는 효율화되거나 축소되고, 중간 관리자가 줄어들며, 일선 관리자들의 책임이 증대될 것이다. 창의적이고 능력이 있는 인재들의 시장이 넓어져 이들을 끌어들이기 위한 기업 간의 경쟁이 심화될 것이다. 이러한 상황에서 높은 수준의 언어 능력과 교육 수준 및 능력을 필요로 하는 연구직, 전문직, 기술직, 생산직, 판매직이 가장 빠르게 성장하는 분야가 될 것이다. 따라서 이러한 시대의 리더는 관리자 선발과 승진에 관한 전문성을 발휘하여 조직을 돕고, 급변하는 환경에서 기업이 존속하고 발전하기 위한 최고 경영층의 역할이 매우 중요하다. 또한 기업에서 여성 근로자와 외국인 근로자의 비중이 증가되고 있는 추세에서 이러한 상황변화를 이끌 수 있는 리더십 유형에 대한 연구가 필요하다.

• 권력이론

리더 혹은 관리자는 집단 구성원들의 행동을 통제하여 집단의 목적을 달성하기 위해서 권력(power)이 필요하다. 따라서 집단과 조직은 권력과 권한이 존재해야 기능할 수 있다. 권력은 리더십과 조직내 정치와도 밀접한 연관성이 있다(임창희, 2004).

• 갈등이론

조직과 집단에서 갈등(conflict)은 필연적으로 존재한다. 조직행동론에서 갈등의 개념에 대한 이론은 학자들의 견해에 따라서 다양하다. 예를 들어, 전통적인 견해, 행동주의적 견해, 상호작용적 견해가 있다(박내회, 2003). 최근에는 신경심리학(neuropsychology)과 언어학의 비판적 담론분석(critical discourse analysis) 관점에서 갈등을 새롭게 이해하는 시도들이 등장하였다(Connolly, 2002; Yu and Hong, 2016).

3. 조직행동의 모델

조직행동(organization system behavior)의 모델은 조직내 개인 과 집단 수준의 행동을 넘어선 조직차원의 행동에 대한 연구를 통해서 완성된 이론에 의해서 만들어 졌다. 예를 들어, 조직문화, 조직구조와 조직설계, 조직변화와 조직개발, 창의적 인적자원개발과 같은 조직차원에서 이루어지는 행동이다. 학문적으로는 조직이론(organization theory)이 조직행동의 모델에 대한 연구에 주로 사용된다. 일반적으로 조직행동의 모델은 다음과 같다

• 조직구조와 설계

조직구조에 대한 이해와 조직설계는 다양한 조직이론(organization theories)에 기초하여 이루어진다. 예를 들어, 기능주의적 관점의 조직설계, 자생체계 관점의 조직 설계와 학습조직 관점의 조직 설계가 있다.

• 학습과 혁신

학습조직이란 "선행적으로 지식을 창조하고 습득하여 조직을 변화시키며, 지식의 창조와 공유를 통해서 얻어진 새로운 통찰력과 지식에 바탕을 두고 조직의 행동을 변화시켜 나가는 조직"이다(Garvin, 1993). 혁신은 학습을 통해서 이루어진다. 대부분의 혁신기업들, 예를 들어, 구글, 아마존, 페이스 북 등의 조직은 조직학습을 통해서 혁신이 가능했다.

• 조직변화

조직변화(organizational change)란 환경변화에 적응하려는 조직체의 의도적인 노력을 의미한다. 조직의 경영자는 조직변화를 위해서 조직구성원들을 폭 넓게 참여시켜서 개인의 욕구와 필요를 충족시켜주는 동시에 조직의 목표를 달성해야 한다. 기업의 경영자는 급변하는 환경변화에 대비하기 위해서 신념을 갖고 비전을 제시하고 의사소통의 과정을 통해서 모든 조직구성원들이 참여해야 조직변화가 성공할 수가 있다.

• 조직개발

조직개발(organization development)은 경영자가 기업 활동의 가치를 향상시키고 종업원들이 직장인으로서의 삶의 질을 제고하기 위해서 조직을 보다 효과적으로 변화시키는 활동을 의미한다. 따라서 조직개발은 조직내 각 개인의 잠재된 가치를 개발하고 개인의 독특하고 복잡한 욕구에 대해 배려해 주고, 개인의 욕구 충족과 발전을 위해서 과업과 작업을 보다 도전적이고 흥미 있게 하여 조직 효과성을 달성하고자 하는 조직내 모든 활동을 의미한다. 조직개발의 목적은 조직효과성의 증대와 종업원 직장생활의 질적 수준의 향상을 위해서 행동과학의 원리와 이론, 모델을 실제로 응용하는 계획적이고 체계적인 과정이다. 이러한 활동은 조직의 생산과 직접 연관된 활동이 아닌 조직의 생산성 증대와 종업원의 직장생활의 삶의 질을 향상시키기 위하여 조직을 진단하고 문제점을 발견하여 이를 해결하는 과정이라고 볼 수 있다. 조직개발에서는 체계적인 조직진단을 위해서 변화 촉진자(change agent, facilitator)가 개입하여 조직내 개인의 변화 조직내 상호작용 방식의 변화, 비공식 구조에 대한 영향력 판단, 공식구조의 재설계 또는 기술적 체계의 변화 등 포괄적인 변화를 위해서 자문이나 컨설팅 활동을 한다.

조직개발의 목적은 조직내 문화, 전략, 구조, 과정, 사람 등이 잘 통합되는 정도를 향상시키고 환경변화에 효과적으로 대처하도록 조직이 자신을 변화시키는 능력을 개발하거나 조직에서 새롭고 창의적인 문제해결방법과 절차를 개발하는 것이다.

제 5장 지각작용과 행동변화

개인의 지각작용은 개인의 행동변화를 유발시키는 역할을 한다. 본 장에서는 개인행동의 모델 관점에서 본 지각작용에 대한 이해와 신경과학(neuroscience)의 분야에서 발전된 신경심리학(neuropsychology)의 관점에서 본 지각작용에 대한 새로운 이해를 바탕으로 지각작용이 개인의 행동을 어떻게 변화시키는 지에 대한 설명을 하고자 한다.

제 1절 지각(perception)에 대한 이해

지각은 두뇌의 감각작용과 밀접한 연관성을 갖고 있다

제 4차 산업혁명에서 주목받고 있는 인공지능(AI)은 인간의 두뇌에 해당하는 인간의 사고능력을 대신한다. 인간의 사고능력은 과학기술을 발전시키고 과학문명을 발전시켰다. 그러나 사람들은 이러한 사고능력만을 갖고 있는 것이 아니라 인공지능에는 없는 독특한 기능을 갖고 있다. 바로 인간의 지각(perception) 능력이다. 인간의 지각작용은 두뇌의 감각작용과 밀접한 연관성을 갖고 있다. 이러한 지각작용은 현재로선 인공지능이 흉내를 낼 수 없는 인간의 고유한 작용이다. 따라서 인간의 지각작용은 제 4차 산업혁명시대에서 인공지능이 인간을 대신할 수 없는 매우 고유한 작용이다. 그렇다면 인간의 지각은 어떻게 발생하며 이러한 지각작용은 조직행동에 있어서 왜 중요한 것인가? 기존의 조직행동론에서는 인간의 지각이 개인행동의 분야로 조직 내 개인행동을 결정하는 요소 중 하나로 연구되었다. 인간의 두뇌와 신경계를 중심으로 연구하는 분야인 신경과학(neuroscience)의 분야에서 발전된 신경심리학(neuropsychology)에서는 조직행동론의 관점과는 다른 인간의 지각작용에 대한 새로운 이론을 전개한다. 즉 인간의 지각은 개인행동만 관계된 것이 아니라 인간이 생활하는 사회와 조직, 집단과도 밀접한 연관성이 있다고 주장한다. 예를 들어 개인은 그의 두뇌의 감각작용에만 의해서 현재의 상황을 지각하는 것이 아니라 그의 과거의 기억이나 경험, 그리고 그가 생활하고 있는 사회의 문화적 특성에 영향을 받아서 지각하고 이러한 지각현상은 그의 행동을 이끌어내는 사고방식을 결정하여 행동하게 된다. 따라서 인간의 지각작용은 그가 사용하는 언어와 그가 속한 사회적 환경, 문화적 특성과 그가 경험한 집단적 특성과 종교적 경험에 의해서 그의 신념, 사고, 판단, 정체성에 의해서 발생하게 된다. 즉 인간은 그가 살고 있는 역사적 맥락, 문화체계, 사회적 특성에 의해서 존재하며, 개인이 경험한 트라우마(trauma)와 같은 기억에 의해서 지금 발생하는 현상과 사건에 대해 지각하게 되고 생각하여 어떤 말과 행동을 할 것인지를 판단한다.

제2절 신경심리학(neuropsychology) 관점에서 본 지각(perception) 작용

지각은 과거의 기억, 행동 및 문화적 요소와 상호 작용한다.

1. 기억의 핵심요소

우리의 기억은 두뇌의 감정적 이미지(sensor image)와 행동적 이미지(motor image)를 동시에 산출하는 특성이 있다. 또한, 우리의 지각작용은 우리가 자라온 환경, 특히 문화적 요소와 밀접한 연관성을 갖고 있다. 이러한 두뇌의 감정적 이미지와 행동적 이미지를 동시에 포함하고 있는 지각작용은 우리가 매일 살아가면서 일생생활에서 하면서 겪는 사건들을 통해서 얻어지는 기억하는 것과 연관되어 있다. 우리의 지각작용에서 분명히 알아야 할 것은, 우리가 실제생활에서 보고 듣는 모든 것은 실제생활이 아니라 실제생활과 유사한 것일 수도 있다는 것을 명확하게 지각해야 한다. 예를 들어, 오늘날 현대사회에서 대부분의 사람들은 TV를 보고, TV를 통해서 최근의 뉴스, 스포츠 중계, 드라마, 음악회, 기타 오락물을 시청하게 된다. TV를 통해서 보는 뉴스나 드라마는 우리의 실제생활을 그대로 보여주지 않는다. 왜냐하면, 실제로 발생한 사건을 중계하는 뉴스도 방송국에서 시청자들에게 보여주기 전에 편집하여 방송하기 때문에, 실제로 발생한 사건의 전부가 아닌 일부만을 보기 때문이다. 드라마는 시청률을 올리기 위해서 현재의 실제 생활에서 공감할 수 있는 부분만을 재미있게 만들어

낸 이야기이다. 따라서 우리가 보고 듣는 모든 것은 현실의 진실이 아닌 '실제생활과 유사한 것'(철학적으로는 이를 '시뮬라크르'라고 함)이다. 이러한 시뮬라크르는 현실에서 실제로 벌어진 사건을 대체하여 오히려 이러한 시뮬라크르(진짜가 아닌 실제생활과 유사한 것 혹은 모조품)가 우리가 지각하는 현실이 되어 버렸다. 따라서 우리가 기억하는 많은 사건들은 실제로 벌어진 일이 아닌 실제와 비슷한 유사물일 경우가 많다. 우리의 기억 속에 존재하는 많은 유사물 혹은 시뮬라크르는 우리의 지각작용에 영향을 미치게 되고 이러한 지각작용을 통해서 우리는 사고하고 판단하기 때문에 우리가 지각하고 판단하여 행동하는 우리가 이해하는 사람들의 행동과 말은 실제로 정확하지 않은 경우가 많다. 따라서 이러한 부정확한 우리의 지각작용과 연관된 우리의 감정과 행동을 컨트롤해야 되는 경우가 많이 발생하게 된다.

• 감정적 이미지

인간의 두뇌 작용의 일부인 감정적 이미지(sensor image)는 우리가 일상생활에서 보고 겪는 사건에서 발생한다. 베르그송에 의하면, 이러한 감정적 이미지는 우리의 감성과 연결되어 '가상적 기억(virtual memory)' 또는 행동적 기억(motor memory)과 신체적 영향의 복합적인 혼합물을 통해서 형성되어 우리의 개인행동을 일으킨다. 가상적 기억은 인간의 의식작용의 밑에서 존재한다. 우리의 의식작용은 조직화되어 발생하기 때문에 선형적인 특성을 갖는다. 반면에, 지각작용은 매우 빠르게 발생하고 '가상적 기억'과 함께 작동하기 때문에 비선형적인 특성을 갖는다. 왜냐하면, 우리의 두뇌가 갖고 있는 가상적 기억은 영화에서 보여주는 과거의 회상장면(flashback)으로의 전환처럼 시간을 거슬러 올라 갈 수 있다. 이러한 가상적 기억은 과거에 발생한 사건을 생생하게 떠올리게 할 뿐만 아니라 현재에서 발생하는 상황이나 사건에 서서히 영향을 미친다, 따라서 현재 내가 지각하는 것은 내가 지금 보거나 느끼는 감정이 과거의 가상적 기억과 연결되어 감정적 이미지를 형성하게 된다.

• 행동적 이미지

인간의 두뇌 작용의 일부인 행동적 이미지(motor image)는 감정적 이미지와 마찬가지로 우리가 일상생활에서 보고 겪는 사건에서 발생한다. 행동적 이미지는 두뇌작용에서 형성되는 감정적 이미지와 함께 발생하기 때문에 과거에 형성된 '가상적 기억'에 영향을 받는다. 신경심리학자인 안토니오 대마시오(Antonio Damasio)에 의하면, 기억은 과거에 발생한 사건에 대한 감각적 데이터(sensory data)만 산출하는 것이 아니라 행위적 데이터(motor data)와 감성적 데이터(emotional data)를 동시에 산출한다. 따라서 두뇌 속에 저장된 행동적 이미지는 이러한 기억에 영향을 받아서 형성된다.

신경심리학의 관점에서 보면 지각작용은 행위적 데이터와 감성적 데이터를 동시에 산출한다.

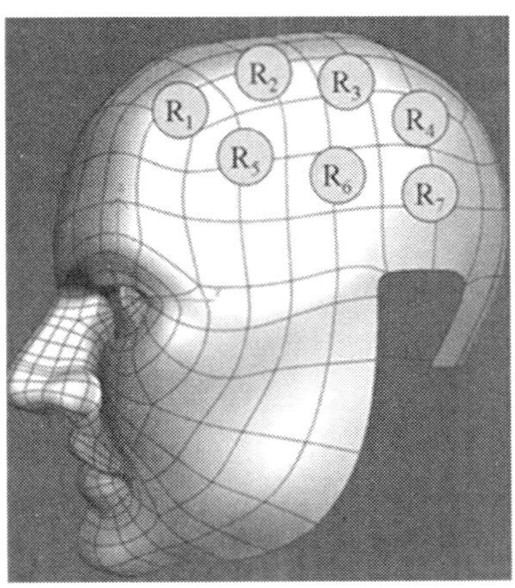

• 문화적 요소

조직행동론의 분야에서 문화결정론(culture-bound theory)을 주장한 홉스테드(G. Hofstede)나 크로지에(M. Crozier)는 국가마다 문화에 대한 차이가 있고 이에 따른 조직운영방식에도 차이가 있다고 주장하였다. 즉 사회의 가치관과 문화적 속성에 따라서 조직행동(예를 들어, 지각이론, 학습이론, 동기부여이론)에도 다양한 모델이 있을 수 있다는 것이다. 반면에, 문화독립론(culture-free theory) 을 주장하는 테일러나 베버는 문화적인 요소는 조직행동에 영향을 미치지 않는다고 주장한다. 왜냐 하면, 합리적인 인간의 관점에서 보면, 가장 합리적인 원칙에는 차이가 없으며 하나의 일반화된 모델(general model)이 모든 국가에 동일하게 적용될 수 있기 때문이다. 문화결정론과 문화독립론의 두 이론을 절충한 문화 수렴·분산론(culture convergence-divergence theory)을 주장한 케르(C. Kerr)는 국가마다 정치, 문화, 가치관이 다르지만, 인간의 본성은 같기 때문에 결국 모든 국가의 산업화에 대한 노력은 같은 방향으로 가며, 그에 따른 사회변동과 조직변화 역시 시간적 차이만 있을 뿐 결국은 같을 수밖에 없다고 주장한다.

조직행동론의 과학적인 연구 대상인 조직행동의 주체인 조직은 항상 변화한다. 조직이 변화한다는 의미는 조직의 물리적 구조만 변화한다는 것이 아니라 조직을 구성하는 구성원들과 사람들의 집단을 유지하기 위해서 존재하는 조직 문화도 변화한다는 것이다. 따라서 조직이 변화하는 것을 이해하기 위해서 조직의 문화적인 요소도 이해해야 한다. 조직의 변화는 조직내 경영자와 구성원들 사이에 신뢰하는 분위기가 조성되어 있고 사람들에 의해서 자발적으로 일어나야 한다. 사람들의 자발성은 문화적 환경에 의해서 크게 영향을 받는다. 왜냐 하면 인간의 자발적인 행동은 그가 속한 문화 속에서 인정을 받지 못하게 되면 이러한 자발적인 행동은 오래 가지 못하기 때문이다. 우리는 지각작용을 통해서 내가 행하는 말과 행동이 내가 속한 집단과 조직, 사회에서 다른 사람들에게 어떻게 인식되는 지를 잘 안다. 사회학의 문화적 이론(cultural theory)에 의하면 우리의 몸과 두뇌는 문화와 상호 밀접한 관계를 갖고 있다. 이러한 이론과 유사하게, 인간의 몸, 두뇌, 문화의 연관성을 연구하는 신경과학(neuroscience)에서는 종래의 과학과 조직행동론의 이론과 가정에 문제를 제기한다. 즉 일반적으로 인간은 과학적으로 합리적인 이론에만 기초하여 생각하고 행동하지 않는다. 오히려 인간은 그가 속해있는 사회와 조직의 문화적 특성에 의해서 생각하고 행동하는 경향이 있다. 예를 들어 불의의 사고로 오른 팔을 절단하게 된 사람을 대상으로 실험해 보면, 그는 의료기술에 의해서 치료를 받아 이전처럼 양팔을 다 쓸 수 있다고 생각하는 경우가 대부분이다. 이러한 실험을 통해서 보면 인간의 몸과 두뇌는 여전히 그가 익숙해진 사회적 문화에 의해서 생각하고 행동하는 경향이 있다는 것을 여실히 증명해 준다. 또한 인간은 그가 사용하는 언어와 언어체계에 의해서 지배받고 있으며, 우리가 살고 있는 역사, 문화, 사회적 특성에 영향을 받아서 그가 경험한 트라우마와 같은 기억에 영향을 받아 지각하고 사고하여 판단하게 된다(Connolly, 2002: 20).

• 기억과 지각

우리의 지각은 "지금 여기에서" 발생하는 현실의 사건이 '외부자극'으로 그대로 수용되어 이루어지기 보다는 이러한 외부자극이 두뇌 속에 이미 내재된 이전의 기억과 연결되어 복합적으로 이루어진다. 즉 우리의 두뇌는 현실에서 발생하는 사건을 우리의 두뇌가 저장하고 있는 과거의 기억(memory)과 함께 합성되어 지각작용을 일으킨다. 우리의 지각작용은 과거에 발생한 사건에 대한 기억과 현재 발생하는 사건이 합성되어 현재 나의 행동에 대한 사고와 판단 및 의사결정을 하게 된다. 이러한 의사결정을 통해서 행해진 말과 행동은 나의 새로운 기억이 되고, 이러한 새로운 기억은 과거의 기억과 합쳐져서 미래 행동에 대한 나의 지각작용이 발생하게 된다(Connolly, 2002: 26-27).

2. 지각 작용의 변화

지각작용은 "지금 여기에서"의 현실에서 발생하는 사건에 의해서 이루어지기 보다는 어느 특정한 집단이나 그 사회의 영향력이 있는 엘리트 집단, 연출가, 정치인, 작가 혹은 조직의 리더들의 '편견'에 의해서 영향을 받아서 변화하게 된다. 예를 들어, 우리는 우리가 좋아하는 TV 드라마에서 보는 내용이 현실과는 동떨어진 이야기라 할지라도 이러한 드라마의 이야기를 통해서 감동을 받게 되고 우리의 현실을 잘못 이해하게 되는 경우가 많다. 예를 들어, TV 드라마의 하나인 '영웅시대'에서 보는 한국 사회의 영웅들은 TV 제작진과 방송국의 PD와 연출가에 의해서 '만들어진' 사실이지 실제 일어난 사실이 아닐 수 있다. 하지만 '영웅시대'를 보는 많은 시청자들의 '영웅'에 대한 인식은 '영웅시대'에서 보여주는 한국사회의 '영웅들'(예를 들어 박정희 대통령, 정주영 현대 그룹의 창업자, 이명박 현대건설의 회장이면서 전 대통령 등)에 대해서 드라마 '영웅시대'에서 보여주는 사실을 그대로 지각하게 된다. 따라서 우리의 지각작용은 외부로부터 들어오는 자극에 대한 선택적인 주의 집중을 하게 되어 이에 대한 의미를 부여하고 해석하게 된다. 외부로부터 들어오는 자극에 대한 진실성의 판단여부는 심각하게 고려하지 않는다. 또한 본인의 취향과 의향대로 이해하고 해석하게 된다. 이러한 해석은 부호화를 통해서 우리의 두뇌 속에 저장되어 우리의 판단과 의사결정의 말과 행동으로 나타나게 된다. 이러한 말과 행동은 우리가 지각한 것에 대한 진실성의 여부에 상관없이 그릇된 말과 행동으로 나타날 수 있다. 이는 우리의 지각작용이 외부의 자극에 대한 선택적 주의 집중과이해를 통해서 '사실' 혹은 '진실'이 아닌 '편견'에 의해서 지각작용의 변화가 일어났기 때문이다.

• 기억의 복합성

기억의 복합성이란 우리의 지각작용이 발생할 때 과거의 행동에 대한 기억을 생생하게 떠올리게 하는 가상적 기억(virtual or motor memory)을 통해서 현재의 지각작용에 서서히 영향을 미치게 하는 것을 의미한다. 즉 기억의 복합성은 우리의 감성과 가상적 기억, 신체적 영향의 복합적인 혼합물을 통해서 미래의 행동에 대한 지각작용과 연결된 기억의 복합성을 의미한다.

• 종교적 경험

베르그송의 기억 이미지에 대한 이론에 의하면, 우리의 기억은 지각현상, 사고 체계, 문화 및 종교적 경험을 통해서 상호 복합적으로 혼합된 사람들의 기억 속에 간직된다. 즉 사람들의 두뇌 속에 간직된 기억은 그가 겪은 '종교적 경험'에 의해서 개인의 습관, 개인이 속한 더 큰 집단으로서 종교집단의 관행과 관습에 의해서 재해석되기도 한다. 예를 들어 기독교에서는 혼외정사를 죄악시하는 데 유명한 정치가가 혼외정사의 스캔들을 일으킨 경우에 그는 이러한 기억을 고해성사를 통해서 고백한 후 이를 지우려고 노력하게 될 가능성이 크다. 이러한 사실은 우리의 지각이 '종교적' 경험에 의해서 또는 사회적 경험 및 정치적 경험에 의해서 두뇌의 사고체계와 문화에 영향을 받는다는 사실을 입증한다.

• 구체적인 행동에 대한 기억

우리의 지각작용은 내가 실제로 경험한 구체적인 행동에 대한 기억에 영향을 받는다. 예를 들어 외국의 유학생활을 경험한 유학생은 그가 유학시절에 겪었던 구체적인 행동에 대한 기억이 두뇌 속에 오랫동안 저장되어 있고 이러한 구체적인 행동에 대한 기억이 그의 지각작용에 영향을 미친다.

제3절 지각(perception)에 의한 개인행동의 변화

현재의 지각 작용은 내가 지금 느끼는 감정과 보는 것에 영향을 받는다.

1. 지각의 핵심요소

조직행동론에서 지각이란 외부로부터 들어오는 자극에 대한 선택적인 주의 집중(slective attention to stimuli)으로 정의된다(손태원, 2005: 76). 지각이 발생하기 위해서는 다음과 같은 요소들로 구성된다.

• 외부자극

외부자극이란 외부(환경)로부터 들어오는 자극을 의미한다. 외부자극은 환경에서 발생하는 사건이나 상황에 대한 자극이나 정보로 구성된다.

• 선택적 주의집중과 해석

외부자극으로부터 개인이 환경에 대한 자극이나 정보를 감지하고, 이에 대해 의미를 부여하고 해석하는 과정이다.

• 부호화 및 범주화

선별된 자극이나 정보를 부호화시켜 단순화하고 이를 범주화하는 단계를 의미한다.

• 기억

부호화되어 범주화된 정보를 두뇌 속의 기억으로 저장하는 단계이다. 두뇌 속에는 과거의 기억과 현재의 자극으로부터 인식된 새로운 기억과 혼합되어 저장된다.

• 반응과 판단 및 의사결정

새롭게 들어오는 정보는 기존의 기억과 비교하여 비교하게 되고 이러한 비교를 통해서 반응하고 판단하여 최종의 의사결정을 하게 된다.

지각작용은 위의 핵심요소들의 각 단계를 거치는 인지적 과정(cognitive process)으로 묘사된다(손태원, 2005: 77). 외부자극으로부터 선별적 주의집중의 단계에 영향을 미치는 요인들로는 대상물의 속성, 사람의 속성, 상황적 속성이 있다(손태원, 2005: 77-78).

• 대상물의 속성

외부자극을 유발하는 대상물(objects)의 속성으로는 강도(intensity), 크기(size), 동작 혹은 움직임(motion), 반복(repetition), 대비(contrast) 등이 있다. 예를 들어 빛이나 소리 또는 색깔의 강도가 강할수록 더 강하게 지각된다. 또한 대상물의 크기 가 클수록, 정지된 물체보다는 움직이는 물체가 더 주의를 끌게 된다. 이 외에도 대상물이 낯이 익어 친밀

감을 주거나 이전에는 전혀 보지 못한 진기하거나 희귀한 물체일 경우에 더 관심을 끌게 된다.

• 사람의 속성

지각하는 사람의 속성은 지각과정에 영향을 미친다. 예를 들어, 지각하는 사람의 관심과 흥미, 가치관, 과거의 경험, 태도나 성격, 기대감, 스트레스의 정도에 따라서 지각과정은 달라진다. 예를 들어, 음악에 취미가 있는 사람은 음악소리가 들리면 더 주의를 집중하여 듣게 되고, 경제적 이익에 관심이 많은 사람은 부동산 가격이나 주식 가격에 더 민감하게 반응하게 된다.

• 상황적 속성

동일한 외부로 부터의 자극이라도 지각할 때의 주변 상황에 따라서 주의 집중에 큰 차이가 있을 수 있다. 예를 들어, 음악 애호가인의 경우에 클래식 음악소리가 들리는 경우에 주변에 시끄러운 소음이 들리는 상황보다는 매우 조용한 상황인 경우에 음악 소리에 더 민감하게 반응하게 된다.

2. 지각에 의한 행동변화

현재의 지각 작용은 내가 지금 느끼는 감정과 보는 것에 영향을 받아 나의 행동(의 변화)을 일으키게 된다.

위에서 살펴 본 것처럼 현재의 지각작용은 지각작용을 일으키는 핵심 요소들의 영향을 받아서 외부자극에 대한 해석과정과 판단과정을 거쳐서 의사결정을 하게 한다. 이러한 의사결정은 개인의 말과 행동으로 나타나게 된다. 또한 이러한 지각작용은 나의 감정(feeling)과 가시성(visibility)에 영향을 받는다. 다시 말하면, 나의 지각작용은 나의 감정과 보는 것(visible objects)에 영향을 준다. 내가 느끼는 감정과 보는 것은 나의 행동에 영향을 주기 때문에 결과적으로 나의 지각작용은 나의 행동에 영향을 주게 된다.

신경심리학자인 안토니오 다매시오(Antonio Damasin)는 인간의 두뇌와 신체의 연관성에 관한 연구에서 인간의 지각작용은 인간이 현재 느끼는 감정과 보는 것에 영향을 받아 행동의 변화를 일으킨다고 주장하였다. 이러한 주장을 입증하는 다음과 같은 일화를 다음과 같이 소개한다(Connolly, 2004: 28-31).

미국의 볼티모어(baltimore)에서 다음과 같은 두 가지 사건이 발생하였다.

첫 번째 사건의 줄거리는 다음과 같다. 볼티모어 대학의 졸업생들이 졸업 후에 어느 한적한 가정집에 모여서 파티를 하였다. 파티는 밤새 진행되었고, 졸업생들이 술, 춤, 음악으로 주변을 매우 시끄럽게 하였다. 이웃 주민은 잠을 잘 수가 없어서 경찰에 신고하였다. 얼마 후 경찰차는 출동하였고, 경찰들은 파티가 벌어지는 가정집을 방문하였다. 집 주변에는 몇 몇 대학생들이 담배를 피거나 잡담하면서 배회하고 있었고 집안에는 시끄러운 음악소리가 계속 흘러나오고 있었다. 집안에 들어간 경찰은 우연히 위층에서 내려오는 여학생과 마주쳤다. 그녀는 경찰을 보고 “당신들이 우리를 겁주려고 온 것을 잘 알고 있고, 나는 이러한 당신들의 행동이 전혀 겁나지 않는다”라고 말했다. 그러자 경찰은 "그래 네가 파티의 주동자이구나, 너를 체포한다" 하고 말하며 그녀에게 곧 바로 수갑을 채웠다. 수갑을 찬 여학생은 경찰차에 탔고, 경찰서로 데려 가기 전에 약 20분 동안 파티가 진행되는 집주변을 배회하였다. 경찰차는 집 주변을 배회하면서 다른 대학생의 행동을 주시하였다. 집에서 파티를 하던 학생들과 집 주변을 배회하던 학생들은 이 광경을 목격하고 어찌 할 바를 모르다가 그냥 조용히 있거나 하나 둘 씩 자기 집으로 돌아갔다. 경찰서로 간 여학생은 조사를 받고 그날 밤 경찰서 유치장 안에 구치되었다. 그녀의 죄목은 소음으로 이웃에게 피해를 준 것과 경찰조사에 비협조적이고 경찰의 명령에 불복종하고 저항한 것이었다. 그녀의 부모는 변호사를 선임하고 그녀를 유치장에서 나오기까지 법적 비용으로 $ 1,500(약 160만원)의 지불하였다.

두 번째 사건은 위의 사건이 발생한 지 2주 후에 볼티모어 시에서 발생하였다. 두 번째 사건의 줄거리는 다음과 같다. 20대의 미국 시민인 젊은 흑인이 차를 훔쳐서 달아나다가 경찰차의 추격을 받았고 결국은 붙잡히게 되었다. 흑인이 경찰에 붙잡혔을 당시에 그는 마약 복용의 상태여서 의식이 완전치 못한 상태였다. 경찰은 그를 끌고 가서 심문하였고, 젊은 흑인은 살려달라고 애원하였다. 목격자들의 증언에 의하면 경찰은 차량을 훔쳐서 도주하던 흑인을 잡아서 수갑을 채우고 거리에서 무릎을 꿇게 하였다. 경찰은 무릎을 꿇고 앉아 있던 흑인의 뒤통수에 총을 쏴서 바로 사살하였다. 차량 도주범을 잡아서 경찰이 바로 사살하는 사건이 발생한 것이다. 이러한 경찰의 행동이 과연 법적으로 정당한지 지금도 "수사중(under investigation)"이다.

위의 두 사건에 연루되거나 목격자들의 기억은 단지 기억이 과거 사건에 대해서 감각적으로 이런 사건이 발생했다고만 느끼는 것이 아니다. 그들의 기억은 두뇌의 행동적 데이터(motor data)와 감각적 데이터(sensory data)를 동시에 산출한다. 이러한 과거의 기억과 연관되어 있는 우리의 지각작용은 두뇌 속의 감각 이미지(sensory image)와 행동 이미지(action image)를 동시에 산출한다. 이러한 과정을 통해서 **현재의 지각작용은 내가 지금 느끼는 감정과 보는 것에 영향을 받아 나의 행동의 변화를 일으키게 된다.**

제 6장 개인(self)에 대한 이해

현대사회에서 대표적인 조직으로서 기업은 조직내 생산과 프로세스를 통해서 제품과 서비스를 소비자에게 제공하는 조직을 의미한다. 이러한 기업은 환경 변화에 적응할 수 있는 구성원들의 욕구를 조직의 목표와 일치시켜서 구성원들의 요구를 최대한 실현시키기 위해서 동기부여 하여 조직의 잠재력을 극대화시켜야 한다(O'Sullivan and Dooley, 2009: 35). 이러한 맥락에서 본 장에서는 개인(self)의 개념과 중요성을 인식하고 개인의 욕구를 최대한 발휘할 수 있는 조직 문화의 유형, 개인의 욕구와 동기부여에 대해서 살펴보고자 한다.

제 1절 개인의 삶의 의미

나 자신의 행동을 이해하는 것은 쉬운 일이 아니다. 개인의 행동에 대한 이해는 자신의 존재 혹은 자아(self)를 아는 것에서 비롯된다. 자신은 남과 다르고 자신은 스스로의 존재로서 자신의 삶을 살아가야 한다. 자신의 삶을 살아가는 데 있어서 어떤 중요한 의미를 부여하면 자신의 삶을 보람 있게 살아 갈수 있다. 자신의 삶을 보람 있게 살기 위해서 우리는 종교생활을 하고 학교에서 공부하고 직업을 선택하여 직장생활을 하게 된다. 우리는 이러한 사회생활을 하면서 수많은 다른 사람들과 만나게 되고 다른 사람들과 더불어 살아가면서 자신의 존재 의미가 분명히 드러나게 된다.

1. 자아(self)의 의미

현대사회에서 나 혹은 자아(self)의 의미는 무엇인가? 자신에 대한 이해는 개인차원의 조직행동을 이해하는 데에 있어서 결정적인 역할을 한다. 자아의 의미는 심리학적 측면과 후기 구조주의 사상의 관점에서 다르게 해석된다. 심리학자인 프로이드(Sigmund Freud)는 무의식적인 존재로서 자아를 해석한다. 후기구조주의 사상가인 라캉(Jacques Lacan)은 자아를 해석하는 데 욕망(desire)의 개념을 사용하여 설명한다. 즉 욕망은 자신을 창조하는 수단으로서 타자에 대한 열망으로 설명된다(Lacan, 1977).

프랑스의 정신 분석학자인 자크 라캉(1901-1981)는 정신분석학의 관점에서 자아(self)를 연구하였다. 라캉은 프로이드의 무의식적인 의미에서의 자아의 개념을 언어와 욕망의 관점에서 재해석하였다.

> "욕망은 충족을 위한 식욕도 아니고 사랑을 위한 요구도 아니며 요구로부터 욕구를 뺀 차이인 것이다" **라캉, 「에크리, Ecrits」**

개인 혹은 자아를 이해하는 데에 있어서 욕구(needs), 요구(demand), 욕망(desire)의 의미를 구별하는 것이 종요하다. 라캉이 언급하는 욕망은 특정한 대상에 대한 집착이나 본능에서 비롯되는 탐욕이 아니다. 라캉에 있어서 욕망이란 언어적 존재인 인간이 겪는 필연적인 존재소외의 표현이다. 즉 인간은 자기가 원하는 바를 언어로 표현하면서 언어에 의해서 실재의 세계를 경험하게 되고, 이러한 과정에서 욕망이 깃든다. 라캉은 욕구, 요구, 욕망의 세 가지 개념을 엄격하게 구분해서 프로이드의 정신분석학에 내재된 생물학적 경향을 완전히 제거하고 욕망을 언어적 효과와 연관시켜 새롭게 정의한다(김석, 2007).

- 욕구(needs). 순수한 생물학적 본능에 속하는 것으로 대상에 의존적이다. 욕구는 필요가 충족되면 곧 해소된다. 인간은 생물학적 필요에서 욕구를 느끼지만 이것이 욕망은 아니다.

- 요구(demand). 인간은 태어나면서부터 자신의 욕구충족을 위해서 타인에게 의존해야 한다. 인간이 욕구충족을 하기 위해서는 언어적 존재인 타자, 즉 대타자(Other)의 존재가 필연적으로 요구된다. 갓난아이는 '대타자'(어머니 혹은 아버지)에 대해 자신의 욕구를 언어에 의해 구성되는 요구로 표명해야 한다. 대타자는 자연적 욕구에 의미를 부여함으로써 갓난아이를 **상징계**로 이끄는 역할을 한다. 갓난아이는 주체로서 어머니 혹은 아버지('대타자')에게 자신의 욕구를 전하면서 점차 무조건적인 사랑의 대상으로 대타자의 역할을 인식한다. 하지만 실제 삶에서 대타자는 갓난아이의 모든 요구를 다 충족시켜 줄 수 없다.

- 욕망(desire). 자아는 요구로 표명된 욕구가 충족된 후에도 요구의 또 다른 측면인 사랑에 대한 갈구는 충족되지 않은 채 남게 된다. 이러한 해소되지 않는 무엇이 욕망을 구성한다. 즉 자아의 욕구와 요구가 만들어 지는 틈새 혹은 괴리가 욕망의 조건이 된다.

라캉에 의하면 자아 혹은 주체는 고립된 존재가 아니라 언어의 효과이며, 타율적 질서인 상징계의 구조를 전제한다. 자아가 언어의 효과라는 말은 무의식의 본성 역시 억압된 기억이나 프로이드가 주장하는 리비도(libido, 원초적 에너지)가 아니라 초개인적인 구조에 속한다는 의미한다. 라캉은 이러한 구조가 주체와 타자, 및 대타자와의 관계로 형성된다고 주장한다. 이러한 구조는 주체 혹은 자아와 타자와의 상호주관성의 관계가 형성되어 대타자로부터 발생하는 말 혹은 담론이 **상상계**의 축을 거칠 때 변형되면서 발생하는 과정에서 생겨난다.

라캉에 의하면 자아 혹은 주체는 **상징계, 상상계** 그리고 **현실계**의 3개의 세계를 교차 하면서 생겨나고 변화해 간다(Lacan, 1977). 이러한 라캉의 이론에 의하면 개인의 삶의 의미는 현재의 생활이 이루어지는 현실계와 언어의 체계로 구성되는 상징계 그리고, 환상(fantasy)의 세계가 존재하는 상상계[6]가 동시에 공존하면서 이루어진다.

2. 타인(Other)의 의미

라캉의 욕망이론에 의하면 자아의 개념은 타인과 더불어 형성된다. 따라서 자아의 의미는 타인(언어를 포함함)과의 관계에서 형성된다고 본다.

> "욕망은 그것은 어떠한 것이건 간에 구성되었을 때에만, 즉 다른 사람 앞에서 이름 붙여졌을 때에만 온전한 의미에서 인정된다" **라캉, 「세미나 1」**

---

6) 인간의 욕망은 존재결여(lack of being)에서 비롯되는 것이기 때문에 환상을 통해서만 유지된다. 대표적인 환상의 예로 쥐인간의 환상을 들 수 있다(김석, 2007).

라캉에 있어서 인간의 욕망은 대타자의 욕망이다. 욕망은 언제나 다른 사람이 욕망하는 대상을 욕망하기 때문에 타자로부터 오는 인정이 그 본질이다.

- 욕망은 특정한 대상을 향한 것이 아니기 때문에 언제나 '어떤 대상을 향한 욕망'일 수밖에 없다. 욕망의 대상은 언어적 명명 과정에서 끊임없이 생겨나고, 주체(혹은 자아)는 지속적으로 대상에서 대상으로 이동하면서 욕망을 추구한다.

- 진정한 욕망은 무의식에 속한다. 자아는 언어적 질서 속에 소외된 욕망에 의해서 속기 때문에 자아는 자신이 진정으로 욕망하는 것을 모르는 경우도 생긴다. 진정한 욕망을 찾는 길은 대상적 관계가 아니라 존재에 대한 방향 전환에서 찾아진다.

- 그러므로 욕망의 문제는 최종적으로 '윤리'와 결합한다. 여기서 라캉의 정신분석학이 의미하는 윤리는 선(善, good)이 아니라 순수한 존재가 되려는 의지를 의미한다. 따라서 순수한 존재가 되려는 욕망은 칸트가 주장하는 정언명법(categorical imperative)이 지시하는 윤리적인 길로 나아가는 것이다.

자신과 타인에 대한 의미는 김춘수 시인의 '꽃'에서 잘 묘사되어 있다.

꽃

김춘수

내가 그의 이름을 불러 주기 전에는
그는 다만
하나의 몸짓에 지나지 않았다

내가 그의 이름을 불러준 것처럼
나의 이 빛깔과 향기에 알맞은
누가 나의 이름을 불러다오
그에게로 가서 나도
그의 꽃이 되고 싶다

우리들은 모두
무엇이 되고 싶다
너는 나에게 나는 너에게
잊혀지지 않는 하나의 눈짓이 되고 싶다.

제2절 문화의 유형, 개인의 욕구와 동기부여

조직내 개인(self)의 욕구와 동기부여는 개인의 환경인 조직 구조 및 문화의 유형과 상호 밀접한 관계가 있다(Jackson and Carter, 2000: 155-159). 이러한 관점에서 본 절에서는 먼저 문화의 유형을 살펴보고, 개인의 욕구와 동기부여에 대해서 논의하고자 한다.

1. 문화의 유형

조직은 그 조직이 처한 특수한 환경과 맥락에 따라서 조직만이 갖고 있는 특유의 독특한 문화가 있다. 일반적으로 조직의 문화는 크게 다음과 같은 네 가지의 유형이 있다(Handy, 1985).

(1) 역할 중심 문화(Role culture)

역할 중심 문화란 형식적인 절차와 룰, 규정에 의해서 조직이 운영되는 관료제적 모델의 문화를 의미한다. 관료제 조직에서는 업무의 책임과 권한이 어느 특정인에게 지정되어 있기 때문에 조직 구성원들은 본인들에게 주어진 책임과 권한의 범위 내에서만 일을 하게 된다. 이러한 역할 중심의 문화에서는 개인들은 도전적으로 일하기 않기 때문에, 조직내 혁신과 변화를 유발시키기 어렵다.

(2) 권력 중심 문화(Power culture)

권력 중심 문화란 최고 경영자의 철학과 가치 체계를 중심으로 조직 문화가 형성된다. 권력 중심 문화는 소규모의 중소기업에서 쉽게 발견된다. 권력 중심의 문화는 소수의 최고 경영자(보통 1인 혹은 2인)에 의해서 중요한 의사결정이 이루어진다. 따라서 최고 경영자의 의지에 따라서 혁신이 이루지기 쉬운 문화이다. 하지만 최고 경영자에 의해서 전략적 의사결정이나 조직의 변화가 이루어지기 때문에 기술적 혁신이나 급변하는 시장의 변화에 대해서 조직 구성원들의 공감대는 미흡할 수도 있다.

(3) 과업 중심 문화(Task culture)

과업 중심 문화란 대규모 조직에서 매트릭스 구조와 연관되어 발전된 문화 유형이다. 매트릭스 조직 구조에서는 조직 구성원들이 그들이 수행하는 업무와 과업의 최종적인 책임이 있는 과업의 책임자 혹은 관리자에게 업무에 관련된 보고를 한다. 이러한 매트릭스 구조는 개인의 성과와 작업 집단 혹은 팀이 성과 측정에 매우 유용한 조직 형태이다. 이러한 매트릭스 구조에서는 과업 중심 문화가 발달하게 되며, 과업 중심의 문화는 조직을 성장시키는 혁신에 효과적이다.

(4) 개인 중심 문화(Person culture)

개인 중심 문화란 분권화된 조직 구조와 비공식 조직의 형태에서 흔하게 볼 수 있는 문화의 유형이다. 예를 들면, 건축 설계의 조직이나 컨설팅 조직에서는 개인의 역량에 따라서 조직의 생존 여부가 결정되기 때문에 이러한 조직에서는 개인 중심의 문화가 나타난다. 개인 중심 문화는 동료들과의 협력이나 합의에 이르는 토론식 문화로 발전될 수 있으면 조직내 혁신을 일으키는 문화로 발전될 수 있다. 그러나 일반적으로 개인 중심 문화에서는 동료들과의 협력이나 합의에 의한 조직 전체의 목표 달성이 잘 이루어지지 않기 때문에 혁신을 일으키는 데에는 적합하지 않는 경우가 대부분이다.

위에서 살펴 본 조직 이론의 관점에서 본 조직의 문화 유형들은 현실에서는 개인의 욕구와 동기부여와 밀접하게 연관되어 있다. 현재 우리 사회와 조직에서는 개인의 욕구와 동기부여가 제대로 이루어지기 어려운 실정이다. 왜냐하면, 우리나라 사회와 조직은 개인의 특이성과 자율성을 인정하고 최대한 활용되기 위한 조직문화가 형성되어 있지 못하기 때문이다. 조직 내에서 개인들의 욕구와 동기부여가 잘 이루어지기 위해서는 우선 개인들의 욕구와 동기부여의 의미와 중요성을 인식하는 것이 중요하다. 개인의 욕구와 동기부여를 다음 절에서 살펴보겠다.

2. 개인의 욕구와 동기부여

정신분석학자이면서 심리학자인 프로이드(Sigmund Freud)에 의하면 동기부여(motivation)는 개인의 욕구(desire)에서 발생한다. 심리학적으로 보면, 개인의 욕구는 무의식(unconsciousness)의 영역에 속한다. 동기부여는 물질적인 충족으로부터 자기만족을 획득하는 것이 아니라, 타인으로부터 자신의 고유한 가치와 정체성(identity)을 발견하고 인정받는 과정에서 발생한다(Jackson and Carter, 2000: 155).[7] 이러한 프로이드의 심리학적인 이론에 의하면, 기업의 경영자가 임금이나 인센티브와 같은 물질적인 제공을 통해서 개인의 욕구를 충족하고 동기부여를 할 수가 없다. 개인의 욕구를 충족시키고 동기부여를 하기 위해서는 집단 역학과 조직 문화적 요건, 경영 스타일이나 리더십을 통해서 개인이 타인으로부터 자신의 고유한 가치를 인정받는 방식으로 해야 한다. 즉 구

7) 영어 원문은 다음과 같음. Motivation could be seen as not about the acquisition of satisfactions , materials or otherwise, but about the search for identity, for a positive valuation from the Other (Jackson and Carter, 2000: 155).

성원이 혼자서 스스로 일하는 것도 중요하지만 타인과의 상호작용을 통해서 달성하기 힘든 집단의 목표 혹은 조직의 목표를 정해서 협력과 갈등을 통해서 이를 성취하는 과정에서 개인은 욕구를 충족시키고 스스로 동기부여가 되어 일을 할 수 가 있다. 기업은 이러한 과정을 통해서 조직의 목표를 달성할 수 있을 것이고, 고객에게 제품이나 서비스를 제공하여 이윤을 창출하게 된다. 또한 기업에서는 구성원들이 일한 대가를 임금이나 인센티브로 제공하게 된다. 물론 임금이나 인센티브가 다른 조직보다 많으면 구성원은 만족할 수 가 있다. 하지만 물질적인 대가가 많다고 구성원들 스스로가 동기부여가 되어 더욱 열심히 일을 하게 되는 것은 아니다. 이러한 관점에서 보면 구성원의 욕구충족과 동기부여의 의미를 물질적인 관점보다는 문화적이고 심리학적인 관점에서 이해하는 것이 중요하다. 예를 들어, "경영자는 우리조직(기업)은 사회를 위해서 어떠한 가치를 창출할 수 있는가?" "구성원들은 이러한 조직의 가치를 제대로 인식하고 조직에서 일하고 있는가?" "경영자가 생각하는 조직의 가치와 의미를 구성원들도 공감하고 이러한 가치를 창출하기 위해서 노력하는가?"와 같은 질문을 해 봄으로써 조직의 가치와 의미를 경영자와 구성원들이 다 같이 인식하는 것이 중요하다. 따라서 조직내 구성원의 욕구와 동기부여는 당연히 수용되고 있는 가정과 가치에 대한 문제제기 혹은 '문제의 틀짜기(problematization)'을 통해서 이루어져야 한다(Foucault, 1984: Yu and Lee, 2008).

전통적인 조직행동론에서는 매슬로우(Maslow)의 욕구단계이론(Maslow's need hierarchy theory)에 의해서 인간의 동기부여는 단계적으로 충족시킬 수 있다고 주장한다(Kreitner and Kinicki, 2010: 213). 매슬로우의 욕구단계이론에 의한 욕구충족은 다음과 같다.

• 생리적 욕구(physiological need). 인간의 가장 기본적 욕구이다. 예를 들어, 음식, 공기, 물과 같이 인간의 생명을 유지하기 위해서 반드시 필요한 것을 섭취하기 위한 욕구를 의미한다.

• 안전 욕구(safety need). 인간이 물질적 혹은 심리적 해악으로부터 보호를 받아 안전하게 되려는 욕구를 의미한다.

• 애정 욕구(love need). 인간이 타인으로부터 사랑을 받거나 사랑을 베풀면서 소속감이나 애정을 느끼고자 하는 욕구를 말한다.

• 존경욕구(Esteem). 인간이 자존감과 더불어 타인으로부터 인정을 받거나 존경을 받고자 하는 욕구를 의미한다.

• 자아실현욕구(self-actualization). 인간이 자신이 갖고 있는 잠재력과 능력을 극대화시켜 자신을 완성하려고 하는 욕구이다.

매슬로우(Maslow)의 욕구단계이론(Maslow's need hierarchy theory)은 모티베이션 이론에서 다루어지는 가장 기본적인 이론이다. 이외에도 학자에 따라서 다양한 이론들이 있다. 이러한 모티베이션의 다양한 이론들에 대해서는 '창조경영을 위한 조직행동'에서 잘 설명하고 있다(정동섭 외, 2015: 177-199).

제 7장 집단(group)과 집단행동

제 1절 집단의 의미

조직행동론에서 집단의 의미는 조직을 구성하는 하위차원의 기본 단위이다. 집단 속에서 개인들의 행동은 혼자서 행동하는 것보다 더 많은 것을 이루어 낼 수 있다. 왜냐 하면, 집단은 집단을 구성하는 개인들의 합보다도 더 큰 시너지 혹은 총체 효과(synergy effect)를 내기 때문이다. 따라서 조직에서 집단의 역할은 매우 중요하다. 반면에 집단의 성과가 구성원 개인들의 성과의 합보다도 못할 경우가 발생할 수 있다. 이러한 경우는 집단내의 갈등이나 집단사고(group think)와 같은 부정적인 요인들이 내재되어 있기 때문이다. 따라서 조직행동론에서는 이러한 집단의 부정적인 현상을 방지하고 집단의 시너지 효과를 가져 올 수 있는 관리역량을 키우기 위해서 집단의 개념과 특성을 이해할 필요가 있다.

집단의 개념과 특성을 연구하는 집단 역학(group dynamics)은 대체로 2명 이상 20명 내외의 소규모 집단을 연구의 대상으로 삼고 있다. 집단의 개념으로는 다음과 같은 네 가지 요건을 제시한다(손태원, 2005: 164).

- 상호작용하는 두 명 이상의 조직 구성원
- 집단이 추구하는 공동의 목표

• 집단행동을 컨트롤하거나 이끄는 공동 규범(collective norms)
• 다른 집단과 확연히 구별되는 정체성(identity)

제2절 권력과 조직정치

1. 권력의 이해

권력(power)은 조직 생활의 현실이다. 권력의 보편적인 개념은 조직의 바람직한 목표를 달성하기 위해서 조직내 저항을 극복하고 조직목표를 성취하는 사회적 능력이다(Pfeffer, 1992: 405).[8]

> 권력이란 사회적 행위자(social actors)와 연관되어 있다. 조직내 개인, 집단, 혹은 조직도 사회적 행위자가 될 수 있다. 권력의 소유자로서 사회적 행위자는 다른 개인, 집단 혹은 조직보다 더 많은 권력과 영향력을 행사할 수 있다. 이러한 사회적 관계자는 조직 내에서 다른 개인, 집단들과 다양한 사회적 관계를 맺고 있다. 따라서 권력이란 사회적 맥락과 사회적 행위자와 밀접한 관계가 있다.

미국 스탠포드 대학교의 교수이자 조직이론가인 페퍼(Pfeffer)의 의하면 권력이란 어느 특정 개인, 집단 혹은 조직이 소유할 수 있다. 권력을 소유하고 행사하는 주체를 사회적 행위자(social actor)라고 부른다.

---

8) 영어 원문은 다음과 같음. Most definitions of power include an element indicating that power is the capability of one social actor to overcome resistance in achieving a desired object or result (Pfeffer, 1992: 405).

사회적 행위자는 사회적 관계에 의해서 권력을 행사할 수가 있다. 따라서 권력은 조직내 관계(relationship)와 맥락(context)에 의해서 생겨나며 조직내 의사결정과 밀접한 관계가 있다(Pfeffer, 1992: 405).

조직에서 권력의 개념은 학자에 따라서 해석이 다르다. 페퍼는 기능주의(functionalist) 관점에서 권력의 개념을 해석한다. 페퍼는 권력은 소유할 수 있는 것으로 보았다. 조직내 권력의 행사는 조직의 효율성, 효과성, 생산성을 향상시키기 위해서 정당화된다. 반면에 조직내 합법적 권한(authority) 혹은 형식적인 권한은 조직내 실질적인 권력관계를 형성하지 못한다(Pfeffer, 1992: 406). 조직의 권력은 조직내 실무자나 작업집단에서 소유할 수 도 있기 때문에 이러한 권력의 남용을 방지하기 위해서 이러한 권력은 조직내 권한으로 전환되어야 한다. 조직의 경영자는 공식적·합법적 권한을 갖고 있어야 권력의 남용을 방지할 수 있다. 권력은 타인의 순종을 반드시 동반하지 않지만 권한은 타인의 순종을 수반한다.

급진적 구조주의(radical structuralist) 관점에서 권력은 사회시스템에 의해서 소유되고 행사된다. 사회시스템이란 이데올로기와 같은 사회적 가치와 신념체계를 의미한다. 즉 권력은 미처 깨닫지 못한 가치에 대한 전제(value assumption)과 밀접한 관계가 있다. 또한 권력은 대의명분과 같은 가치를 동반한다(Lukes, 1974).

후기 구조주의(Poststructuralism) 관점에서 권력은 개인, 집단, 조직 혹은 사회시스템에 의해서 소유되기 보다는 지식과 밀접한 관계에 있다(Foucault, 1979). 권력은 누군가에 의해서 소유되기 보다는 담론(discourse)적 실천을 통해서 행사된다(Foucault, 1980). 권력은 부정적이고 파괴적이기 보다는 긍정적이고 생산적이다. 즉 권력은 지식과 담론을 생산하고 담론을 통해서 사회적으로 기능한다. 또한 권력은 공식적이고 형식적이기 보다는 미시적이고 국지적이다. 즉 권력은 사회제도 혹은 조직 내에서 지식 혹은 담론과 함께 국지적인 변화를 일으킨다(Jackson and Carter, 2000).

2. 조직정치의 이해

조직정치(organizational politics)은 권력과 함께 조직 생활에서 필연적으로 일어나는 현상이다. 조직정치는 자신에게 주어진 권력을 통해 개인 혹은 집단의 이익을 획득하거나 자신 혹은 집단을 보호하기 위해 타인이나 상대방을 컨트롤할 수 있는 영향력이다(Pfeffer, 1992: 407).

> 조직정치란 조직 내에서 자신의 이득과 자신이 원하는 성과를 얻기 위해서 권력과 자원을 획득하고 발전시키고 사용할 수 있는 활동을 의미한다. 즉 조직정치는 불확실한 상황과 최종의 의사결정 혹은 선택이 불일치한 상황에서 자신에게 유리하도록 권력과 자원을 활용할 수 있는 능력이다.[9]

조직에서 정치는 정략적 행동으로 나타날 수 있다. 이러한 정략적 행동(political tactics)은 비윤리적인 행동으로 나타날 수도 있다. 그러나 조직정치와 정략적 행동은 미래의 불확실한 상황에서 조직의 영향력이 있는 개인 혹은 집단이 자신들에게 유리하도록 행동하는 것이다.

---

9) 영어 원문은 다음과 같음. Organizational politics involves those activities taken within organizations to acquire, develop, and use power and other resources to obtain one's outcomes in a situation in which there is uncertainty or dissensus about choices (Pfeffer, 1992: 407).

이러한 정략적 행동의 유형은 다음과 같다(손태원, 2005: 224).

- 상대방에 대한 비방 혹은 공격(언어폭력 포함)
- 자신이나 집단을 위한 정보의 활용과 유포
- 유리한 이미지의 창조와 인상관리
- 지지기반의 조성
- 상대방에 대한 칭찬, 혹은 환심이나 아첨
- 권력자 혹은 강자와의 제휴 혹은 동맹관계의 형성
- 영향력이 있는 인사들과의 친분관계
- 상대방에게 부담감이나 신세를 질만큼의 혜택을 제공함

조직에서 권력과 정치는 현실이며 피할 수 없는 현상이다. 경영자는 과도한 조직정치나 정략적 행동이 조직에 부정적인 결과를 초래하지 않도록 구성원들을 세심하게 배려하는 행동이 요구된다.

제3절 리더십

21세기 글로벌 환경변화는 어느 때 보다 훌륭한 리더와 리더십을 요구한다. 리더는 변화의 흐름을 미리 인지하고 미리 대처할 수 있는 비전과 능력을 갖추고 있어야 한다. 본 절에서는 이러한 시대적 변화의 흐름에서 요구되는 리더십의 개념, 이론과 유형에 대해서 논의하고자 한다.

1. 리더십의 개념

리더와 리더십에 대한 정의는 학자마다 다양하게 정의하기 때문에 리더십의 개념을 명확하게 정의하기는 어렵다. 리더십을 개념화하는 다양한 정의에도 불구하고 리더십 현상에 중심이 되는 몇 가지 요소는 다음과 같다(Northouse, 2016: 7-15; 김남현·김정원, 2001: 4-14).

- **리더십은 과정이다.** 리더십이란 개인이 공동의 목표를 달성하기 위해서 집단에 영향을 미치는 과정이다.[10]

- **리더십 과정은 영향을 미치는 과정이다.** 리더십 과정은 영향을 미치는 과정으로 리더가 추종자들에게 어떻게 영향을 미칠 것인가와 관련된 것이다.

- **리더십은 집단상황에서 일어나는 현상이다.** 리더십은 공동 목적을 가지고 있는 구성원들로 구성된 집단에 영향을 미치는 과정이며 현상이다.

- **리더십은 목표달성을 위한 과정이다.** 리더십은 조직의 목표를 달성하기 위해서 구성원들로 구성된 집단을 지휘하여 구성원들과 함께 노력하고 성취하려고 노력하는 과정으로 이해된다.

위에서 열거한 리더십에서 발견되는 현상의 공통점은 리더십은 리더와 추종자 사이의 형성되는 관계이다. 즉 리더에게는 추종자가 필

10) 영어 원문은 다음과 같음. Leadership is a process whereby an individual influences a group of individuals to achieve a common goal(Northouse, 2016: 6).

요하고 추종자들은 리더를 필요로 하기 때문에 리더와 추종자사이의 관계가 형성된다.

2. 리더십의 이론과 유형

21세기 시대적 상황 변화에 적합한 대표적인 리더십 이론과 유형은 다음과 같다(변상우, 2016).

(1) 리더-구성원 교환이론(Leader-Member Exchange(LMX) theory)

리더십은 리더와 팔로워 혹은 하위자 간의 상호작용을 중심으로 나타나는 과정으로 인식한다. LMX 초기 연구는 내집단(ingroup)과 외집단(outgroup)을 비교하여 두 집단 사이의 개념과 특성을 비교하였다. 즉 내집단은 리더가 부하들 중에서 특별한 대인적 관계를 유지하고 있는 부하집단을 의미한다. 내집단에서는 리더와 부하가 공동 운명체 의식을 갖고 신뢰, 존경, 선호, 호혜적 관계를 갖는다. 반면에 외집단은 리더가 부하와 특별한 관계가 없이 어느 정도의 거리감을 유지하면서 공식적인 관계를 갖는다. 외집단에서는 리더와 부하 간에는 경제적 교환만이 이루어지고 상호 긴밀한 결속력이 유지되지 않는다. LMX 후기 연구는 내집단과 외집단의 차이에 초점을 둔다. LMX 후기 연구는 LMX 이론이 조직의 효과성과 어떻게 연관되어 있는가를 연구하였다. 연구의 초점은 리더-구성원의 교환관계의질이 리더, 하위자, 집단 및 조직의 성과와 어떤 관계를 가지고 있는가를 연구하였다. 이러한 연구를 통해서 리더와 하위자 간의교환관계가 '리더십 만들기

(leadership making)'에 어떻게 활용할 수 있는가에 초점을 맞추었다. 리더십 만들기는 작업단위 부서의 모든 종업원들과 효과적인 리더와 하위자 간의 '짝관계(dyadic relationship)'를 구축하여 조직 전체에 걸친 '협동관계'의 연결망을 만들어 조직의 목표달성과 개인의 발전과 진보에 도움을 받을 수 있다.

LMX 이론의 강점은 리더와 하위자들 각자 간의 특별한 짝관계를 통해서 조직내 의사소통과 협동관계를 강조하는 것이다. LMX 이론의 한계점은 리더와 하위자를 구별하여 인간의 공정성과 평등이라는 기본적 가치에 위배된다는 점이다. 또한 LMX 이론은 조직내 내집단과 외집단을 구분하여 파벌을 조성하고, 리더와 구성원의 교환관계가 어떻게 만들어지는가에 대한 설득력이 있는 논리적인 설명이 결여되어 있다는 점이다.

(2) 임파워먼트(권한부여: Empowerment/ Empowering)

임파워먼트는 하위자가 독립적이 되도록 자유를 허락하는 것으로 하위자 자신이 스스로 의사결정하고 자기 주도적이 되도록 만드는 것이다. 즉 임파워먼트는 리더가 하위자가 스스로 컨트롤할 수 있도록 허락함으로 권력을 공유하는 방식이다(Northouse, 2016: 236).[11] 임파워먼트는 하위자 스스로 사고하고 행동하는 능력을 배양함으로 자신감을 갖게 한다. 조직에서 하위자는 임파워먼트를 통해서 그들이 처한 어려운 상황을 스스로 처리해 나가는 자율성을 갖게 된다.

11) 영어원문은 다음과 같음. It is a way for leaders to share power with followers by allowing them to have control (Northouse, 2016: 235).

(3) 변혁적 리더십(Transformational leadership)

변혁적 리더십은 조직내 사람을 변화시키고 변혁시키는 과정을 의미한다. 즉 변혁적 리더십은 조직성과의 가치와 의미에 대한 조직원의 인식수준을 높이고, 조직원(혹은 부하)의 정서, 가치관, 윤리, 표준(standard) 및 행동규범, 그리고 장기적인 목표를 변화시킴으로 구성원들의 행동을 변화시키거나 변혁시키는 과정이다. 변혁적 리더십의 구성요소는 다음과 같다.

- **카리스마(이상적 영향력).** 변혁적 리더는 구성원들이 리더에 대해 신뢰를 갖게 할 수 있는 카리스마를 지녀야 한다.

- **영감적 동기부여.** 변혁적 리더는 구성원들에게 높은 수준의 기대감을 심어 주고, 구성원들이 비전과 미션의 달성을 위해 자신들의 노력을 집중할 수 있도록 영감적 동기부여(inspirational motivation)를 해야 한다.

- **개별적 배려** 변혁적. 리더는 구성원들의 개별적 배려(individualized consideration)를 통해서 구성원 개개인의 이질적인 욕구를 인정하고 수용하며 구성원개인에 대한 문제에 관심을 갖고 개별적 차원에서 조언과 지도를 하며 과업과 권한 위임을 통해서 동기를 부여한다.

- **지적 자극.** 변혁적 리더는 구성원들의 지적자극을 통해 그들의 창의성과 혁신성을 자극하여 그들의 신념과 가치를 새롭게 변화시켜나가도록 한다.

(4) 셀프 리더십(self leadership)

21세기에 들어와서 리더십 이론은 개인의 자율성을 중시하고, 공동의 목표를 성취하기 위해서 집단의 영향력을 행사하는 개인의 역할을 중요시하는 방향으로 나아가고 있다. 앞서 리더십의 개념에서 설명하였듯이 리더와 추종자는 관계(relationship) 지향적인 상호작용을 통해서 리더십을 창출한다. 셀프 리더십(self leadership)이란 구성원의 '자율성'에 기초하여 자발적인 노력과 조직에 대한 열정을 이끌어 내기 위해서 자기 자신뿐만 아니라 다른 사람에게도 영향을 줄 수 있는 관점에서 이루어지는 리더십이다. 셀프 리더십의 이론은 리더는 선천적으로 타고난 것이 아니라 학습을 통해서 얻어진다는 가정을 한다. 셀프 리더십은 과업이나 업무를 수행하기 위해서 필요한 자기주도의 학습과 자기 동기부여를 위해서 스스로 자신에게 영향력을 행사하는 과정으로 정의된다(Manz and Sims, 2001).

(5) 서번트 리더십(Servant leadership)

서번트 리더십(Servant leadership)은 리더가 타인을 위해서 타인을 섬기는 자연적 감성으로부터 출발한다. 서번트 리더십의 개념과 이론은 1977년 미국회사 AT & T에서 교육과 훈련을 담당했던 로버트 그린리프(Robert K. Greenleaf)에 의해서 처음으로 학계에 소개되었다. 서번트 리더는 추종자를 먼저 생각하고 그들에게 권한을 부여하여, 그들이 그들의 개인적 역량을 최대한 발휘하도록 하는 것이다. 그린리프는 서번트 리더십에 대한 아이디어를 헤르만 헤세(Herman Hesse)의 작품인 '동방으로의 여행(Journey to the East)'에서 얻었다. '동방으로의 여행'의 주인공 레오(Leo)는 여행 중 모든 어렵고 힘든 허드렛일을 스스로 맡아서 묵묵히 처리해 나가는 여행 집단의 일행이었다. 그러던 중 어느 날 갑자기 레오가 사라진 후 일행은 대 혼란에 빠지게 되었다. 일행 중 한명은 몇 년을 헤맨 끝에 레오를 만나게 되고 레오는 심부름꾼이 아니라 어느 종교 교단의 책임자인 동시에 정신적 지도자이었음을 발견하게 된다. 서번트 리더십의 모델을 다음 표와 같다(Northouse, 2016: 232).

〈표 7-1〉 서번트 리더십의 모델

선행조건	서번트 리더의 행동	결 과
• 맥락과 문화(배려의 문화) • 리더의 속성(소명의식) • 추종자의 순응성	• 개념화를 통한 조직의 이해 • 감성적 치유 • 추종자를 우선시함 • 추종자의 성장과 성공을 지원함 • 윤리적으로 행동함 • 권한부여 • 공동체를 위한 가치 창출	• 추종자의 성과: 향상과 성장 • 조직의 성과 • 사회의 성과

위에서 설명한 리더십 이론과 유형들 이외에도 현대적 리더십의 이론과 유형에는 감성리더십, 윤리적 리더십, 코칭 리더십, 팔로워십과 리더십이 있다. 이러한 리더십 이론과 유형에 대해서는『글로벌 시대의 리더가 갖추어야 할 역량: 리더십』에서 자세히 설명한다(변상우, 2016: 340-462).

제4절 갈등과 갈등관리

1. 갈등의 개념

조직에서 갈등(conflict)이란 피할 수 없는 현상이다. 조직갈등(organizational conflict)이란 끊임없는 환경변화, 종업원들과 팀의 다양성, 정보기술의 발전으로 인한 스마트 폰과 인터넷에 의한 대화, 글로벌화로 인한 문화의 다양성으로 인해서 발생한다. 갈등은 개인과 개인, 개인과 집단, 집단과 집단 사이에서 어느 주체와 다른 주체 사이에 불일치가 발생할 때 생겨나는 것으로 정의한다(Kreitner and Kinicki, 2010: 373).[12]

버렐과 모건에 의하면, 조직의 본질은 갈등(conflict)과 협력(cooperation)의 두 모형으로 이해된다(Burrell and Morgan, 1979). 파슨스(Parsons)와 구조 기능주의자들은 사회의 통합이론에 근거하며, 사회구조는 구성원들 간의 가치의 합의에 바탕을 두고 있다는 입장을 취한다. 이러한 구조기능주의 자들의 입장에서 보면, 조직은 조직의 질서와 안정을 목적으로 구성원들 간의 협력이 이루어지는 협력의 모형으로 이해된다. 즉 조직은 협력, 합의 및 통합을 통해서 균형과 안정을 유지하는 방향으로 존재한다. 반면에, 다렌도르프(Darendorf)와 사회적 갈등 및 강제이론(The coercion theory of society)을 주장하는 학자들은 사회는 변동, 갈등, 분열을 통해서 일부 구성원들이 다른 구성원들을 강제하는 입

12) 영어 원문은 다음과 같음. “conflict is a process in which one party perceives that its interests are being opposed or negatively affected by another party" (Kreitner and Kinicki, 2010: 373).

장을 수용한다. 이러한 학자들의 관점에서 보면, 조직은 갈등의 모형으로 인식된다. 사회의 본질에 대한 상반된 입장을 취하고 있는 위의 두 가지 사회학적 패러다임 즉 기능주의적 사회학적 패러다임은 조직의 질서와 균형을 전제하고, 급진주의적 사회학적 패러다임은 조직의 갈등과 불균형을 전제한다. 기능주의적 패러다임은 본질적으로 조직의 갈등은 균형 상태로 이전하면서 해소된다고 보는 반면에, 급진주의적 사회적 패러다임은 조직의 갈등은 근본적으로 해소되기 어렵고, 본질적으로 인간발전의 잠재력을 제한하고 저해하는 사회구조로부터 인간을 '해방'시키는 데 관심이 있다(버렐·모오간 공저, 1990: 21). 이러한 두 가지 상반된 사회학적 패러다임들에서 발전된 조직이론들은 대립적인 가정에 입각하고 있으므로 본질적으로 서로 분리해서 다루어져야 한다. 예를 들면, 기능주의적 패러다임에 입각한 조직 이론가들은 협력이 조직 내에서 이루어지는 것이 바람직한 상황으로 본다. 따라서 갈등은 협력을 저해하는 나쁜 것으로 간주한다. 그러나 조직을 어떤 관점과 시각에서 보느냐에 따라서 갈등의 본질과 개념도 달라진다. 예를 들어, 협력을 필수적으로 간주하는 조직에서는 갈등은 상이한 가치, 이슈, 작업 집단의 관심사의 차이에 의해서 발생하며, 이러한 갈등은 조직내 정치적 행동을 유발시키는 이론적인 근거를 제공한다. 즉 조직변화를 위한 조직내 갈등은 문제해결, 설득, 협상과 정치적 활동을 수반한다(March 1981). 반면에, 급진주의적 패러다임(예를 들어, 급진적 인본주의자, 급진적 구조주의자) 의 입장을 지지하는 조직이론가들은 사회적 시스템에 내재된 권력의 불균형에 의해서 파생되는 갈등은 인간 집단들 사이에 가치관의 차이에 의해서 발생되며, 이러한 갈등은 조직내 권력의 불균형상황이 해소되어야 해결될 수 있다고 보는 입장도 있다(Midgley, 2000).

2. 갈등관리의 담론 분석 모델

조직행동론에서 갈등관리(conflict management)는 상황적합적 접근법(contingency approach)에 의해서 이루어진다(Kreitner and Kinicki, 2010: 395). 경영자는 갈등관리를 위해서 도전적이고 명확한 조직의 목적(goals)을 설정하고 이러한 목적달성을 위해서 경영자와 종업원이 협력하여 조직의 목적을 성취하는 과정에서 조직내 갈등을 해소한다. 이러한 일반적인 방법으로 조직 갈등을 해소할 수 도 있지만, 권력자로서 경영자 혹은 권력집단과 비권력집단 사이에서 발생하는 갈등을 이러한 상황적합적 접근법으로는 해소하기 어렵다. 최근에 권력집단과 비권력집단 사이의 갈등을 이해하고 해소하기 방법으로 담론분석(discourse analysis)이 제시되었다(Yu and Hong, 2016). 다음 절에서 이러한 담론분석의 개념과 담론 분석 방법론을 소개한다.

(1) 담론 분석(discourse analysis)의 개념

현대 과학적 사유는 '시간'의 중요성을 인식하는 후기구조주의(poststructuralism)의 철학적 사유에서 비롯된다. 예를 들면, 푸코(Foucault)는 공간을 중요시하는 사유보다는 시간적 개념을 중요시하는 담론(discourse)의 관점에서 '시간'의 개념을 기초로 변화하고 생성하는 '담론'을 통해 현대 사회와 조직을 이해하려고 했다(Foucault, 1974). 이러한 '담론'을 바탕으로 하는 존재론과 인식론적 사유는 21세기에 들어와서 영국의 언어학자인 할리데이(Halliday)에 의해서 인간과 자연에서 공통적으로 발견되는 자기 생산적인 힘으로 '체계적 계통 언어학(Systemic

Functional Linguistics: SFL)'의 개념으로 발전하였다(Halliday, 1978). 최근 사회적 언어학자에 의해서 푸코의 '담론'의 개념을 적용하여 조직내 갈등 분석을 통한 조직 변화와 혁신을 이해하는 '담론 분석(discourse analysis)' 방법론이 개발되었다(Fairclough, 1993).

(2) 담론 분석에서 본 '갈등'의 개념

담론 분석 방법은 푸코가 주장하는 '담론'의 개념을 제시하여 사회과학의 과학적 사유와 연결될 수 있는 시간에 기초한 연구(time-related research)를 바탕으로 하는 탐구체계이다(Yu, 2013). 시간에 기초한 연구는 시간 흐름에 따라서 변화하는 사회적 맥락의 관점에서 조직내 권력자 혹은 권력집단과 비권력집단의 권력의 불균형에서 발생하는 갈등을 조직 내에서 발생하는 '사건' 혹은 '문제'로 이해하고 이를 체계적 계통 언어학의 관점에서 조직내 담론을 분석하여 갈등을 분석하는 방법이다. 최근에 체계적 계통 언어학(SFL)적인 관점에서 발전된 '비판적 담론 분석(Critical Discourse Analysis: CDA)'을 조직내 갈등관계에 적용하여 변화를 유도하는 방법론이 개발되었다(Yu and Hong, 2016). 비판적 담론 분석(CDA)의 관점에서 보면 조직내 갈등은 권력자(예를 들어, 최고경영자)의 철학 및 가치체계가 비권력 집단의 가치체계와 상이하기 때문에 발생한다. 따라서 조직내 갈등을 해결하기 위해서는 권력구조의 근본적인 문제를 '문제의 틀 짜기(problematization)'의 학습 과정을 통해서 언어학적 측면에서 이해해야 한다.

(3) 담론분석 방법론

가. 비판적 담론 분석 방법의 이해

비판적 담론 분석의 방법은 할리데이가 개발한 체계적 계통 언어학(SFL)의 관점에서 언어를 다차원적인 수준으로 이해하여 사회적 맥락에서 수집된 조직에서 사용된 담론을 수집하여 분석하는 방법이다. 체계적 계통 언어학(SFL)의 목적은 조직 구성원들이 사회적 문맥에서 사용된 언어와 언어자체에 내재적으로 존재하고 있는 언어의 다양한 의미와의 상관관계가 무엇인지를 분석하는 것이다. 즉, 담론분석을 통해서 사회현상과 의미가 언어에 어떻게 연결되어 있는지를 분석하고 설명하는 것이다. '비판적 담론 분석'은 '비판적'관점에서 조직내 담론에 대한 합리적인 논의의 과정을 통해서, 언어 사용자의 권력 행사와 조직 내의 사회적 정의와 같은 정당성과의 연관 관계를 체계적으로 규명하는 방법이다. 비판적 담론 분석은 체계적 계통 언어학(SFL)의 관점에서 담론의 '상황적 맥락'을 설명할 수 있는 방법을 제시함으로써, 궁극적으로 언어와 사회현상을 설명하는 이론이다(Fairclough, 2003). 비판적 담론 분석의 특징은 언어학적으로 조직내 갈등 상황과 권력과 지식과의 상관관계를 연구하기 위해 언어의 사용을 기능적, 실천적, 그리고 메타수준의 언어 기능적인 관점을 분석한다. 따라서 사회언어학적인 특정한 관점에서만 언어를 분석하는 다른 언어학의 분야와는 달리 비판적 담론 분석은 언어의 '상황적 맥락'을 사회 응용적인 측면에서 이해하고 분석하는 데 유용하다고 볼 수 있다(Yu and Hong, 2016).

나. 담론 분석의 절차

비판적 담론 분석의 적용 절차는 다음과 같다.

①제 1단계: 조직내 '갈등' 및 '문제'의 발견

②제 2단계: 소프트 시스템 방법론(SSM)의 적용 – 조직내 '문제'상황에 대한 구체화, 근원적인 문제의 정의(root definitions) 및 개념모델(conceptual model)의 구축

③제 3단계: 조직내 권력집단과 비권력집단 간의 언어사용의 분석

④제 4단계: 비판적 담론 분석(CDA)의 적용 – 비판적 담론분석을 통해서 사회적 맥락의 관점에서의 언어 사용을 분석함

⑤제 5단계: 소프트 시스템 방법론(SSM)과 비판적 담론 분석(CDA)의 관점에서 도출한 대안의 제시와 실행

본 연구에서 제안한 담론 분석 방법론의 절차는 조직내 갈등과 문제를 파악하는 '문제 발견'의 학습과정과 '상황적합적 진실'의 생성을 위한 고차원적 학습과정인 문제의 틀 짜기(problematization)의 과정을 통한 고차원적인 학습 방법이다.

본 절에서는 조직의 본질과 갈등의 본질과 개념을 연구하기 위한 '이론적 틀'로서, 체계적 계통 언어학(SFL) 관점에서 발전된 비판적 담론 분석(Critical Discourse Analysis: CDA) 방법론의 개념과 적용절차를 제시하였다. 이러한 비판적 담론 분석 모델과 방법론은 조직의 갈등의 본질을 이해하기 위해서 조직내 갈등과 문제를 이해하기 위한 '준거틀'로 사용할 수 있다. 비판적 담론 분석은 조직의 갈등 상황을 조직내 권력관계와 구성원들의 상이한 가치 체계의 차이에서 기인한다고 본다. 따라서 조직의 갈등과 문제 해결을 위해서는 조직내 집단 간의 권력관계, 구성원들에 내재된 가치체계와 같은 조직의'상황적 맥락'을 언어적 차원에서 이해하는 방법이다. 비판적 담론 분석 모델과 방법

론은 조직내 구성원들의 권력관계, 규범적 가치가 언어의 사용과 연관되어 형성되는 담론의 이해를 통해 조직을 변화시키는 데 유용한 개념적 틀이다.

제 IV 부

조직과정의 이해

제 IV부에서는 조직 내의 구성원들과 집단사이의 상호작용의 과정에 대해서 살펴보고자 한다. 조직내 의사소통, 의사결정, 조직문화와 컨트롤 과정에 대해서 구체적으로 살펴보고자 한다.

제 8장 의사소통(communication)

제 1절 의사소통의 개념과 중요성

1. 의사소통의 개념

조직에서 의사소통이란 모든 사람들에게 필수적이다. 역사적으로 보면 의사소통의 중요성은 여러 시대에 걸쳐서 여러 국가와 사회, 조직에서 잘 나타난다. 구약성서에 보면 사람들이 바벨탑을 쌓아서 하늘에 도달하고자 했을 때, 하나님께서는 언어를 혼잡하게 하여 의사소통을 불가능하게 했던 사실은 의사소통의 중요성을 무엇보다도 잘 보여주는 사례라고 할 수 있다. 현대사회가 출현하고 현대조직을 관리하는 이론적 근거를 제시하는 경영학의 측면에서 보면, 경영(management)의 의미는 '관리'라고 볼 수 있다. 현대사회의 조직을 경영하거나 관리하기 위해서는 의사소통을 통한 정보의 수집, 분석과 활용이 무엇보다도 중요하다. 즉 조직생활에서 의사소통이란 경영자의 입장에서 보면 조직을 관리하기 위해서 조직 내에서 일어나는 상황을 파악하기 위해 필수적이며, 반면에 구성원의 입장에서 보면 조직의 현황에 대한 이해와 경영자의 입장을 이해하고 조직 내에서 가치 있고 의미 있는 활동을 하는 데에 필수불가결한 요소가 된다.

의사소통(communication) 또는 커뮤니케이션이란 사실 전달의 수단이면서 의미전달의 수단이다. 오늘날 IT 기술이 발전하면서, 원격 의사소통 장치, 예를 들면, 스카이프(skype)를 통한 원격 화상 대화도 일상화되었고, 아이 패드(i-Pad)나 스마트 폰을 사용한 실시 간의 의사소통도 생활화되었다. 이러한 의사소통의 개념은 원래 라틴어의 'communis'에서 유래한 것이다. 'communis'는 영어의 'common (공동의)'이란 뜻을 갖고 있다. 조직행동론에서 보면 의사소통이란 발신자 또는 전달자와 수신자 사이의 메시지와 정보의 교환을 통해서 정보나 아이디어의 전달이면서 사실에 대한 이해라고 할 수 있다(임창희, 2004: 257).

2. 의사소통의 중요성

조직 내에서 발생하는 의사소통은 단순히 사실에 대한 이해나 정보의 교환만을 의미하지 않는다. 사람들은 의사소통을 통해서 자기의 영향력을 행사하거나 감정을 표현하며, 활력이 넘치는 조직 생활을 만들기도 한다. 의사소통의 과정에 내재된 중요성은 다음과 같다.

(1) 영향력 행사

의사소통은 무엇보다도 조직내 경영자가 조직목표의 달성을 위해 영향력을 행사하는 것이다. 즉 경영자는 구성원 또는 종업원의 행동을 컨트롤하기 위해서 의사소통을 한다고 볼 수 있다. 예를 들면, 경영자는 조직내 공식적인 업무규정이나 지침을 만들고 이를 통해서 구성원이나 종업원의 행동을 컨트롤한다.

(2) 동기부여

조직에서의 의사소통을 통해서 조직의 특정 목표를 수정하거나 조직의 성과에 의한 피드백, 조직내 바람직한 행위에 대한 강화작용들이 발생한다. 이와 같은 의사소통의 작용은 결과적으로 조직 구성원들을 동기부여 시킨다.

(3) 감정표현

사람들은 언어적 방법과 비언어적 방법을 통해서 의사소통을 하면서 조직내 인간관계에 대한 자신의 감정을 표현한다. 또한 사람들은 의사소통을 통해서 인간관계를 형성하면서 조직 생활을 한다.

(4) 정보교환

조직 구성원들은 의사소통을 통해서 상호간에 정보를 교환하고, 조직 내에서 습득되는 정보는 의사결정의 기초가 된다.

제2절 의사소통의 모델

1. 의사소통의 모델

현대 사회에서 가장 일반적으로 통용되고 있는 의사소통의 모델은 쉐논과 위버 (Shannon & Weaver)가 제시한 모델이다(그림 8-1). 현대적 의미에서 의사소통의 모델은 조직사회에서 개인과 개인, 집단과 집단, 조직과 조직 간에서 발생하는 모든 상황을 고려한 것이다. 〈그림 8-1〉에서 잘 예시하듯이 의사소통의 모델에서는 발신자, 메시지 (텍스트의 이미지 형태), 수신자의 3가지 기본요소들 사이에서 사실에 대한 메시지가 전달되면서 발생하는 사실에 대한 정보와 전달과 이해를 통해서 발생한다. 그러나 발신자(또는 전달자)와 수신자사이에서 매개적인 역할을 하는 메시지는 텍스트 이미지의 형태로 전달되면서 상황과 맥락에 따라서 텍스트에 대한 상이한 해석과 이해가 가능하다. 의사소통을 하는 사람들 사이에 동일한 메시지에 대한 상이한 해석과 이해가 발생하면서 현실에서 완전한 의사소통은 일어나지 않는다.

〈그림 8-1〉 현대적 의사소통의 모델

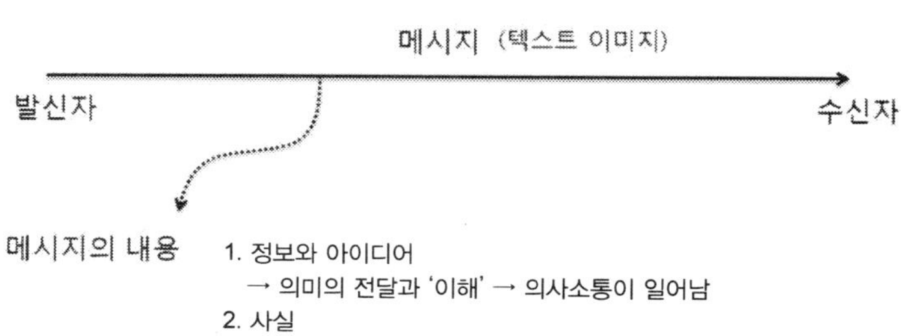

이러한 현상은 의사소통을 하는 사람들 사이의 지각의 차이, 신뢰감 부족, 조직 내에서 발신자와 수신자사이의 발생하는 불완전한 상호작용과 사회적 관계의 미흡함, 불완전한 정보, 부정확한 정보 등도 중요한 요소로 작용한다. 따라서 의사소통의 과정에서는 일방적인 메시지의 전달만이 아닌 수신자의 반응을 피드백 (feedback)하는 것이 효과적인 의사소통의 방법이 된다.

현실 내에서 완전한 의사소통을 일어나지 않지만, 경영자는 조직 내에서 의사소통을 어떻게 활성화할 것인가? 에 대한 고민을 한다. 오늘날 우리 기업에서 최대의 고민거리중 하나는 "대화의 단절"이나 "의사소통의 문제점"이라고 볼 수 있다. 기업에서 발생하는 의사소통의 문제나 경영자와 구성원들과의 대화의 단절 현상은 노사문제, 사업부간의 갈등, 상사 및 동료들과의 갈등, 무료한 직장생활 등의 현상으로 나타나고 있다. 조직 내에서 발생하는 대화의 단절이나 의사소통의 문제를 해결하려면 의사소통의 수단을 언어적인 것에만 의존해서는 안 된다. 성공적인 의사소통을 하는 사람들 간의 특성은 서로 신뢰하고, 의사소통의 경로나 매체를 선택할 때, 상황이나 대상에 따라서 다양한 경로나 매체를 신중하게 선택한다. 성공적으로 의사소통을 하기 위해서 어떠한 의사소통의 수단, 경로와 매체를 선택해야 하는 지를 살펴보고자 한다.

(1) 의사소통의 수단

가장 일반적인 의사소통의 수단은 언어적인 것을 통해서 발생한다. 즉 의사소통의 대부분은 직접 대면을 통한 말이나 문서나 서신과 같은 기록을 통해서 이루어진다. 이러한 언어적인 의사소통을 통해서 구성원들은 정보를 교환하고 의미를 전달하지만 비언어적인 것을 통해서 의사소통이 발생하기도 한다. 예를 들면, 건물 안에서 사이렌이 주기적으로 여러 번 울리면 사람들은 화재가 발생했으니 대피하라는 것을 안다. 또한 길을 건널 때 빨간색 신호등에 불이 켜지면 가지 말고 서라는 의미도 안다. 그 밖에도 사람들은 표정, 눈짓, 몸짓 등을 통해서 언어를 통하지 않고도 상대방의 의사를 알아차릴 수가 있다. 언어적인 의사소통이 이루어지기 이전에 이러한 비언어적인 의사소통을 통해서 사람들을 자연스럽게 상대방을 이해하고 행동하게 된다.

(2) 의사소통의 경로 및 매체

의사소통을 하는 가장 보편적인 방법은 직접 대면하여 말을 하거나 글이나 문장으로 의사소통하는 것이다. 상대방과 만나서 직접 대면하는 방법은 자연스럽게 의사소통을 할 수 있기 때문에 시간적인 측면에서도 효율적이고 바로 피드백을 받을 수 있기 때문에 의사소통의 가장 좋은 방법이다. 그러나 한꺼번에 여러 사람들을 만나서 동시에 의사소통을 한다면 사람들의 성향과 상황에 따라서 단둘이 만나서 의사소통을 할 때처럼 개인적인 대화를 하기 어려울 수도 있다. 시간상의 이유나 장소적인 문제로 직접대면하기 어려운 상황에는 전화를 사용하여 의사소통을 하면 편리한 경우도 있다. 또한 전화로 의사소통을 하기 어려운 상황이거나 문서로 확인할 필요가 있는 경우에는 팩스나 편지 또는 이메일과 같은 디지털 매체를 사용하여 의사소통을 하는 방법도 있다. 이러한 일반적인 방법이외에도 '분명하지 않은 비언어적 의사소통(Not-So-Obvious nonverval communication)'의 방법도 존재한다. 예를 들면, 얼굴에 미소를 짓거나 위협적인 몸짓을 하는 것도 분명하지 않지만 비언어적인 의사소통의 방법이다(Robbins, 1983: 96-97). 이러한 비언어적 의사소통의 방법은 사람의 성격에 따라서 또는 상황에 따라서 달라질 수 있다, 하지만 이러한 비언어적 의사소통의 방법을 잘 활용하면 보다 효과적인 의사소통을 할 수가 있다. 현대 조직에서 사용되는 일반적인 의사소통의 경로와 매체는 다음과 같다.

① 직접대면 - 직접대면이란 의사소통을 하고자 하는 당사자들이 직접 만나서 의사소통을 하는 방법이다.

② 전화 - 의사소통을 원하는 자가 전화를 사용하여 의사소통을 하는 방법이다.

③ 팩스 또는 편지 - 의사소통을 원하는 자가 팩스 또는 편지를 사용하여 의사소통을 하는 방법이다.

④ 집단토의 - 의사소통을 원하는 사람들이 모여서 상호 간의 의견을 교환하는 방식으로 의사소통을 하는 방법이다.

⑤ 디지털 매체 - 이메일, 화상을 통한 대화(skype), 화상회의 등과 같은 디지털 매체를 통해서 의사소통을 하는 방법이다.

⑥ 각종 보고자료, 정책규정집 등 기록에 의한 방법 - 조직 내에서 경영자나 실무자을 직접만나지 않고 조직 내에서 발행된 각종 보고자료, 정책 규정집 등에 의해서 의사소통을 하는 방법이다.

2. 의사소통의 과정

(1) 의사소통의 과정 모델

현실세계에서 실제로 발생하는 의사소통의 과정은 매우 복잡하고 동태적이지만 이를 단순화해 보면, 의사소통의 과정은 발신자가 메시지를 부호화하여 경로를 통해서 전달하면 수신자는 전달받은 메시지를 수신하여 해석하고 피드백을 하게 된다(그림 8-2). 이러한 의사소통의 경로에서 잡음이 적을수록 의사소통은 성공적이다. 단순화된 의사소통의 과정에서 나타난 발신자는 메시지를 최초로 생성하여 전달하는 자이며, 메시지는 부호화 또는 기호화의 결과로 나타난 것이다. 메시지는 발신자가 수신자에게 의미를 전달하기 위한 언어적 형태 또는 비언어적인 기호의 형태로 구성된다. 수신자는 발신자와 메시지를 교환하는 대상이다. 두 사람 간의 의사소통에서는 수신자가 한 명이나 발신자가 조직을 대상으로 메시지를 전달한 경우에는 수신자가 다수가 된다. 의사소통이 성공적으로 이루어지기 위해서는 발신자가 전달한 메시지의 의미를 수신자가 동일하게 해석해야 한다. 만일 수신자가 발신자의 의도를 파악하지 못하고 메시지를 해석하면 의사소통이 제대로 이루어지지 않는다. 의사소통의 과정상에서 발생하는 잡음이란 발신자와 수신자 사이의 메시지의 전달이나 의미의 해석을 방해하는 요인을 말한다. 예를 들면 메시지의 부호화를 방해하거나 메시지가 전달되는 경로의 단절, 그리고 부호화나 해석과정 중에서 발생하는 발신자와 수신자의 심리적 불안감, 피로감 등이다. 피드백은 발신자로부터 전달받은 메시지에 대한 수신자의 반응이다.

〈그림 8-2〉 단순화된 의사소통의 과정 모델

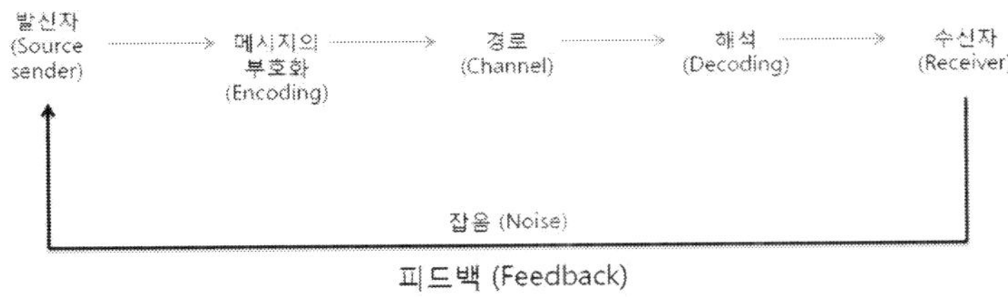

(2) 효과적인 의사소통의 장애요인

조직에서 사람들은 대화를 통해서 생활하지만 현실에서의 의사소통은 여러 가지의 요인들로 인해서 잘 이루어지지 않는다. 조직에서 경영자가 수행해야 할 중요한 일 중의 하나는 조직 내에서 효과적인 의사소통이 일어나도록 하는 일이다. 효과적인 의사소통을 하려면 장애요인을 알고 이에 대처하는 것이 필요하다. 의사소통을 하는 사람들이 다음과 같은 의사소통의 장애요인을 미리 알고 대처한다면 좀 더 효과적인 의사소통이 이루어질 수 있다.

① 정보의 추출 또는 여과(filtering)

발신자는 수신자가 좋아하고 원하는 정보만을 선택하거나 추출하여 메시지를 보내는 경향이 있다. 이러한 경우에 정보를 여과하고 조작하여 원래 발신자가 의도했던 의미를 상실하게 되어 의사소통에 장애가 발생하게 된다.

② 지각과정에 의한 선택적 청취(selective listening)

사람들은 현실세계에서 발생하는 상황에 대해서 자신의 지각과정을 거쳐서 그것이 그 자신에게 유리한 사실과 정보만을 선택하게 되는 경향이 있다. 따라서 사람들은 실재(reality)를 보는 것이 아니라 우리가 지각한 실재(perceived reality)를 보게 된다. 사람들은 그 자신이 갖고 있는 지각작용을 통해서 신념과 배치되는 새로운 사실에 대한 정보를 접하게 될 때는 이에 대한 방어벽을 갖게 되어 선택적인 청취를 하게 된다.

③ 원천에 대한 신뢰성

원천(source)에 대한 신뢰성은 수신자가 발신자의 말이나 행동에 대해서 가지는 신의나 믿음을 의미한다. 수신자가 발신자에 대하여 가지는 원천에 대한 신뢰성이 높은 경우에는 의사소통이 잘 이루어지지만, 신뢰성이 낮은 경우에는 의사소통 장애요인으로 작용한다.

④ 정보의 과다

개인의 정보처리 능력의 한계를 넘는 다량의 정보는 효과적인 의사소통을 방해한다. 전달해야 하는 정보가 너무 많아서 합리적인 의사결정이 어렵거나, 전달의 효과가 제대로 나타나지 않는 경우에 의사소통은 잘 이루어지지 않는다.

⑤ 감정

사람들은 의사소통을 통해서 정보를 입수한 당시에 감정의 상태 영향을 받는다. 예를 들면 화난 상황에서는 기분이 좋은 상태에서보다 효과적인 의사소통이 이루어지지 않는다.

⑥ 언어

사람들은 의사소통에서 기술적인 은어나 전문용어의 사용하는 경우가 많다. 이러한 경우에 효과적인 의사소통이 어렵다.

⑦ 의사소통의 두려움

의사소통에 대한 두려움을 느끼는 사람도 있다. 위와 같은 장애를 모두 극복한다 할 지라도 의사소통을 꺼려하거나 두려워하면 의사소통은 제대로 이루어지지 않는다.

위에서 살펴 본 바와 같이 의사소통의 장애 요인은 여러 가지가 있다. 이러한 의사소통의 장애 요인은 개인의 지각작용에 의한 요소와 조직에서 발생하는 요소로 구분될 수 있다. 따라서 효과적인 의사소통을 하려면 개인차원과 조직차원을 동시에 고려하여 접근하는 것이 바람직하다.

(3) 해결책

의사소통의 효과를 떨어뜨리는 다양한 요인들이 있으나, 가장 많이 지적되는 요소는 상대방의 말을 제대로 듣고 이해하지 않는데서 온다. 대인간의 의사소통 시 상대방의 말을 효과적으로 경청하고, 그 뜻을 이해하여야 한다. 의사소통의 장애요인을 극복하여 성공적인 의사소통을 하려면 개인차원의 노력과 조직차원에서의 해결책을 동시에 추구하는 것이 바람직하다. 조직 내에서 발생하는 의사소통의 문제에 대한 일반적인 해결책은 다음과 같다.

① 명확한 언어의 사용

의사소통 시에 전달자와 수신자 사이에 쉽게 이해할 수 있는 명확한 언어를 사용하면 상호 간의 의사소통이 효과적으로 이루어진다.

② 피드백

발신자와 수신자가 의사소통을 하는 경우에, 메시지의 의미에 대한 피드백을 하면 상호간에 의미전달을 분명하게 확인하여 의사소통을 효과적으로 할 수 있다.

③ 원천에 대한 상호신뢰감 조성

원천(source)에 대한 신뢰는 수신자가 발신자의 말이나 행동에 대해서 가지는 신의나 믿음을 의미한다. 경영자와 조직구성원들 간에 상호신뢰감이 조성되면 수신자나 발신자의 말이나 행동에 대하여 신뢰할 수가 있게 되어 의사소통이 잘 이루어진다.

④ 다양한 전달매체의 사용

의사소통 시 대상과 상황에 따라서 다양한 전달매체를 사용하면 효과적인 의사소통이 일어날 수 있다. 예를 들면, 직접 대면하여 의사소통이 어려우면 전화나 이메일을 사용하여 의사소통하면 효과적이다.

⑤ 의사소통에 대한 계획 수립

의사소통 시 계획 없이 의사소통하기 보다는 미리 계획하고 의사소통을 한다면 효과적이다. 예를 들면, 여러 사람에게 의사소통하여 회의의 장소와 시간을 정할 때 회의에 참석하는 사람들에게 미리 시간과 장소를 문의해 보고 여러 사람의 상황과 의견을 참조하여 최종적으로 회의 장소와 시간을 정하면 효과적인 의사소통이 이루어질 수 있다.

⑥ 정보의 선택과 집중

일반적으로 전달해야 하는 정보나 내용이 많아서 의사소통이 제대로 이루어지지 않는 경우가 많다. 이러한 상황을 방지하기 위해서 전달자는 전달해야 하는 정보의 내용에 대한 선택을 하여 핵심사항만을 전달하면 좋다. 특히, 조직에서의 의사소통에 있어 일상 업무가 바빠서 사람들은 전달자가 전해온 정보나 내용에 대해서 자세히 보고 응답할 시간이 부족하다. 따라서 전달자가 정보를 선택하여 의사소통하면 의사소통은 잘 이루어진다.

제 3절 의사소통의 방법과 최근 이슈들

1. 대인간 의사소통(interpersonal communication)

대인간 의사소통은 조직에서 개인과 개인 간에 대면이나 집단 회의를 통하여 이루어진다. 대인간 의사소통은 조직 내에 있어서 상사로부터의 직접적인 명령에서부터 일상적인 대화의 표현에 이르기까지 다양하다. 대인간 의사소통은 관리적인 의사소통의 주된 수단이다. 조직내 경영자가 조직 구성원과 의사소통을 하고자 할 때 발생하는 문제는 지각의 차이와 대인간의 상호작용 스타일의 차이에서 발생한다. 경영자는 대인간 의사소통을 통해서 자신의 배경과 경험, 인식의 틀, 그리고 태도에 따라서 다르게 사고하고 행동한다. 대인적 스타일은 다른 사람과의 어떠한 관계를 선호하는가에 대한 것이다. 대인적 관계의 상당부분이 의사소통과 관련이 있다는 것은 대인적 스타일의 중요성을 나타낸다. 대인관계의 스타일의 유형은 조하리의 창(Johari's Window)으로 널리 알려져 있으며, 조하리의 창은 자기 자신과 다른 사람의 아는 부분과 모르는 부분의 조합으로 이루어져 있다.

2. 조하리의 창(Johari's Window)

조하리의 창에 의하면, 대인관계 스타일에 의해서 조직내 의사소통의 문제가 발생하면 대인관계 스타일에 따라서 '무지의 장'을 개방하는 쪽으로 의사소통을 발전시킨다. 조하리의 창에 의하면 다음과 같은 네 가지 영역의 대인관계 스타일이 있다.

(1) 개방의 장

개방의 장은 대인관계와 의사소통의 가장 많은 도움을 주는 영역이다. 개방의 장 영역에서는 의사소통자와 수신자가 효과적인 의사소통을 수행하기 위하여 필요한 모든 정보를 알고 있다. 개방의 장은 의사소통의 당사자들 사이에 공감대를 이루고 있는 영역이기 때문에 그 영역이 커질수록 의사소통은 잘 이루어지게 된다.

(2) 무지의 장

무지의 장은 다른 사람은 나와 관련된 정보를 알고 있지만, 자기 자신은 모르고 있는 영역이다. 따라서 무지의 장은 자기 자신의 무지의 결과로서 발생한다. 자기 자신은 모르고 있는데 반하여 타인들은 나에 대한 느낌, 지각, 반응 등을 알고 있다. 따라서 나의 무지에 의해서 의사소통과 대인관계에 어려움을 겪게 된다.

(3) 숨겨진 장

숨겨진 장은 나에 대한 정보가 자기 자신에게는 알려져 있으나 다른 사람들에게는 알려지지 않은 영역이다. 따라서 사람들은 나 자신을 잘 모르고 피상적으로 의사소통을 하게 된다. 숨겨진 장은 우리들이 의사소통을 할 때 자기 자신에 대한 평가가 좋지 않게 발생하는 경우를 생각하여 나에 대한 정보를 숨기게 되므로 발생한다. 숨겨진 장은 개방의 장을 축소시키는 결과가 되어 효과적인 의사소통에 지장을 초래한다.

(4) 미지의 장

미지의 장은 나에 대한 정보를 자기 자신도 모르고 타인들에게도 알려져 있지 않은 부분이다. 쉽게 말해서 나 자신도 타인들을 이해할 수 없고, 그들도 나를 이해하지 못하는 영역이다. 이러한 상황에서 의사소통은 효과적으로 이루어질 수 없다.

조하리의 창 모델의 시사점은 의사소통을 활성화시키기 위해서 '개방의 장'(자신과 타인이 모두 아는 부분)을 넓히는 것이다. 즉, 대인관계에 있어서 자신을 타인에게 노출시키고, 또한 타인에 대한 인지영역을 넓힘으로서 의사소통에 있어서 개개인간의 갈등의 소지를 줄일 수 있다. 또한 의사결정에 있어서 공감대를 이루고, 문제해결을 신속하게 할 수 있다.

3. 조직 차원의 의사소통(organizational communication)

조직 차원의 의사소통은 공식적 의사소통과 비공식적 의사소통으로 나뉜다. 공식적 의사소통은 업무와 관련된 의사소통이며, 비공식적 의사소통은 사교모임에서의 업무 이외의 사적인 모임에서 이루어지는 의사소통이다. 특히, 비공식적인 의사소통은 조직 내에서 중요한 비중을 차지하는데, 그것은 비공식적 의사소통이 업무와 관련된 정보를 자연스럽게 전파하는 기능을 갖고 있기 때문이다.

(1) 공식적 의사소통(formal communication)

공식적 의사소통은 조직내 공식적인 경로를 통한 수직적, 수평적, 대각선 의사소통으로 나눌 수 있다. 수직적 의사소통은 하향식 의사소통과 상향식 의사소통으로 나눌 수 있다.

① 하향식 의사소통

하향적 의사소통은 상위계층으로부터 하위계층으로 이루어지는 의사소통이다. 이는 지시적 의사소통이라고도 하는데 전통적인 의사소통의 개념으로 업무와 관련되어 상급자의 의견과 전달사항이 공식적인 경로를 거쳐 하급자에게 전달되는 것을 의미한다. 하향식 의사소통의 유효성은 직무의 명확성과 관련된다. 하급자가 직무의 내용을 정확히 파악하고 있으면 상급자의 지시나 명령이 쉽게 이해되고 정확하게 전달될 수 있다. 하향식 의사소통이 잘 이루어지지 않는 현상은 하급자가 직무에 대해서 잘 알고 있지 못하거나 상급자가 업무와 업적과 관련하여 하급자에게 피드백을 지속적으로 하지 않는 경우 발생한다. 따라서 하향식 의사소통의 개선방안은 다음과 같다.

- 하급자에게 직무에 대한 지식을 충분히 알려주어 직무가 요구하는 바를 명확하게 이해하도록 한다.
- 상급자는 하급자에게 직무의 배경을 설명해 줌으로서 왜 그러한 업무를 해야 하는지를 이해시킨다.
- 중요한 업무내용은 반복하여 전달하고 의사소통 경로를 다양화한다.
- 업무와 업적과 관련된 피드백을 지속적으로 제공한다.

② 상향식 의사소통

상향식 의사소통은 제안제도나 하급자가 실제 업무에 대한 정보를 상급자에게 전달하는 의사소통의 방식이다. 상향식 의사소통의 목적은 하급자의 업무에 대한 일선 경험 또는 실무적인 아이디어를 창출하는 것이다. 그러나 조직의 규모가 비대해지면서 상향식 의사소통이 제대로 활용되지 못하는 경우가 많다. 또한 상향식 의사소통의 문제는 정보의 과적현상으로 볼 수 있다. 즉, 하급자가 상급자에게 전달하는 내용이 너무 복잡하고 체계화 되어 있지 않아 단편적인 자료에 의존하는 경우가 많이 발생한다. 이러한 상향식 의사소통의 문제점을 해결하기 위한 방법은 다음과 같다.

• 감별법(Screening)

일반적인 자료로부터 조직의 목표와 업무와 관련된 필요한 정보를 추출하고 정보 내용의 중요성과 타당성을 구분하여 자료 및 정보를 전달하는 것이다.

• 조직내 분위기를 조정하는 방법

조직 내에서 하급자가 상급자에게 보고하는 자체에 대한 두려움을 없애고 개방적인 조직내 분위기를 조성하는 것이 중요하다. 또한 비공식적인 의사소통의 활성화를 통해서 공식적인 의사소통의 경직성을 보완하는 것이 좋다.

• 조직의 정보화

상급자에게 보고되는 정보의 내용은 체계적이고 조직화되어야 한다. 상급자에게 전달되는 정보는 의사결정에 필요한 중요한 정보로 사용되어지기 때문에 상급자에게 보고되는 정보는 의사결정의 중요성에 관련하여 체계화하여 하는 것이 바람직하다.

③ 수평적 의사소통

수평적 의사소통이란 같은 지위에 있는 구성원 사이에 이루어지는 것이다. 즉, 조직내 '컨트롤 및 조정'을 촉진하기 위한 의사소통이다. 조직 내에서 일반적으로 이루어지는 의사소통은 수직적인 의사소통이지만 보다 효과적인 조직이 되려면 수평적 의사소통을 원활히 해야 한다. 이는 조직 구성원들 사이에 정보를 공유하는 방법이 되기 때문이다. 그러나 같은 지위에 있는 구성원들 사이에도 부서 간의 차이와 조직 구조의 경직성, 상급자에 대한 두려움과 불신 때문에 수평적 의사소통은 잘 이루어지지 않는다. 따라서 수평적 의사소통의 개선 방법들은 다음과 같다.

- 작업 집단 내 상급자에 대한 신뢰감이 형성되어야 한다.
- 서로 다른 부서 간의 원활한 정보 교환이 이루어지려면 부서 간 형평의 원리가 적용되어야 한다.
- 조직 구조의 변화가 환경변화에 맞추어서 유연하게 이루어져야 한다. 즉, 환경변화에 적합한 유기적인 조직 구조를 이룰 때 수평적 의사소통은 효과적이다.

④ 대각선 의사소통

대각선 의사소통은 조직 구조상 집단을 달리하고 계층이 다른 사람들 간에 의사소통을 말한다. 예를 들면, 라인과 스텝 간의 의사소통이 대표적이다.

(2) 비공식적 의사소통

조직내 모든 의사소통은 공식적인 경로만을 통해서 이루어지지 않는다. 업무 이외의 사적인 만남에서 이루어지는 비공식 의사소통도 상당부분을 차지하고 있다. 비공식적 의사소통의 예를 들면, 소문망, 루머, 잡담 등이 포함된다. 이 중에서도 가장 중요시 되는 것이 소문망이다.

① 소문망(Grapevine)

소문망은 조직내 여러 가지 소문들, 회장이나 사장의 행동에 관한 비밀스러운 이야기들, 동료나 상사에 대한 입바른 평가나 불평 등은 모두 소문망의 예에 속한다. 소문망은 정확성이 떨어지지만 조직변화의 필요성에 대하여 경고를 해 주고, 새로운 조직문화의 형성에 도움을 준다.

② 루머나 잡담

루머나 잡담은 조직 구성원들 사이에 존재하는 신빙성이 없는 이야기로 구성된다. 하지만 루머나 잡담을 통해서 업무와 관련된 정보를 자연스럽게 얻을 수 있는 기능을 갖고 있다.

(3) 컴퓨터를 통한 의사소통

조직 내에서 공식적인 경로나 비공식적인 경로를 거치지 않고 컴퓨터를 사용하여 의사소통이 발생하기도 한다. 예를 들면, 전자우편(E-mail), 인트라넷, 엑스트라넷, 미디어 화상회의와 스카이프(skype)를 통하여 의사소통이 발생하기도 한다.

① 전자우편(E-mail)

전자우편을 통한 의사소통의 경우, '정보의 홍수'또는 '정보의 과다'현상이 발생한다. 수신자는 어느 정보가 중요한 지를 선택하기 어렵고, 정보의 상징적 내용이 결여되는 경우도 발생한다. 이모티콘(emoticons)을 사용하는 경우(예를 들면, ^^, ㅜㅜ, ㅡㅡ;;)에 상대방의 의중을 파악할 수는 있지만 정보의 중요성을 판단하기 어렵다.

② 인트라넷, 엑스트라넷

인트라넷(Intranet)은 조직내 구성원들 사이에 인터넷을 사용하여 의사소통을 하는 시스템이고, 엑스트라넷(Extranet)은 조직 또는 회사와 공급자, 고객, 비즈니스 파트너 사이에 외부 네트워크를 통해서 의사소통을 하는 시스템이다.

③ 미디어 화상회의와 스카이프(skype)

미디어 화상회의와 스카이프를 통한 의사소통은 다음과 같은 목적에서 사용된다.

- 지역 차이를 극복하는 수단
- 국경을 초월한 의사소통의 수단
- 다국적기업 또는 초국적 기업 내에서 비즈니스 목적으로 사용
- 학술적 목적이나 정치적 표현의 수단으로도 사용됨

(4) 의사소통의 활성화를 위한 대책

조직 내에서 의사소통이 항상 발생하지만 의사소통시 여러 가지 장애로 인하여 효과적인 의사소통이 잘 이루어지지 않는 경우가 많다. 이러한 의사소통의 장애요인을 극복하기 위한 대책은 다음과 같다(Robbins, 1983: 105-107).

① 피드백의 활용

의사소통의 문제의 대부분은 오해와 부정확성에 기인한다. 경영자(발신자)는 자신의 의사만을 전달하고 직원들(수신자)이 자신의 전달한 의미를 잘 이해하고 있는지 확인하여 피드백을 하는 것이 좋다. 예를

들면, “당신은 내가 말한 의미를 잘 이해했나요?”라고 반문하여 보고 “네, 잘 이해했습니다” 또는 “아니오, 잘 이해하지 못했습니다”라는 답변을 듣는 것이 의사전달의 정확성을 판단하여 의사소통을 활성화하는 방법이 된다.

② 단순한 언어의 사용과 경로의 선택

명확하고 신뢰감을 조성하는 의사소통의 경로는 ‘high channel richness’(정보의 풍부함)를 가져다주는 직접대면(Face to face conversation)에 의한 대화나 멀리 떨어진 경우에는 비디오 화상회의 등을 통한 의사소통이 적합하다. 회사 내 중요한 사안, 예를 들면, 공장폐쇄, 정리해고, 구조조정, 새로운 상품 및 서비스의 개발, 해고조치에 대한 의사소통에 ‘channel richness’를 이용하는 것이 바람직하다.

③ 적극적으로 경청함

의사소통시 상대방이 어떤 말을 하는 지를 잘 경청하는 것이 무엇보다도 중요하다.

④ 감정 상태의 활용

의사소통시 발신자는 수신자의 감정상태가 어떤지를 잘 파악하고 이성적으로 의사소통하는 것에 치중하기 보다는 감정 상태를 잘 활용하는 것이 좋다.

⑤ 비언어적 수단의 사용

의사소통시 언어적인 수단만이 아닌 비언어적 수단을 사용하는 것이 좋다

⑥ 소문망의 활용

의사소통의 당사자는 조직내 소문망을 활용하여 의사소통에 활용하는 것이 좋다.

4. 의사소통의 최근 이슈들

(1) 디지털 시대의 의사소통

현대의 정보 기술(IT: Information Technology)의 발전에 의해서 대인간 의사소통 및 조직차원의 의사소통이 가속화되고 있다. 예를 들면 대인간의 의사소통은 인터넷을 이용한 이메일과 스마트 폰을 사용한 카카오톡을 통해서 실시간으로 이루어지고 있다. 또한 조직차원의 의사소통도 직접 대면과 집단회의를 통한 의사소통은 IT 의 발전과 함께 페이스 북(facebook)이나 SNS(Social Network System)에 의해서 직접적 또는 간접적으로 영향을 미치고 있다. 결과적으로 현대 조직생활에서는 대인간 의사소통과 조직차원의 의사소통이 정보기술로 상당 부분이 대체되어 직접 대면에 의한 의사소통이 부족한 현상을 초래하고 있다. 이러한 디지털 매체를 이용한 의사소통의 증가와 직접대면에 의한 의사소통의 감소는 현대 조직사회의 변화의 흐름이며 조직생활을 하는 모든 구성원에게 영향을 미치고 있다. 미국 기업의 경영자와 종업원사이의 커뮤니케이션의 부족 현상은 날로 증가하고 있다. 예를 들면, 서베이 연구결과 336개의 미국 기업의 종업원 66%가 조직의 미션과 비즈니스 전략을 모르고 있다고 응답하였다(Kreitner and Kinicki, 2010: 402).

(2) 이성 간의 커뮤니케이션 장애

상대방과의 의사소통에 있어서 여성은 문제를 남성에게 말할 때에는 친근해 지기를 원한다. 반면에 남성이 문제를 타인(여성)에게 말할 때에는 그 문제를 말함으로써 문제에 대한 해결책이나 대안을 찾고자 한다. 이러한 경향으로 인하여 이성 간의 커뮤니케이션은 동성 간의 커뮤니케이션과는 다른 양상을 띠며 때로는 심각한 커뮤니케이션의 왜곡이나 장애를 일으키기도 한다.

(3) 의사소통으로서 침묵

상대방에게 말하지 않는 편이 더 나은 경우 또는 말하기 곤란한 경우에 침묵하는 것은 의사소통의 방법이 된다. 또한 침묵은 맥락이나 상황에 따라서 다르지만 일반적으로 침묵시 대다수가 의견이 일치하거나 불만족, 반대, 좌절, 화남을 의미한다.

제4절 의사소통의 사례: S기업의 의사소통의 문제점

언어적 소통의 부재에 의해서 발생하는 우리 사회의 우려적인 현상은 기업 내에서도 목격되고 있다. S기업에 입사한 신입사원은 취업전쟁에 대한 경험, 승진적체, 구조조정을 피부로 느끼고 있다. 신입사원인 김철수는 'Y 세대'(신세대를 기업에서는 'Y 세대'라고 함)로서 기업내의 생활을 다음과 같이 표현한다. 사내의 신입사원들 사이에는 "아무도 나를 책임지지 않으며 조직을 위해 내 인생을 희생할 필요가 없다"는 인식이 팽배하다. 반면에 회사의 상사와 관리자들은 Y 세대를 부정적이고 불신하고 있다. 예를 들면 "신입사원으로 들어온 Y 세대는 딱 자기 일만 하고 총대 매는 법 (희생)이 없다." S기업에 근무하는 기존세대와 젊은 Y세대들 사이의 이러한 시각 차이는 우리 기업내 팽배해 있는 의사소통의 부재의 심각성을 잘 나타내고 있다.

기업의 경영자의 입장에서 보면, 기성세대와 젊은 세대간, 또는 경영자와 일반 사원들 간의 의사소통의 문제를 해결하고 예측 불가능한 글로벌 경쟁 환경 속에서 기업의 핵심 역량을 키워야 한다. 치열한 국제 경쟁사회에서 기업의 핵심역량은 창의적 인재의 확보와 양성에 달려 있다. 또한 이러한 창의적인 인재가 기업에 입사하면, 이들과의 의사소통을 원활하게 하여 기업의 핵심 역량을 개발하고 발전시킬 수 있는 개방적이고 창의적인 조직문화의 형성이 시급하고도 절실하다. 하지만 기성세대와 신세대의 심각한 인식의 차이로 인해 '다양성'의 조화를 이끌어 낼 수 있는 창의적이고 개방적인 조직문화의 구축은 요원하기만 하고, 부지런하고 성실한 우리 민족성에 기반한 우리

기업의 강점은 글로벌 경쟁 환경 속에서 점차 희미해져 가고 있다. 더욱이 대학에서 배출하는 우수 인력(여성 인력 포함)의 미흡한 활용으로 기업의 성과는 지속적으로 악화되고 있다. 이러한 상황에서 S기업의 경영자는 조직내 의사소통의 문제를 해결하고자 여러 방면으로 노력하고 있다. 과연 S기업의 의사소통의 문제를 어떻게 해결해야 할 것인가?

제 9장 의사결정

제1절 의사결정의 개념과 중요성

1. 의사결정의 개념

우리의 일상생활은 선택과 의사결정의 연속이다. 예를 들면 예비 대학생은 대학과 전공의 선택, 대학교 신입생은 수강 과목의 선택, 동아리의 선택, 대학 졸업자는 직업의 선택, 배우자의 선택 등등 우리 인생은 매 순간마다 의사결정과 선택의 연속이다. 역사적으로 보면 의사소통의 중요성은 여러 시대에 걸쳐서 여러 국가와 사회, 조직에서 잘 나타난다. 구약성서에 보면 사람들이 바벨탑을 쌓아서 하늘에 도달하고자 했을 때, 하나님께서는 언어를 혼잡하게 하여 의사소통을 불가능하게 했던 사실은 의사소통과 의사결정이 얼마나 중요한 지를 잘 보여주는 사례이다. 현대인의 인생에서 중요한 3가지가 있다면 꿈과 이상의 선택, 친구와 반려자의 선택, 직장과 직업의 선택에 대한 의사결정이다. 이렇게 볼 때 인간 개인과 조직의 성공을 결정짓는 가장 근본적인 요소는 의사결정이다. 마찬가지로 조직에서도 경영자 또는 리더는 전략적, 관리적, 업무적 의사결정을 통해서 조직의 비전과 목표에 맞게 조직을 운영하게 된다.

2. 의사결정의 중요성과 유형

조직내 경영자 또는 리더의 가장 중요한 활동의 하나가 의사결정이다. 경영자는 의사결정을 통해서 효과적으로 리더십을 발휘할 수 있다. 예를 들면, 경영자는 조직의 외부로부터의 도전과 위협을 어떻게 극복할 것인가? 조직의 목표를 왜, 어떻게, 무엇을 정할 것인가? 조직의 목표를 달성하기 위해서 어떠한 수단과 방법을 사용할 것인가? 조직의 내부의 갈등을 어떻게 해결할 것인가? 에 대한 의사결정을 해야 하고 이러한 의사결정이 성공적으로 이루어지면 구성원으로부터 훌륭한 리더로서 인정을 받게 된다.

경영자의 수행하는 의사결정의 가장 기본적인 기능은 전략적 의사결정(strategic decision making)의 기능이다. 예를 들면, 전략적 의사결정이란 기업이 존재하기 위해서 어떠한 제품과 서비스를 개발하여 어떤 시장에 진출할 것인가를 결정하는 기능이다. 전략적 의사결정은 주로 조직의 최고경영층에 의해서 이루어진다. 이에 반해서 관리적 의사결정 (managerial decision making)은 전략적 의사결정을 내부적으로 구체화하기 위해서 이루어지는 의사결정이다. 예를 들면, 전략을 수행하기 위한 자원 개발과 조달, 우수한 인적자원의 확보와 관리를 위한 인사정책의 수립, 고객만족과 지역사회의 발전을 통한 기업의 이미지 향상 등에 대한 의사결정이다. 관리적 의사결정은 주로 중간관리층에 의해서 이루어진다. 또한 전략적 의사결정과 관리적 의사결정을 보다 구체화하기 위한 의사결정은 업무적 의사결정 (operational decision making)이라고 한다. 예를 들면, 업무적 의사결정은 일선 관리층에서 수행하는 생산관리, 재무관리, 인사관리, 마케팅과 영업 업무 활동과 관련된 의사결정의 기능이다.

3. 의사결정의 단계

조직내 의사결정이란 합리성과 객관성을 기준으로 이루어져야 한다(Hall, 1987; Jackson and Carter, 2000). 합리적이고 객관적인 의사결정이란 문제를 인식하고 대안을 탐색하고 평가하며 대안 중에서 최적안을 합리적으로 선택하여 최적안을 실시하고 행동의 결과에 대한 평가하는 순환적인 과정을 통해서 이루어진다(그림 9-1). 현실적으로는 조직내 의사결정은 사이먼 (H. A. Simon)이 주장한 바처럼 '제한된 합리성(bounded rationality)'에 의해서 이루어진다(Simon, 1957). 즉 의사결정 시스템의 불안정성과 의사결정자의 제한된 정보와 정보처리의 한계로 인해서 합리적이라고 판단한 의사결정은 불완전할 수밖에 없다. 따라서 제한된 합리성에 의해서 이루어지는 의사결정을 구성원들이 수용하기 위해서는 의사결정의 과정은 의사결정자가 구성원들과의 대화를 통해서 이루어져야 한다. 일반적으로 의사결정의 과정은 다음과 같은 여섯 단계의 과정을 반복적으로 거치게 된다.

(1) 문제의 인식 단계

의사결정의 첫 번째 단계는 문제의 인식단계이다. 의사경영자 또는 경영자는 조직의 성과와 유효성(예를 들면, 생산성 향상, 직원 만족, 직장 생활과 대인관계 만족 등)에 영향을 미치는 조직의 내·부의 환경의 변화와 조직 구성원들의 자체의 변화를 통해서 문제를 인식해야 한다. 경영자가 의사결정과 관련된 문제 상황을 인식하기 위해서 문제 또는 조직내 주요 이슈들과 연관된 상황을 전체적으로 파악하고 문제의 본질을 이해한 후에 문제를 명확하게 정의하는 것이 무엇보다는 중요하다.

(2) 대안의 탐색 단계

문제의 인식단계에서 문제가 명확하게 정의되면 문제를 해결하려는 대안을 탐색해야 한다. 경영자는 문제해결을 할 수 있는 여러 대안을 탐색하도록 노력을 해야 한다. 경영자의 풍부한 경험을 바탕으로 한 통찰력과 직관력을 통해서 대안이 개발될 수도 있고, 조직구성원들과의 브레인스토밍을 통해서 창의적으로 대안이 탐색될 수도 있다.

(3) 대안의 평가 단계

대안의 탐색단계에서 개발된 여러 가지 대안들 중에서 각 대안의 장점과 단점을 평가하는 단계이다. 의사결정자는 이러한 과정을 통해서 문제해결을 위한 대안의 적절성, 실현가능성을 평가하게 된다.

(4) 최종 대안의 선택 단계

여러 가지 대안들에 대한 평가가 이루어지고 나면, 의사결정자는 문제해결을 위해서 가장 바람직한 대안을 선택해야 한다. 대안의 선택 기준은 의사결정자가 처한 상황이나 주어진 여건에 따라서 달라진다. 또한 의사결정자는 각 대안이 갖고 있는 장·단점을 최대한 살리면서 최종의 대안을 신중히 선택해야 한다. 의사결정자가 갖고 있는 성향에 따라서 최종적으로 선택되는 대안이 달라질 수 있다. 예를 들면, 의사결정자가 보수적인 성향을 갖고 있는가 혹은 진취적이고 모험적인 성향을 갖고 있는가에 따라서 대안의 선택시 가져올 수익과 위험성의 관계가 고려되어 최종적인 대안이 선택된다.

(5) 최종 대안의 실행 단계

최종적인 대안이 선택되고 나면 의사결정자는 이를 실행해야 한다. 대부분의 경우에 의사결정자는 최종 대안이 실행되게 되면 전체 조직의 기능과 구성원들에게 어떠한 영향을 미칠 가를 고려하게 된다. 의사결정자 또는 경영자가 최종적으로 선택된 대안을 조직내 실행함으로써 발생하게 될 결과와 변화를 조직구성원들과 공개적으로 논의하면 대안을 실행하는데 필요한 협조와 동참을 얻을 수 가 있다.

(6) 결과의 평가와 피드백 단계

의사결정의 마지막 단계는 최종 대안의 실행에 대한 결과와 피드백 단계이다. 경영자는 의사결정에 대한 결과의 평가와 피드백을 통해서 향후 보다 나은 의사결정에 방법을 강구하고 이에 대한 조치를 취할 수 가 있다. 의사결정이 성공적으로 잘 이루어질 수 도 있고 그렇지 않을 수 도 있다. 의사결정은 단번에 끝나는 것이 아니라 조직변화를 위해서 새로운 문제를 발견되는 경우가 대부분이다. 따라서 의사결정의 결과에 대한 충분한 분석과 평가가 요구되며, 이러한 분석과 평가를 바탕으로 새로운 의사결정의 과정에서 문제에 대한 인식을 하게 된다.

〈그림 9-1〉 의사결정의 과정

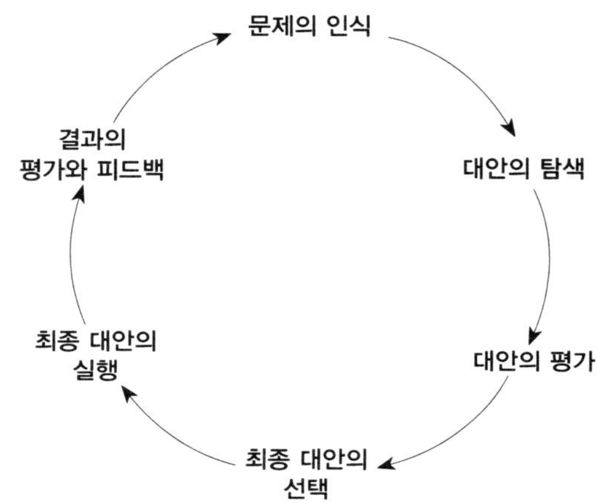

제2절 의사결정의 모델

의사결정은 여러 가지 대안들 중 최적의 대안을 선택하는 과정이다. 그런데 의사결정자는 어떻게 하여 다른 대안과 다른 차별화된 대안을 최종적으로 선택하는가?

이와 같은 의사결정자의 선택 기준과 과정은 어떠한 의사결정의 모형을 선택 하느냐에 따라서 달라진다. 의사결정의 대표적인 모형으로는 합리적 모형, 제한된 합리적 모형, 정치적 모형이 있다.

1. 합리적 모델

합리적 모형은 합리성에 기초한 의사결정 모형이다. 합리성 모형이란 합리성(rationality)에 바탕으로 한 의사결정이 어떻게 이루어 져야 하는 것에 대해 초점이 맞추어져 있다. 합리성 모형은 의사결정자 또는 경영자에 대해서 다음과 같은 가정을 하고 있다.

① 경영자는 의사결정과 관련된 상황의 완전한 정보를 가지고 있다.
② 의사결정자는 이미 알려져 있고, 합의된 목표달성을 위하여 노력하며 다양하고 광범위한 선택적 대안을 갖고 있다.
③ 경영자는 최종적으로 선택할 대안과 그 대안의 가능성을 평가함에 있어 체계적, 논리적, 이성적이다
④ 경영자는 의사 결정을 할 때 개인의 목표를 추구하기 보다는 조직의 목표와 이해를 우선적으로 고려해야 한다.
⑤ 의사결정 과정에서 발생하는 윤리적인 문제는 심각하게 다루지 않는다.

합리성 모형은 조직에서의 의사결정자가 실제로 의사결정을 어떻게 하는지에 대한 것보다는 조직이나 집단이 이상적인 대안과 결과를 얻기 위한 가이드라인을 제시한다.

2. 제한된 합리성 모형

제한된 합리성 모형은 1950년대 사이먼(H. A. Simon)에 의해서 제안되었다. 사이먼에 의하면 인간은 상황과 관련된 완벽하고 모든 정보를 가질 수 없다고 주장한다. 따라서 제한된 합리성 모형은 인간이 합리적으로 의사결정 하기 보다는 제한된 합리성(bounded rationality)에 기초하여 의사결정을 한다고 가정한다. 제한된 합리성 모형에 의하면 의사결정자는 지각된 문제 상황에 대해서 제한된 정보를 갖고 의사결정하기 때문에 최선의 의사결정을 내리기 보다는 만족스러운 의사결정을 한다고 전제한다.

3. 정치적 모형

정치적 모형은 조직내 자신이나 자기편의 이익과 관심사만을 충족시키려는 입장에서 조직내 파워를 가진 자가 이해관계자의 이해와 목표에 관련하여 의사결정과정을 설명하려는 모형이다. 정치적 모형은 내·외부의 이해관계자들의 문제 상황의 다양성, 목표의 다양성, 해결책의 다양성과 같은 요소들로 구성되어 있다. 문제 상황의 다양성이란 조직의 내·외부의 이해관계자들은 자신들의 목표와 관심사에 따라서 문제를 다양하게 정의하는 것을 의미한다. 목표의 다양성이란 이해관계자들의 목표가 그들의 이해와 관심사에 따라 다양하게 설정되는 것을 의미한다. 해결책의 다양성이란 하나의 해결책이 존재하는 것이 아니라 다양한 이해관계자들의 파워에 따라서 다양한 형태의 해결책이 존재한다고 가정한다. 현실적으로 조직에서 이루어지는 의사결정은 이러한 정치적 모형에 의해서 이루어지는 경우가 많다.

제3절 집단 의사결정

1. 집단 의사결정의 개념과 장·단점

집단의사결정이란 집단의 구성원들이 문제 상황과 관련된 문제나 기회를 인식하고 해결하는 과정을 말한다(임창희, 2004: 308). 일반적으로 집단의사결정은 집단 내 영향력이 있는 소수에 의해서 이루어지는 경향이 강하다. 따라서 집단의사 결정은 다음과 같은 장·단점이 있다(표 9-1).

〈표 9-1〉 집단의사결정의 장 · 단점

집단의사결정의 장점	집단의사결정의 단점
· 집단구성원으로부터 다양한 정보를 얻을 수 있다.	· 집단 내 영향력 있는 소수자에 의해서 지배당하는 경향이 있다.
· 의사결정의 정확도가 높다.	· 의사결정에 소요되는 시간이 길다.
· 구성원들의 합의에 의해서 이루어지기 때문에 수용도와 응집력이 높다.	· 서로의 의견에 비판 없이 수용하는 경향이 있다.
· 의사결정에 참여한 구성원들에 대한 교육효과가 높다.	· 차선책을 선택하는 오류를 범할 수 있다.
· 집단의 특수성(공동목표, 연대감)을 잘 활용할 수 있다.	· 집단사고와 집단전이의 함정에 빠질 수 있다.

집단의 특수성으로 인하여 집단 의사결정은 집단사고와 집단전이의 함정에 빠질 수 있다. 집단사고란 집단 내 합의를 위한 규범이 새

로운 가능성 및 대안적인 조치나 행동에 대한 실질적인 평가를 무시하는 경향을 일컫는다. 따라서 집단사고의 위험성은 집단 내 독창적인 아이디어나 소수의 의견을 무시하는 경향이 있다. 집단전이란 집단 내 대다수가 원하는 방향과 의견일치는 보수적이거나 아주 극단적인 방향으로 의사결정을 내릴 가능성이 높은 성향을 말한다. 집단전이는 집단사고의 한 부분으로서 일반적으로 집단의 사고와 행동은 보수적인 방향으로 나타난다.

2. 집단의사결정에 의한 문제해결 기법

집단의사결정에 의한 문제해결 기법으로는 다음과 같은 브레인스토밍, 명목집단법, 델파이법과 전자회의에 의한 방법이 있다.

(1) 브레인스토밍(brainstorming)

브레인스토밍이란 효과적인 집단의사결정의 기법으로 여러 명이 한가지의 이슈나 문제를 놓고 다양한 아이디어를 무작위로 개진한 후 그 중에서 최선책을 찾아내는 방법이다. 효과적인 브레인스토밍은 다음과 같은 규칙을 준수해야 한다.

- 브레인스토밍에서는 누구든지 자유로이 아이디어를 제시하는 것이 좋다.
- 타인의 아이디어에 대해서 비판할 수 없다.
- 가능한 한 많은 아이디어를 제시하는 것이 좋다.
- 제시된 아이디어를 통합하고 발전시킨다.

(2) 명목집단법(nominal group technique)

명목집단법이란 집단이 한자리에 모여서 토론 전에 각자의 의견을 종이에 적은 후 한사람씩 아이디어를 제시하고 평가하여 가장 좋은 아이디어를 선택하는 방법을 일컫는다. 명목집단법의 특징은 의사결정 참여자들로 하여금 서로 대화에 의한 의사소통을 하지 못하도록 하는 데에 있다. 이러한 특징은 집단의 각 구성원들이 진실로 그들이 생각하는 바를 끄집어내려고 하는 것이다.

(3) 델파이(delphi)법

델파이법은 구성원들이 모인 자리에서 상호 토론을 거쳐서 의사결정을 하는 것이 아니라 전문가의 전문적인 의견을 설문을 통해서 수집하고 수정한 설문을 통해서 다른 사람이 제시한 의견을 받는 일련의 절차를 거쳐서 최종적으로 의사결정 하는 방법이다.

(4) 전자 회의(electronic meeting)

컴퓨터 인터넷을 사용하여 약 50명 정도의 집단이 익명으로 자유롭게 토론하여 의사결정을 하는 방법이다. 전자 회의에 의한 집단의사결정의 방법은 여러 지역에 흩어져 있는 사람들이 컴퓨터라는 매체를 통해서 의사결정에 참여할 수 있는 장점이 있지만, 의사 결정의 주체들 간의 의견 불일치가 발생할 때, 이를 해결하기 곤란한 단점이 있다. 즉 의사결정에 참여하는 모든 사람들이 모두가 문제를 동일하게 인식하지 못하거나 그 해결방식에 대해서 동일한 생각을 갖고 있지 못하면 문제해결책에 대한 합의가 이루어지지 않아서 의사결정이 쉽게 이루어지지 않는다.

3. 집단의사결정의 함정과 해결책

조직에서 발생하는 집단의사결정에서 나타날 수 있는 함정은 의사결정자가 누구이고 그 사람의 성격이 어떤가에 따라서 다르다. 만일 의사결정자가 조직의 최고 경영자이면 회의를 통해서 발생하는 집단의사결정은 사실상 최고 경영자의 개인에 의해서 좌지우지된다. 기업의 최고 경영자인 회장이나 사장이 회의를 주도하게 되고 회의에 참석한 다른 사람들은 그냥 사장의 의견을 듣고 이를 따르게 된다. 만일 사장의 성격이 우유부단해서 회의의 주제나 내용을 명확하게 정하지 못하거나 회의 시간을 정하지 않는다면 회의는 일방적으로 진행될 수 밖에 없다. 또한 회의 내용을 문서화시켜서 사장의 결재를 받아 놓지 않는 경우에는 매 번 회의 때마다 동일한 회의 주제와 내용을 반복하게 되는 경우도 발생할 수 있다. 따라서 이러한 경우를 방지하기 위해서 사장은 회의의 주제와 내용을 문서화시키고 이를 보관하면 좋다. 또한 회의시 다른 사람의 의견을 청취하고 이를 의사결정에 반영하여 실행하면 의사결정시 구성원들의 참여와 협력을 얻어 낼 수 있다. 또한 회의 전에 회의 목적을 명확하고 회의 시간을 정하고 회의 자료를 사전에 배포하고 회의 참석한 전원에게 발언기회를 제공하면 회의를 효율적으로 할 수가 있다. 그러나 회의시 모든 참석자들이 발언기회를 얻는다고 해도 집단의사결정은 다음과 같은 함정이 있을 수 있다.

(1) 집단 순응성(conformity)

집단의사결정이 집단내 영향력이 있는 어느 특정한 개인 또는 소수에 의해서 좌지우지되는 현상을 의미한다. 대부분의 조직에서는 이러한 집단 순응성 현상이 발생하며 이러한 집단 순응성에 의해서 집단사고와 집단전이의 현상을 가져올 수 있다.

(2) 집단사고(groupthink)

집단사고란 집단내 독창적인 아이디어나 소수의 의견을 무시하는 경향을 말한다. 따라서 집단사고는 문제해결에 대한 새로운 가능성 또는 대안적인 조치나 행동에 대한 실질적인 평가와 실행을 배제하는 경향이 있다. 집단사고의 예를 들면, 1986년 1월 6일 오전 일곱 명의 우주인을 태운 미국의 챌린저호가 발사 직후 68초 만에 공중에서 폭파되었다. 이러한 챌린저의 폭발은 미국항공우주국(NASA)라는 거대한 조직의 위상과 전문가 집단의 의사결정을 믿었기 때문에 발생한 대표적인 사례이다.

(3) 집단전이(group shift)와 집단양극화(group bipolarization) 현상

집단사고의 특수한 경우로 집단전이의 현상이 있다. 집단에 참여하는 개인들은 집단에 들어오기 전에 갖고 있는 방향으로 더욱 이동하는 경향이 있다. 이러한 경향을 집단 전이 또는 집단이동이라고 부른다. 집단전이의 현상으로 인하여 처음에는 집단구성원들 개개인의 생각이 처음에는 별 차이가 없었지만 토론을 하면서 의견이 비슷한 사람들끼리 완전히 나뉘는 양극화 현상도 나타난다. 이러한 양극화 현상을 집단 양극화(group bipolarization)라고 부른다. 집단전이와 집단양극화 현상은 집단내 대다수가 원하는 방향과 의견일치는 새로운 아이디어를 수용하는 혁신적이지 못하고 보수적이거나 아주 극단적인 위험한 상황으로 의사결정을 내릴 가능성이 높은 성향이 있다.

그렇다면 이와 같은 집단의사결정의 함정들을 어떻게 피해 갈 것인가? 조직의 리더는 집단의사결정에 참여하는 사람들의 수를 적당하게 조절할 수 있다. 예를 들면, 집단의 규모가 너무 크면 위에서 설명한 집단의사결정의 함정에 빠질 위험이 크고 책임분산이 크기 때문에 대여섯 명 정도로 집단의 규모를 조절하여 집단의사결정시 객관적으로 다양한 의견을 수렴하여 이를 합리적인 논의의 과정을 거쳐서 의사결정을 하는 것이 바람직하다.

제 4절 기호학적인 관점의 의사결정과 윤리성

1. 기호학적인 관점의 의사결정

앞 절에서 살펴본 바와 같이 조직내 의사결정의 과정은 합리적이고 객관적인 과정(process)을 거쳐서 발생한다. 다시 말하면, 조직의 경영자가 조직을 효율적으로 관리하든 비효율적으로 운영하든 '합리적인' 의사결정의 과정을 거치게 된다. 따라서 경영자의 입장에서 조직행동을 연구하는 목적이 조직이 변화하는 환경에 적응하기 위하여 경영효율성을 높이고 조직의 성과를 향상시키는 것이라고 한다면 모든 것은 의사결정과 연관된다. 또한 경영자의 의사결정은 언제나 언어나 기호를 통해서 기표(signifier)와 기의(signified)와의 상호 관계로서 성립되기 때문에 결국 의사결정은 경영자 '자신의 기호학(the semiotics of self)'으로 볼 수 있다(Jackson and Carter, 2000: 224-227). 즉 의사결정이란 경영자 또는 의사결정자 자신의 기호학적인 산물이다.

기호학적인 측면에서 보면 의사결정이란 합리적이고 객관적인 측면이외에도 언어가 어떻게 기능하는 가를 고려해야 의사결정이 왜, 어떻게 이루어지는가를 이해할 수 있다. 즉 의사결정자가 언어를 어떠한 맥락에서 어떻게 사용하는 가에 따라서 그의 무의식적이고 심리적인 특성에 따라서 의사결정을 하게 된다. 의사결정자의 심리적인 특성은 그의 독특한 인성(personality), 경험, 문화, 교육수준 등에 따라서 정해진다. 의사결정자가 사용하는 언어는 그가 성장한 배경과 문화, 가정환경, 교육 기관, 성격 형성과 발달과정 등에 의해서 달라지기 때문에 기호학적 측면에서 언어는 의사결정자 개인의 무의식적인 요구를 충족시키는 역할을 하게 된다. 즉 기호학적인 측면에서 의사결정은 의사결정자의 심리적이고 감정적 요인과 지각작용을 통해서 이루어진다. 따라서 의사결정은 합리적이고 객관적인 모델과 절차에 의해서 이루어지지만, 의사결정자가 속한 조직과 사회의 문화적 특성, 기호학적 특성, 가치 판단의 체계, 도덕성 등과 연관되어 이루어지게 된다. 기호학자인 할리데이(Halliday)의 '사회적 기호학(social semiotics)'에 의하면 언어는 커뮤니케이션을 통해서 의미를 전달하는 순수한 언어적인 기능이외에도 사회적 맥락에서의 언어 사용과 관련하여 다음과 같은 상위수준의 기능(metafunction)을 한다(Halliday, 1978).

(1) 개인 상호간 메타기능(Interpersonal metafunction)

언어를 사용하여 개인의 의사나 감정을 표현하는 의사소통자 또는 의사결정자의 사회적 지위나 위치, 견고성(solidarity), 권위 등이 개인 상호 간의 상위적인 차원의 언어적 기능에 영향을 미친다. 따라서 사람들은 무의식 또는 의식적으로 의사결정시 개인 상호 간의 메타기능을 고려하여 의사결정을 하게 된다.

(2) 이데아적 메타 기능(Ideational metafunction)

이데아적 메타기능이란 언어 사용자가 사용하는 언어의 문법적 구조, 논리적 법칙과 관련되어 언어 사용시 발생하는 '이데아적'으로 언어를 표현하고 구성하는 상위 차원의 기능을 일컫는다. 즉 언어 사용자는 무의식적 또는 관습적으로 이데아적 메타 기능을 따라서 언어적으로 표현하고 언어를 구성하게 된다. 만일 조직내 의사결정자가 이데아적 메타기능을 무시하고 의사결정하고 이렇게 의사결정된 것을 조직구성원들에게 전달하게 되면 구성원들은 의사결정된 것을 오해하거나 이해하지 못할 수 있다.

(3) 텍스트적 메타기능(Textual metafunction)

위에서 설명한 '개인 상호간 메타기능'과 '이데아적 메타기능'의 상호작용으로 '텍스트적 메타기능'이 형성하게 된다. 텍스트적 메타기능이란 발화자에 의해서 말해진 언어가 순수한 언어적 문법적 구조와 논리적 법칙의 차원을 넘어서 사회적 맥락에서 의미를 형성하게 되는 것을 의미한다. 즉 발화자가 원하는 본래의 의미는 맥락(context)에 의해서 상위적 차원에서 언어의 독특한 의미가 실현되는 것을 의미한다.

기호학적 관점에서 보면 언어는 사회적 맥락과 개인들 간의 상호작용에 의해서 이루어지기 때문에 언어에 의한 의사소통에 의해서 발생하는 의사결정은 사회적 맥락의 상황과 언어 집단의 가치판단의 체계에 의해서 영향을 받는다. 이러한 가치 판단 체계와 관련된 의사결정은 사회에서 인정되는 가치와 도덕적 기준에 의해서 이루어진다. 반면에, 사회의 새로운 변화에서 형성되는 새로운 가치체계에 기반한 의사결정은 창의적이고 윤리적인 의사결정으로 발전되기도 한다(Jackson and Carter, 2000: 233-235; Kinicki and Kreitner, 2009: 262-264).

2. 의사결정의 윤리성

조직 내에서 발생하는 의사결정에는 도덕성 및 윤리적 원칙이 내재해 있다. 도덕성이란 선악을 판단을 내리는 기준을 의미하며, 윤리적 원칙이란 선택과 의사결정, 그리고 의사결정에 의한 행동이 윤리적으로 합당한가를 판단하는 기준을 의미한다. 조직내 의사결정이 윤리적인가 비윤리적인가를 판단하는 기준은 의사결정자의 가치판단 체계와 그가 속한 사회의 특성, 도덕성과 가치 체계의 기준이 어떤가에 따라서 달라진다. 예를 들면, 미국과 유럽과 같은 서양에서 개인은 야망, 실천력, 자신감, 책임감, 진취성 등을 중요시하며, 우리나라와 중국, 일본 및 동남아시아에서는 성실성, 정직성, 동료애, 공손함, 관대성을 중요시한다. 조직 생활의 가치의 경우에도 동서양에서의 가치는 다르다. 즉 서양적 가치는 경쟁심, 능력, 업적, 능률성, 참여의식인 반면에 동양적 가치는 신뢰감, 우호성, 협동심, 조직지향성, 협조성을 들 수 있다. 또한 사회생활을 해 나가는 데 있어서 서양에서는 평등주의, 인간의 권리와 자유, 합리주의, 개인의 성장과 발전을 중요시하고, 동양에서는 윗사람의 온정심, 조직에 대한 충성심, 타인과의 인간관계, 윗사람에 대한 존경심, 집단의 단결력을 중요시 한다. 따라서 조직내 의사결정은 사회적 특성에 따른 가치관에 영향을 받는다.

국내 기업에서는 최근에 조직내 의사결정과 관련하여 윤리성에 문제들이 다양하게 제기되고 있다. 예를 들면 경영효율화가 우선시되어야 하는가 아니면 장기적인 관점에서 기업의 사회적 책임이 더 중요한가 하는 문제는 학자마다 의견이 다르지만 기업의 윤리성의 문제를 제기하는 중요한 화두가 되고 있다. 소유와 경영의 통합을 통한 지배구조의 문제, 경영자와 조직구성원들의 뇌물, 횡령, 리베이트와 같은 관행과 경영자의 횡포, 부실공사, 임금착취, 성 차별 및 성희롱에 관한 논란은 고질적이고 심각한 문제가 되고 있다. 또한 기업에서 일상적으로 발생하는 상사 및 직원들의 직장 내 폭언, 정규직과 비정규직의 차별과 부당한 처우와 같은 문제들이 산적해 있다. 따라서 기업내 다양한 문제들에 대한 의사결정시 합리적이고 논리적인 방법도 중요하지만 도덕성과 윤리적 원칙에 기반을 둔 윤리적 의사결정이 반드시 필요하다.

3. 윤리적 문제해결과정의 본질

경영자는 다음과 윤리적 기준에 의한 의사결정을 해야 의사결정에 대한 정당성을 확보할 수 있다(백기복, 2001: 292).

(1) 공개의 원칙

의사결정의 기준이 일반에게 공개되어도 정당성을 확보할 수 있는가?

(2) 분배 정의의 원칙

의사결정에 영향을 받는 개인에 대한 평가나 보상의 기준이 자의적이고 임의적이지 않은가?

(3) 불가피성의 원칙

똑같은 상황에서 누가 의사결정을 하더라도 동일한 선택을 할 수 밖에 없었는가?

(4) 역지사지의 원칙

의사결정자 자신의 결정에 영향을 받는 사람들의 입장에서 볼 때에도 수용할 수 있는가?

윤리성의 기준과 원칙은 국가에 따라서 다르고 문화마다 다른 의미로 해석될 수 있다. 따라서 윤리적 의사결정의 과정은 의사결정자가 속한 국가, 사회와 조직의 역사적 배경, 독특한 문화, 제도, 관습에 따라 달라질 수 있다.

〈윤리적 의사결정의 사례연구: 영국의 이튼 고등학교(Eaton High School)의 예〉

출처: 구글, 2015

1869년에 영국의 이튼(Eaton) 지역에 설립된 명문 고등학교인 이튼 스쿨에서는 독수리를 학교의 심볼로 삼고 있다. 독수리는 높은 야망과 자신감, 도약과 비상을 의미하는 심볼로 이튼 고등학교에 다니는 누구나가 이러한 의미를 가슴속에 새기고자 하는 바람에서 심볼로 정했다고 한다. 영국의 이튼스쿨의 졸업생은 누구나가 졸업식 때 독수리의 심볼이 새겨진 전통적인 복장을 하고 졸업식에 참석할 것을 요구하고 있다. "졸업식에 참석하는 학생은 전통적인 의상과 모자를 착용해야 한다. 학교에서 지정한 전통적인 복장 이외에는 어떠한 장식이나 의복도 허용하지 않는다. 이러한 규정은 학교의 교장이 정한 것이 아니고 학교에서 답습해 온 과거의 관습과 전통을 따르는 것이다" 이러한 학교의 규정에 많은 사람들이 동참하지만 학교의 이사회의 어느 한 이사는 이러한 학교의 규정이 순혈주의 사고에 입각하여 영국 학생들만을 위한 것이라고 반대의사를 표시해 왔다. 왜냐 하면 영국에는 다른 나라에서 이민 온 사람들이 많이 거주하고 있고 이들에게도 이튼스쿨을 완전히 개방해야 된다고 생각하기 때문이다. 과연 이튼 고등학교의 졸업식에서는 독수리 마크가 새겨진 전통적인 복장만을 허용하는 것이 윤리적으로 바람직한가?

제 10장 조직문화

제 1절 조직문화의 개념과 중요성

1. 조직문화의 개념

21세기에 들어와서 조직문화에 대한 개념과 중요성은 새롭게 부각되고 있다. 전통적인 조직행동론에서 조직문화의 개념은 기술적 개념의 문화와 해석적 개념의 문화로 구분된다. 기술적 개념의 문화는 인간 행동의 결과로서 물질적 산물과 사회적 산물, 직접관찰 가능한 행동양식을 의미한다. 예를 들어, 기술적 개념의 문화는 조직적 제도와 구조, 사회지배양식, 교육제도와 교육방식을 의미한다. 해석적 개념의 문화는 인간행동의 원인으로서 정신문화, 종교 가치관과 세계관(worldviews)과 같은 가치관, 신념, 공유된 행동규범과 태도, 내재화된 권위규범과 지배원리를 의미한다. 조직문화는 조직구성원들이 공유하고 있는 비공식적, 내재적, 정신적 가치관과 규범이다(임창희, 2004: 496).

조직문화는 지각(perception) 현상이다(Robbins, 1983; 171). 지각현상으로서 인식되는 문화의 개념과 특성은 다음과 같다.

• 개인적 자율성(individual autonomy)

조직문화는 조직내 개인의 자율성과 책임, 독립성에 대한 기회를 제공하는 역할을 한다.

• 구조(structure)

조직문화는 조직행동에 대한 원칙, 규정과 룰(rules)을 정하고 구성원들의 행동을 감독하고 통제할 수 있는 구조를 갖고 있다.

• 개인에 대한 지원과 배려(support)

조직문화는 관리자 혹은 경영자가 구성원 개개인에 대한 지원과 배려를 하는 역할을 한다.

• 정체성(identity)

조직문화는 조직과 구성원들의 정체성을 형성한다.

• 성과-보상(performance-reward)

조직문화는 조직 구성원들의 성과에 대해 보상을 하는 기능을 한다. 예를 들어, 성과를 산출한 구성원들에 대한 연봉에 대한 인상과 승진을 결정하는 역할을 한다.

• 갈등에 대한 인내(conflict tolerance)

조직문화는 작업집단과 종업원 사이 혹은 작업집단과 작업집단 사이의 갈등을 인내하고 구성원들 사이의 차이에 대해서 개방적이고 솔직하게 표현되는 역할을 한다.

• 위험에 대한 인내(risk tolerance)

조직문화는 구성원들이 공격적 혹은 혁신적이고, 위험을 감수하거나 모험적인 행위를 조장하는 역할을 한다.

조직문화의 중요성은 조직을 보는 공식적 측면보다는 비공식적 측면과 제도와 구조보다는 인간적 요소, 규정과 방법보다는 실제 행동, 그리고 합리성과 논리성 보다는 감성을 더욱 강조하는 측면에서 나타난다. 조직문화는 조직이 사방으로부터 위협을 받고 있을 때 더욱 발전하고 개발된다는 사실이 역설적이다 (임창희, 2004: 501).

제 2절 조직문화의 변화, 유형 및 한국기업의 조직문화

1. 조직문화의 변화

시대가 바뀌면 사회도 변하고 조직과 조직문화는 변한다. 조직문화는 이데올로기와 밀접한 연관성이 있다. 이데올로기(ideology)는 사람들의 신념체계로서 조직문화를 구성하는 데 결정적인 역할을 한다(Jackson and Carter, 2000). 문화와 이데올로기는 합리성과 과학적 사고와 방법으로 입증될 수 없다. 문화와 이데올로기는 측정가능하지 않고, 옳고 그르다는 일반적인 판단기준이 존재하지 않는다. 예를 들어 글로벌 사회의 사람들의 가치관은 변화하고 있다. 경제적 목적이 주류가 되었던 과거의 산업사회는 글로벌화가 진행되면서 문화의 다양성과 다양한 가치관과 종교적 신념들을 인정하는 다원주의 사회가 되었다. 이러한 글로벌화의 추세에서 현대사회를 살아가는 사람들의 욕구는 경제적 발전만을 원하는 것이 아니라 사회정의, 분배와 평등과 같은 사회복지를 중요시하게 되었다. 이러한 환경의 변화로 사회도 변했으며, 기업의 조직문화도 바뀌었다.

기업의 경영자는 구성원을 경제적 목적을 추구하는 합리적인 경제인으로 보는 관점에서 합리적인 면과 감성적인 면을 동시에 가진 전인(全人)적인 인간(a whole man)으로 보기 시작하였다. 즉 기존의 자본주의의 이데올로기는 효율성(efficiency), 혁신(innovation), 창조성 혹은 창의성(creativity)와 같은 경제적 가치를 중요시하였지만 신자본주의(new capitalism)의 사회적·인간적인 가치를 중요시하는 방향으로 진화하고 있다. 신자본주의가 중요시하는 사회적이고 인간적인 가치는 자율성(autonomy), 책임(responsibility)과 조화(harmony)와 같은 가치를 들 수 있다.

2. 조직문화의 유형

학자에 때라서 기업 문화의 유형은 다양하게 해석된다. 우리나라의 기업의 조직문화의 유형은 인간의 행동이 타율적인가 혹은 자율적인가에 대한 기준과 집합주의인가 혹은 개인주의인가에 대한 기준의 조합으로 구성되는 타율적 집합주의, 타율적 개인주의, 자율적 집합주의와 자율적 개인주의로 구분될 수 있다(박동준, 1994: 153).

(1) 타율적 집합주의

타율적 집합주의 형태의 기업문화는 수직적인 조직구조와 관료제 조직형태에서 형성되는 문화이다. 우리나라 기업의 경우에 봉건적인 기업문화나 가풍적 기업문화가 이에 속한다. 우리나라의 대부분의 기업들의 문화가 이에 속한다.

(2) 타율적 개인주의

타율적 개인주의 형태의 기업문화는 미성숙된 기업문화이다. 우리나라 기업의 구성원들이 타율적으로 행동하면서 개인주의 형태를 띠는 기업문화가 이에 속한다.

(3) 자율적 집합주의

자율적 집합주의 형태의 기업문화는 가장 이상적인 형태의 기업문화라고 볼 수 있다. 기업의 구성원들이 자율적으로 사고하고 행동하면서 개인중심으로 행동하는 것이 아니라 타인 혹은 집단과 조직을 중심으로 사고하고 행동하는 문화로 인식되는 형태이다.

(4) 자율적 개인주의

자율적 개인주의 형태의 기업문화는 개인의 권리와 자율성이 우선시되고, 자율경쟁이 선호되는 문화이다.

〈그림 10-1〉 기업문화의 유형(박동준, 1994: 153)

인간의 행위/ 사회적 책임	타율적임	자율적임
집합주의	(1) 타율적 집합주의	(3) 자율적 집합주의
개인주의	(2) 타율적 개인주의	(4) 자율적 개인주의

3. 한국기업의 조직 문화

전통적인 한국기업의 조직문화는 위에서 설명한 기업문화의 유형 중에서 첫 번째 유형인 '타율적 집합주의'에 속하는 문화이다. 기업의 경영자는 이러한 타율적 집합주의 문화를 선호한다. 경영자는 종업원들이 자율적으로 사고하고 행동하기 보다는 타율적이라고 보는 경향이 크다(박동준, 1994: 153). 경영자는 인간은 기본적으로 게으르고 일에 대한 책임을 질 수 있는 능력이나 의사가 없다고 생각한다. 따라서 조직에서 집합주의를 강조하여 개인들이 스스로 알아서 일하고 변화하기 보다는 조직에서 일을 시키고 변화하도록 강요하는 것이 당연하다고 생각한다. 따라서 우리나라의 기업은 전통적인 권위주의, 중앙집

권식 통제, 수직적인 인간관계, 파벌성향, 비공식적 관계, 명분중시, 속인(屬人)기반중시 경향이 강하다. 그러나 이와는 대조적으로 많은 기업의 종업원들은 인간은 능동적이고 자율적인 존재로서 자발적으로 일을 하려 한다는 자율적 인간관을 가지고 있다. 특히 젊은 종업원들은 행동방식에서 수평관계, 분권화 성향, 권한위임, 공식적 성향, 개방주의, 능력주의, 자기중심의 사고와 태도를 갖고 행동하려는 경향이 강하다.

향후 우리 기업의 조직문화의 변화 방향은 우리의 전통적인 생활공동체 의식을 기반으로 하되 새롭게 변화하는 시대의 가치관을 수용하여 기성세대는 신세대의 다양한 가치관을 포용하는 쪽으로 가야 한다. 또한 공동체 의식의 발전에 유용한 개념, 예를 들어, 질서 의식, 경쟁에 있어서 게임의 룰을 지키는 태도와 개인의 창의성과 능력 및 역량이 중요시 되는 생활방식이 접목된다면, 우리나라 기업의 독특한 기업문화를 창조할 수 있을 것이다. 이러한 독특한 기업문화는 글로벌 환경변화에 적응할 수 있는 무형자산으로서 기업문화가 될 것이다. 전략적인 관점에서 경영자와 종업원이 협력하여 우리 기업만이 갖는 독특한 기업문화의 창조와 발전에 노력하여야 한다.

제 V 부

조직행동의 실천

제V부 조직행동의 실천에서는 사회적 존재로서의 개인에 대한 이해, 조직 구조와 설계, 학습조직, 조직변화와 조직개발, 창의적 조직변화에 조직개발을 통해서 조직행동의 실천이 어떻게 이루어지는가를 설명한다.

제 11장 사회적 존재로서의 개인에 대한 이해

제 1절 자아의 발견, 개인학습과 창의적 행동

1. 자아의 발견

개인행동은 자아(self)의 발견으로부터 시작된다. 왜냐하면 조직내 개인행동은 자기 자신의 존재를 알고 스스로 행동해야 하기 때문이다. 즉 자아의 발견은 자기 행동에 의미를 부여하게 된다. 자신은 남과 다르며 스스로 자신의 존재를 확인하는 것은 자신의 삶의 살아가는 데 있어서 중요한 의미를 부여하게 된다. 복잡계 이론의 관점에서 보면 인간 개인은 복잡적응계(complex adaptive system)로 복잡한 측면과 창의적 측면을 동시에 갖고 있다. 즉 외부환경의 자극으로부터 개인의 반응은 그가 처한 환경, 그가 갖고 있는 가치관과 윤리의식, 성격, 인생관, 자존감 등에 따라서 다양하게 나타난다. 따라서 자아의 개념을 일반화하기는 매우 어렵다. 이러한 이유에서 조직행동론에서는 자아의 개념을 명확히 정의하기보다는 개인의 존재를 확인하고 남과의 차이를 구분하는 특성으로 자아의 구성 개념들을 중요시한다. 자아의 구성개념에는 자기존중감(self-esteem), 자기효능감(self-efficiency), 자기점검(self-monitoring) 등이 있다(손태원, 2005: 42-47).

• 자기존중감(self-esteem)

자기존중감(self-esteem)이란 자신의 가치에 대한 자기 스스로의 평가를 의미한다. 자신의 가치는 자신의 능력과 자질 또는 자긍심에 대한 총체적인 평가에 의해서 정해진다. 자기존중감이 높은 사람일수록 스스로 중요한 사람임을 인식하고 행동하게 된다.

• 자기효능감/자신감(self-efficiency)

자기효능감(self-efficiency)은 자신감이라고 쉽게 표현하기도 한다. 예를 들어 조직에서 업무를 처리하는 데 있어서 자신감이 넘치는 사람은 그렇지 못한 사람보다 자신이 수행하는 업무(직무)를 성공적으로 처리할 수 있다. 따라서 자기효능감과 개인 업무의 성과의 관계는 상호 연관성이 있다. 이러한 자신효능감(자신감)의 원천은 과거의 경험, 타인의 행동모형(behavioral models), 타인의 설득과 지원, 신체적 및 감정적 상태 등이 있다.

• 자기점검(self-monitoring)

자기점검(self-monitoring)은 자기관찰적인 행동을 의미한다. 예를 들어 회사에서 회의를 하거나 집단 토론시 어떤 사람은 남의 의견과 생각은 아랑곳하지 않고 자신의 생각만을 일방적으로 주장하는 경우가 있다. 반면에 어떤 사람은 남의 의견이나 말에 귀를 기울이고 신중하게 자신의 입장을 설명하거나 상대방의 의견과 감정을 배려하는 태도를 취하는 사람이 있다. 자기점검이란 상대방의 의견과 입장을 반영하여 자신의 행동이나 말을 적절히 조절하려는 행동을 의미한다. 이러한 자기점검의 행동은 자기중심적인 행동을 삼가고 남을 배려하는 행동으로 통해서 자기 자신을 성찰하고 발견하려는 자아의 구성개념이다.

위에서 설명한 자기존중감(self-esteem), 자기효능감(self-efficiency), 자기점검(self-monitoring) 과 같은 자아의 구성개념은 개인이 조직생활을 하는 데 자기 자신의 존재를 알아가는 데 매우 중요한 개념이다. 이러한 구성개념을 통해서 자기 자신이 조직 내에서 어떠한 존재인가를 스스로 알게 되고, 타인에게도 자기 자신의 이미지를 인식시키게 된다. 사람들은 사회생활 및 조직생활을 통해서 자신을 발견하고 자신의 발전을 위해서 끊임없이 노력해야 조직에서 원만하게 생활할 수 있다. 자기 발전을 위해서 노력하는 가장 일반적인 방법은 개인학습을 통해서 자신이 조직생활에 필요한 지식의 습득과 사용, 자신의 행동 및 태도를 변화시킬 수가 있다.

2. 개인학습

조직행동론에서 의미하는 학습이란 개인이 경험 또는 실행의 결과 그가 갖고 있는 지식의 변화 혹은 행동의 영구적 변화가 일어나는 것이다.[13]

13) 영어 원문은 다음과 같음. Learning is a relatively permanent change in knowledge

조직행동론에서는 조직의 성과의 향상과 연관된 개인의 학습을 중요시한다(Slocum and Hellriegel, 2011: 131-143). 대표적인 학습이론은 심리학의 행동주의 학파, 사회적 학습이론(social learning theory)인 인지학습(social cognitive theory)과 모방학습(vicarious learning)으로 나뉜다. 심리학의 행동주의 학파는 파블로브(Pavlov)가 주장한 조건화에 의한 학습이론과 스키너(Skinner)가 주장한 조작적 조건화에 의한 작동적 조건화에 의한 학습이론으로 분류된다. 이러한 심리학의 학습이론은 조직의 보상과 처벌이 구성원들의 학습 효과를 증진시킨다고 주장한다(Slocum and Hellriegel, 2011: 139-143).

사회적 학습 이론의 인지학습은 과거의 경험으로부터 습득된 것을 통해서 학습이 발생한다는 것이다. 사회학의 대리학습은 직접 해보지 않고 다른 사람(학습의 모델)이 하는 것만 보고 깨달아서 모방을 하다 보면 자신의 행동으로 고착화되는 학습 활동을 의미한다.

(1) 개인학습에 대한 보상과 처벌

조직내 개인은 학습을 통해서 그가 갖고 있는 지식과 태도가 변화된다. 학습이론의 관점에서 보면 개인 학습은 조직에서의 성과에 대한 보상 또는 처벌과 연관된다. 개인의 학습과 성과에 대한 조직차원의 보상은 연봉의 인상, 보너스의 지급, 기타 특별 급여(fringe benefits: 주택자금의 지원, 차량 유지비, 교통비 지원 등)를 통한 보상을 통한 물질적 보상이 있다. 심리학의 행동주의 학파의 주장에 의하면 이러한 금전적

---

or observable behaviors that results form practice or experience(Slocum and Hellriegel, 2011: 132).

인 보상은 개인의 학습효과를 높일 수 있다. 반면에 조직차원의 처벌도 개인 학습에 영향을 미친다. 조직차원의 처벌이란 연봉의 삭감, 승진의 어려움, 특별 급여나 보너스의 삭제, 심지어는 타부서로의 이동, 해고 조치 등을 들 수 있다. 이러한 조직의 처벌 행위는 단기적으로 보면, 개인 학습의 향상시키는 효과를 가져 올 수 있다. 그러나 장기적인 관점에서 보면, 조직의 처벌 행위는 종업원의 바람직하지 못한 행동의 재발, 종업원의 감정적 반응, 공격적이고 파괴적인 개인행동, 창의적이지 못한 무의미한 성과, 경영자에 대한 두려움, 높은 이직율과 결근율 등 부정적인 효과를 초래할 수 있다(Slocum and Hellriegel, 2011: 142).

(2) 개인학습과 능력 및 태도

개인학습은 개인이 가지고 있는 능력, 태도 및 지각에 의해서 영향을 받는다. 능력(abilities)은 개인이 업무를 수행함에 있어서 신체적으로나 정신적으로 지니고 있는 잠재적인 힘과 재능을 의미한다. 따라서 능력은 육체적인 힘의 강도와 지적인 잠재력을 동시에 포함하는 개념이다. 개인의 능력을 인적자원개발에서는 역량(competence)이라고도 한다. 역량은 개인의 능력뿐만 아니라 집단 혹은 팀, 조직의 능력을 포괄적으로 의미하기도 하며, 조직구성원의 직무와 스킬향상을 위한 인적자원개발의 핵심요소중 하나로 인식된다(Ivancevich, 2001: 176). 개인의 능력과 유사한 개념으로 지능(intelligence) 과 다중지능(multiple intelligence)이 있다. 지능은 개인의 지적능력 혹은 두뇌적 능력을 의미한다. 지능은 주로 기억력, 언어, 수리 및 논리의 영역에 국한되어 측정되어 보통 IQ로 표현된다. 반면에 다중능력은 언어, 수리, 논리, 기억력에만 국한되지 않고 공간지능, 신체 및 동작 지능, 음악지능, 대인관계지능, 자기지각기능, 언어지능, 논리 및 수리지능, 자연친화 지능 등 다양한 측면의 지능들이 포함된다. 이러한 다중지능은 하버드 대학교의 교육학 교수인 가드너에 의해서 처음으로 제시되어 개인의 소질과 재능 및 정신적 역량이 조합된 인간의 인지능력을 의미한다(Gardner, 1983). 이러한 다중지능을 통해서 인간을 어느 한 측면을 보고 그의 능력과 지능의 정도를 가늠하기 보다는 전인(全人)적인 인간으로 이해하려고 한다. 따라서 다중지능 모형은 전인적인 관점에서의 인간의 잠재력을 최대한 개발할 수 있다고 전제하는 것이다.

개인학습과 연관된 또 다른 요소는 태도(attitudes)이다. 태도란 어떤 대상에 대해 특정한 방식으로 느끼고 대응하는 일관된 성향이다. 예를 들어, 개인의 조직생활에 미치는 태도 요인에는 상사에 대한 태도, 일에 대한 태도, 경영자에 대한 태도, 보수에 대한 만족도, 직장에 대한 충성도 등이 있다. 이러한 태도가 어떤 가에 따라서 개인학습이 잘 이루어지거나 혹은 그렇지 못한 경우가 발생한다, 조직행동론에서 다루는 이러한 태도는 인지적 요소(cognitive component), 감정적 요소(affective component), 행동적 요소(behavioral component)로 구성되어 있다. 예를 들어, 기차 안이나 지하철에서 스마트 폰을 사용하여 시끄럽게 대화하는 사람에 대해서, "교양이 없거나 예의가 없다고 생각하거나(인지적 요소)", "기분이 나쁘다(감정적 요소)" 혹은 "인상을 쓰면서 조용히 하라고 말하는 경우(행동적 요소)"로 나누어서 생각해 볼 수 있다. 이러한 태도의 3가지 구성요소는 동시에 표현 될 수 도 있다. 조직행동에서 중요하게 다루는 직무관련 태도로는 직무만족, 조직몰입, 직무몰입, 조직시민행동, 이직성향과 결근율 등이 있다.

3. 학습자의 창의적 행동

개인학습과 연관된 또 다른 요소는 학습자의 창의적 행동이다. 창의성(creativity)이란 지능, 상상력 및 스킬을 사용하여 새롭거나 고귀한 제품 혹은 대상물의 개발, 도는 새로운 과정이나 사유를 창조하는 과정으로 정의된다(Kinicki and Fugate, 2012: 269).[14] 창의성은 다음과 같은 5단계에 거쳐서 발생한다(*ibid*).

• 준비(preparation)의 단계

준비(preparation)의 단계는 지식의 기반으로부터 창의성의 개념을 어떻게 이끌어 낼 지를 성찰하는 단계이다. 조직내 창의성은 암묵지(tacit knowledge)와 형식지(explicit knowledge)의 결합을 통해서 발생한다. 암묵지와 형식지를 결합하려면, 조직내 이슈나 문제에 대한 과제를 만들고 이러한 과제를 성공적으로 수행할 수 있는 프로젝트를 구상하여야 한다.

• 집중화(concentration)의 단계

집중화(concentration)의 단계는 조직에서 발생하는 문제 또는 문제 상황에 집중하여 왜 이러한 문제가 발생했는지에 대한 원인 규명을 통해서 문제의 근본적인 원인을 찾아내는 과정이다. 또는 프로젝트나

14) 영어 원문은 다음과 같음. Creativity is defined as the process of using intelligence, imagination, and skill to develop a new or novel product, object, process, or thought.

업무가 실패했을 경우를 집중적으로 분석하여 실패의 원인이 무엇인지를 밝혀내는 단계이다.

• 배태(incubation)의 단계

배태(incubation)의 단계는 조직내 문제가 발생했을 때 사람들이 무의식적으로 문제에 대한 정보를 수집하고, 문제해결을 위한 방법을 찾게 되는 과정이다. 사람들은 문제해결을 위해서 스스로 고민하기도 하지만 혼자서 문제를 해결하지 못하게 되면 주변이나 외부로부터 문제해결에 도움을 줄 수 있는 사람을 찾게 된다. 즉 배태의 과정은 문제 해결을 위해서 필요한 창의적인 아이디어를 발견하기 위해서 고민하고 외부의 조언자나 협력자를 찾아서 아이디어의 창출에 필요한 상담을 하거나 조언을 받는 과정이다.

• 아이디어 명확화(illumination)의 단계

아이디어의 명확화(illumination)의 단계는 조직내 문제를 해결하기 위한 아이디어가 명확하게 드러나는 과정이다.

• 아이디어 실증화(verification)의 단계

아이디어 실증화(verification)의 단계는 창출된 아이디어를 사용하여 조직내 문제를 해결하거나 창의적인 방식으로 사고하여 행동하여 신제품을 개발하거나 조직을 변화시킴으로써 아이디어를 실증화하는 단계이다.

제2절 직무수행자로서의 개인

1. 명령 수행자(경영자)

조직의 경영자는 조직에서 일어나는 행동을 이해하고 분석하여 설명할 수 있고, 조직구성원들의 행동을 예측하여 조직목표를 효율적으로 달성하도록 구성원들의 행동을 지원하고 그들의 태도와 행동을 개선하거나 혁신하는 방법을 찾아내서 실행할 수 있어야 한다. 조직의 경영자는 조직내 조직목표와 업무달성을 위해서 다음과 같은 업무를 수행한다.

- 직원들의 정확한 직무 배정으로 인한 생산성의 향상과 비용절감
- 직원들의 스트레스의 감소와 직원들 간의 융합으로 이직율의 감소
- 직원들의 자긍심의 고취

경영자가 조직을 효율적으로 경영한다는 것은 조직 내의 자원을 잘 관리한다는 의미이다. 경영이란 조직의 생산요소들(원료, 사람, 자본, 시설 등)을 효율적으로 계획, 조직, 지도, 통제하는 것이다. 분야에 관계없이 모든 경영자는 생산요소를 잘 경영하여 자신이 맡은 목표를 더 효과적으로 수행하기 위해서는 조직행동에 관한 지식이 반드시 필요하다. 경영자가 조직행동에 관한 지식을 많이 습득하고 있으면 조직원들의 행동에 대해 신속하게 이해하고 예측하여 합리적인 업무배정, 지도, 평가를 할 수 있으며, 문제 발생시 원인과 해결책을 신속하게 도출할 수 있다.

2. 직무 수행자(종업원)

조직의 종업원(직원)는 직무수행자로서 역할을 수행한다. 조직의 종업원은 조직내 조직목표와 업무달성을 위해서 다음과 같은 업무와 역할을 수행한다.

- 직무수행자로서의 성실한 직무수행
- 조직구성원으로서 조직에 대한 몰입과 충성심 발휘
- 조직구성원으로서의 윤리적 행동의 실천

직무 수행자가 조직행동에 관한 기초 지식이 있으면 경영자와 상사 및 동료들의 행동에 대해 신속하게 이해하고 예측하여 원만한 대인관계를 유지하고, 효율적으로 업무를 처리할 수 있다.

기업은 이익 집단이면서 사회 내에서 경제적 활동을 실천하는 조직이다. 직무수행자는 기업의 목표를 달성하기 위해서 성실하게 직무를 수행해야 하며, 조직의 목표 달성을 위해서 행해지는 경영자의 명령과 지시를 따를 의무가 존재한다. 또한 조직원으로서 고객과 외부 이해관계자에게 성실하게 대해야 하는 의무가 있다.

제 12장 조직구조와 설계

조직구조에 대한 이해와 조직설계는 다양한 조직이론(organization theories)에 기초하여 이루어진다. 거시조직행동의 이론(theories of macro organizational behavior)의 관점에서 보면 다음과 같은 조직이론들이 있다 (Vibert, 2004: Espejo and Reyes, 2011).

• 기능경제학적 관점의 조직이론(관료제)

기능경제학적 관점의 조직이론은 폐쇄시스템(closed system)의 관점에서 조직구조를 설계하고 운영하는 방식에 대한 연구이다. 대표적인 조직 모델은 막스 베버가 주장한 관료제 조직이다. 합리적 기계적 모형이라고도 부른다. 외부환경의 변화를 고려하지 않고 조직 내부의 효율성의 관점에서 조직구조를 설계한다. 관료제는 효율성과 합리성의 원칙에 따라서 조직을 관리하기 때문에 직무를 표준화시킬 수 있고, 직무의 성과에 대한 객관적인 측정이 가능하다. 하지만 환경변화에 대응하는 조직을 설계할 수 없는 단점이 있다.

• 유기체 관점의 조직이론

유기체 관점의 조직이론은 조직을 유기체(organism)으로 보고 조직을 마치 살아있는 생명체로 간주한다. 이러한 조직이론은 개방시스템(open system)으로 조직을 보기 때문에, 외부환경과 상호작용할 수 있는 조직의 설계가 가능하다. 시스템(system)은 전체가 여러 개의 구성요소로 이루어져 있으며, 이들 구성 요소들 사이에 상호연관성을 갖고 전체 시스템의 목적이나 기능을 수행하는 것을 의미한다. 이러한 시스템의 개념을 조직 설계에 적용하여, 조직 구조를 하위 구성요소들로 구분하여 조직을 설계하고 구성요소들 사이의 상호 연관성을 고려하여 조직의 기능을 설계할 수 있다.

• 자생체계 관점의 조직체계 이론

자생체계(viable system) 관점의 조직체계(organization system) 이론은 조직을 마치 인간의 두뇌(brain)으로 간주하여 조직을 두뇌의 체계들로 구분하여 조직을 설계하여 관리하는 원리를 제공한다(Beer, 1985). 예를 들어, 자생체계 관점의 조직체계는 환경으로부터 엄청난 양의 다양성(massive variety)을 흡수하여 필수 다양성(requisite variety)을 흡수하고 필요 없는 다양성은 다시 환경으로 내보낸다. 이러한 원리를 필수 다양성의 법칙(law of requite variety)이라고 부르고 이러한 법칙에 의해서 운영되는 조직을 자기조직화 체계(self-organizing system)라고 부른다(Ashby, 1968). 따라서 자생체계는 자기조직화되는 체계로서 환경변화에 대응하여 스스로 조직화되는 특성이 있다.

• 학습조직 이론

학습(learning)은 새로운 지식이나 사물에 대한 이치를 개인적 수준에서 습득하는 과정으로 이해되나, 조직학습(organizational learning)은 개인적 수준을 넘어서 조직차원에서 학습을 이해하여 학습의 결과로 조직의 행동변화가 이루어지는 것을 의미한다. 조직학습은 조직이 환경변화에 적응하는 적응학습 뿐만 아니라 환경변화를 능동적으로 창출하는 창조적 학습을 포함한다(손태원, 2005).

- 해석주의 혹은 사회구성주의 관점의 조직 이론

해석주의(interpretivism) 혹은 사회구성주의(social constructivism) 관점의 조직 이론은 조직을 외부에 드러나는 대상으로 간주하는 것이 아니라 조직 내부의 문화, 상징물, 언어체계, 의미 창출과 같은 상호주관성에 기초한 조직이론이다. 이러한 관점에서 조직설계는 조직을 드라마로 보는 관점 및 '문화적 은유'에 의한 문화경영에 의한 조직설계와 운영의 실천원리와 개념을 제공하는 것이다(Morgan, 1986). 예를 들어, 기업이 특정한 경영철학에 기반을 두어 이념과 비전을 설정하고, 이러한 경영이념과 비전을 달성하기 위한 전략과 정책을 설정하고 이러한 전략과 정책을 수행하기 위해서 기존의 제도, 구조를 혁신하여 조직구성원들이 의식적으로 행동하여 조직을 변화시켜나간다면 이는 해석주의 혹은 사회구성주의 관점의 조직을 만들어 가는 것이다.

- 복잡계 관점의 조직 이론

복합성 이론(complexity theory)에 의해서 발전한 복잡계(complex system)는 무질서와 질서의 변증법적 상호작용을 통한 시스템의 창조에 관심이 있다. 이러한 복잡계 관점의 조직 이론은 조직과 시스템의 창조는 질서와 혼돈의 경계영역에서 이루어진다고 본다. 개방시스템 이론이나 상황적합이론(contingency theory)은 경영자의 의도에 의해서 조직의 목표를 정하고 이러한 조직의 목표를 달성하기 위해서 조직은 평형(equilibrium)을 유지한다고 가정한다. 반면에 복잡계 이론은 조직이 마치 살아 있는 생명체처럼 스스로 진화하고 외부의 힘에 의해서 좌우되기 보다는 내부의 힘에 의해서 스스로 질서를 만들어 내는 '자기조직(self-organization)'으로 본다. 이러한 자기조직은 자기 조직적 질서에 의해서 유지되는 존재로 무질서한 상황 하에서 질서가 출현하여 학습(emergent learning)하는 특성을 갖고 있다. 이러한 복잡계 이론을 응용한 조직으로는 창조적 행동 패턴과 혁신을 할 수 있는 복잡 적응계(complex adaptive systems) 혹은 조각된 부분들의 합성물로 이루어진 조각합성물 조직('패치조직')(patches organization)이 있다(Stacy, 1996; Jackson, 2003).

위에서 설명한 조직이론들 중에서 다음 절에서는 개인행동과 집단행동과 밀접한 연관성이 있는 기능경제학적 관점의 조직이론과 자생체계관점의 조직체계이론에 대해서 구체적으로 설명하고자 한다.

제 1절 기능 경제학적 관점의 조직설계

1. 테일러의 과학적 관리법의 원칙

미국의 테일러(Frederic Winslow Taylor: 1856~1915)에 의해서 창안된 과학적 관리법의 원칙(The Principles of Scientific Management)은 최소의 노동

과 비용으로 최대의 능률을 올릴 수 있는 표준화된 직무와 업무절차를 정해서 조직을 설계하고 운영하는 방법이다(Taylor, 1911). 테일러는 기업의 종업원과 업무수행자는 기본적으로 신뢰할 수 없기 때문에 엄격한 통제가 필요한 존재로 보았다. 또한 종업원은 경제적·이기적 동기에 의해서 움직이기 때문에 높은 생산성을 올리기 위해서는 물질적 보상을 동기부여의 수단으로 사용할 것을 주장하였다. 테일러는 과학적 관리법의 원칙에 근거하여 개인의 참여와 협업을 바탕으로 정해진 하루에 할 수 있는 작업의 양을 정하고 종업원에게 업무를 할당하였다. 종업원이 정해진 과업(task)을 달성 시에는 고임율을 지급하고 미달성시에는 저임률을 적용하는 차별 성과급제도를 실시하여 효율성을 강조하여 생산량을 증가시켰다.

이러한 과학적 관리법의 원칙을 적용하여 기업의 효율성과 생산성을 강조하는 테일러리즘(Taylorism) 혹은 테일러 사상의 문제점은 조직의 핵심적 요소가 인간이고, 이들 인간이 사회적 존재이며 심리적 존재임에도 불구하고, 이러한 사회적·심리적 존재로서의 인간의 본질에 대해서는 무시하고 차별성과급제, 분업과 효율성의 원칙을 강조한다는 것이다. 따라서 테일러리즘은 노사화합보다는 노사 간의 갈등을 조장하고 인간의 고유한 창의성과 자율성을 소홀히 했다고 볼 수 있다. 이러한 테일러리즘과 과학적 관리법의 한계점을 극복하고자 현대적 상황에 맞게 테일러리즘을 재해석하여, 과학적 관리법의 원칙을 이용하여 합리적이고 효율적인 조직설계에 도입하고 있다(박기찬, 2005). 현대적 의미에서 테일러의 과학적 관리법은 다음과 같다(박기찬, 2005: 33).

- 주먹구구 방식이 아닌 과학적 방법(science, not rule of thumb)
- 불협화음이 아닌 화합(harmony, not discord)
- 개인주의가 아닌 상호협력(cooperation, not individualism)

- 제한된 생산대신 최대의 생산(maximum output, in place of restricted output)
- 개별 종업원의 최대능률과 최대 번영(development of each man to his great efficiency and prosperity)

즉 현대적 의미의 과학적 관리법에 의한 조직설계는 행동과학적 관점에서 주장하는 인간은 자아실현인의 요구를 가지고 있는 존재로 보고, 구성원들이 그들의 능동성, 책임성, 창의성을 발휘할 수 있는 참여적인 의사결정의 프로세스가 이루어질 수 있는 조직구조를 제안한다. 즉 직원들이 일상적 업무에 대한 의사결정뿐만 아니라 전략적으로 중요한 의사결정에 참여할 수 있는 제도를 만들고 이러한 제도를 운영할 수 있는 조직기능을 설치하는 것이다. 이러한 시도는 인간관계론적 조직구조와 생산 지향적인 과학적 관리법의 원리를 통합하여 현대적 관점에서 테일러의 과학적 관리법의 원칙을 재해석하여 적용하는 것이다.

2. 관료제 조직에 대한 이해

기능적 조직의 관점에서 보면 조직은 관료제이다. 관료제(bureaucracy)는 19세기 말에 독일의 사회학자인 막스 베버(Max Weber: 1864~1920)에 의해서 창안되었다. 관료제란 bureau(사무실, 책상)와 cracy(관리, 지배)의 합성어로 사무실에서 미리 규정과 절차를 정해놓고 현장의 업무를 관리한다는 의미이다. 관료제 조직에서는 모든 구성원은 다음과 같은 관료제의 원리를 따라서 행동해야 한다(정동섭 외, 2015: 44).

(1) 합법성의 원리

조직 구성원의 직무는 규정에 따라 합법적으로 설정되어야 한다.

(2) 분업의 원리

직무는 가능한 한 분업화, 전문화시키고 인원선발, 배치, 승진도 자격에 맞추어 정해야 한다.

(3) 정실배제의 원칙

조직운영과 관리는 혈연, 지연 및 학연 등의 개인적인 관계와 사정에 의해서 영향을 받아서는 안 된다.

(4) 고용의 보장

구성원의 고용과 취업은 직업 안정성(job security)이 보장되어야 하고, 정당한 보상도 뒤따라야 한다.

(5) 수직계층의 원리

관리자에게 권한과 책임이 분명하게 부여됨으로써 관리자와 종업원 사이에 상호 통솔 및 복종관계가 정해져야 한다.

(6) 문서화 및 공식화 원리

구성원 각자의 권한과 책임이 규정과 문서로 명시화되어 있고, 문서로 명시화된 것은 지켜져야 한다.

관료제는 명백히 합의되고 명문화된 규칙들에 의해서 유지되며, 그러한 규칙들은 비인격적이고 보편적이어서 특정 개인들 간의 연분이나 정실에 의거해서 조직이 운영되지 않도록 한다. 이러한 관료제에 의한 조직설계는 조직구조를 가장 효율적으로 설계하기 위해서 분업화와 효율화의 원칙에 의해서 조직을 기능별로 분류하여 조직을 설계한다. 또한 분업화된 부분들은 명백한 권한과 권력, 위계적인 구조 등을 통해 묶는 것이다. 예를 들어, 흔히 대부분의 기업에서 볼 수 있는 바와 같이 기획, 생산, 마케팅, 재무, 인사, 조직 등 주요 관리기능에 따라서 부서나 팀 단위로 조직을 설계한다. 이러한 기능식 조직구조를 운영하는 원리는 관료제로서 공식적인 절차나 회의를 통해서 의사결정을 하고 정해진 의사결정은 각 부서에서 실행하게 된다.

베버는 관료제에 의해서 조직을 설계하고 관리하는 것이 가장 합리적이고 효율적이라고 주장하였다. 관료제는 보편타당성이 있는 관료제의 원리에 의해서 운영되고 관리되기 때문에 시대, 국가, 사회를 초월하여 모든 유형의 조직에 사용할 수 있다고 보았다. 그러나 관료제 조직 구조는 인간의 심리적인 측면과 사회적 측면을 인정하기 보다는 물질적, 경제적 조건에 의한 통제에 중점을 두기 때문에 환경변화에 적응하기 어려운 단점이 있다. 또한 관료제 조직은 규정과 절차를 중요시하기 때문에 조직이 경직화되고 인간의 정서적이고 감정적인 면을 배재하고 있어 환경변화에 대처하는 조직의 능력이 떨어질 수 있다. 이러한 관료제의 한계점을 보완하고자 등장한 것이 유기체 조직 혹은 시스템적 관점의 조직이론이다. 시스템 관점의 조직이론에서 보면 조직은 복잡한 환경 속에서 전체적인 목표달성을 위해서 조직내 각 부분요소들이 상호 연관성이 있어야 된다는 것을 강조한다.

3. 유기체 조직의 설계

유기체 조직 혹은 시스템적 관점에서의 조직 설계는 조직과 환경의 상호작용의 관계를 고려하여 이루어진다. 따라서 유기체 조직의 설계는 다음과 같은 조건을 만족시켜야 한다(Burns and Stalker, 1991: 208).

(1) 실무자 및 직원의 특수한 지식과 경험을 조직운영과 조직설계에 반영해야 한다.

(2) 개별 직무의 실제적인(realistic) 특성이 조직설계에 반영되어야 한다.

(3) 조직구성원이 욕구와 관점이 반영되는 역할과 책임이 조직설계에 반영하여야 한다. 조직구성원들의 욕구와 관점은 개인에 따라서 다르기 때문에 조직설계에서 이러한 구성원들의 다양한 욕구와 관점이 어느 정도 반영되어야 한다.

(4) 조직관리는 기술(technology)에 의해서만 운영되어서는 안 되고, 조직 구성원들의 헌신과 참여에 의해서 조직이 운영되도록 설계 되어야 한다.

(5) 조직은 컨트롤, 권한 및 의사소통의 네트워크 구조에 의해서 설계되고 관리되어야 한다.

유기체 조직은 환경과의 상호작용에 의해서만 존속과 발전이 가능하다. 따라서 조직은 환경으로부터의 조직에 필요한 정보를 가능한 한 신속하게 정확히 받아들이고 그 변화에 적절히 대응하기 위한 조직설계가 이루어져야 한다. 개방시스템의 관점에서 본 유기체는 외부환경의 영향에 의해서 좌우되기 때문에 유기체 조직의 설계는 환경변화에 수동적으로 대응하는 한계점이 있다.

제 2절 자생 체계(viable system) 관점의 조직설계

스태포드 비어(Stafford Beer)에 의해서 개발된 자생 체계 모델(Viable System Model: VSM)은 환경의 불확실성을 극복하고 조직의 생존가능성(viability)의 확보하기 위한 조직 체계 모형이다(Beer, 1981). 자생 체계 모델은 변화하는 외부환경에 적응하는 조직체를 인체의 두뇌로 인식하는 방법이다. 우리의 두뇌는 다섯 가지의 체계(echelon)로 이루어져 있다(Beer, 1981). 인간 두뇌의 다섯 가지의 체계는 인체를 환경변화에 적응하기 위해서 각기 고유한 역할과 기능을 갖고 있다. 비어는 이러한 두뇌의 다섯 가지의 체계를 시스템(system)으로 이해하여 아수비가 주장하는 '필수 다양성의 법칙(law of requisite variety)'[15]에 근거하여 자생 체

15) 애쉬비(Ross Ashby)가 주장한 필수 다양성의 법칙이란 조직은 외부환경과의

계 모델을 개발하였다.

자생 체계(viable system)로서 인식되는 조직은 '필수 다양성의 법칙'에 따라서 조직 내부에서 외부 환경으로부터 흡수한 다량의 다양성(variety)에서 조직이 환경에 대응할 수 있을 만큼의 필수 다양성을 보유할 수 있는 조직 체계를 말한다. 조직체계란 필수다양성을 확보하여 불확실한 환경변화에 대처하려면 다음과 같은 다섯 가지의 '필수 활동(primary activities)'으로 구성되는 체계(system)을 갖고 있어야 한다.

① 실행 체계(**System 1: Implementation**)

실행체계는 자생 체계 모델(VSM)의 몸체에 해당한다. 실행 체계는 조직이 생존하기 위해서 필수적으로 존재하는 활동들을 말한다. 예를 들면, 사람들이 생존하기 위해서 일하듯이 기업은 생존하기 위해서 생산하고 영업하는 활동들이 '실행 체계'를 구성한다.

② 조정 및 규제 체계(**System 2: coordination and regulation**)

조정 및 규제 체계는 자생 체계 모델(VSM)의 자율 신경계(이는 인체의 신체 기관들을 자율적으로 조정하는 하위 신경계와 유사한 기능을 함) 에 해당한다. 조정 및 규제 체계는 실행 체계가 자율적으로 운영될 수 있도록 여러 개의 실행 체계들의 필수적인 활동 또는 프로세스를 조정하고 규제한다. 예를 들면, 우리 인체의 자율 신경계는 인체의 다양한 부분들(예를 들면, 머리, 팔, 다리 등)이 건강하고 자연스럽게 움직일 수 있도록

상호작용에서 다양성을 흡수하여 환경의 불확실한 다양성에 대응할 수 있는 능력 (필수 다양성)을 확보하는 것으로 "다양성은 다양성으로 흡수해야 한다(only variety can absorb variety)"라는 원칙을 말한다.

조정한다. 기업의 경우에는 생산부문과 영업부문이 충돌하지 않고 조직의 목표를 향해서 상호 협력할 수 있도록 조정하는 생산과 영업의 조정 위원회나 각종 회의들이 '조정 및 규제 체계'의 역할을 한다.

③ 운영 컨트롤 체계(**System 3: Operational control**)

실행체계는 자생 체계 모델(VSM)의 상위 체계로서 자율신경계(이는 인체의 모든 장기들과 신경계를 컨트롤하는 교감 신경계와 부교감 신경계와 유사한 기능을 함)에 해당한다. 예를 들면, 우리 신체의 교감 신경계와 부교감 신경계는 우리 인체의 각종 장기들(오장 육부 등)이 원활하게 움직일 수 있도록 체온, 혈압 등을 컨트롤 한다. 기업의 경우에 생산활동과 영업활동에 대한 기획업무, 회계 업무, 인사관리 업무, 마케팅 업무, 정보처리와 관리업무 등을 통해서 기업의 필수 활동들이 원활하게 이루어지도록 컨트롤 한다.

④ 지능 체계(**System 4: Intelligence**)

지능 체계는 자생 체계 모델(VSM)의 두뇌 기능에 해당한다. 예를 들면, 우리 신체의 두뇌는 우리 몸 밖에 어떤 상황이 전개되고 있는 지를 주시하고 상황 변화에 맞추어서 우리 몸을 안전하게 보호한다. 기업의 경우에는 전략 기획실에서 기업의 전략을 수립하고 실행하며, 연구 개발 부서에서는 미래 환경 변화를 예측하여 소비자에게 적합한 제품이나 서비스를 창출하는 '지능 체계'적인 역할을 한다.

⑤ 정책 체계(**System 5: Policy**):

실행체계는 자생 체계 모델(VSM)의 정체성을 형성하고 '정책'을 수립하고 실행하는 기능에 해당한다. 자생 체계 모델(VSM)의 운영 컨트롤 기능은 조직의 효율성을 유지하기 위한 활동을 하고 자생 체계 모델(VSM)의 지능 기능은 조직의 비전과 전략에 부합되는 조직의 효과성을 추구하려고 한다. 이러한 운영 컨트롤 기능과 지능 기능이 때로는 충돌하고 갈등을 일으킨다. 우리 인체의 경우 상위 체계로서의 자율 신경계는 현재의 관점에서 인체의 다양한 부분들이 기능하도록 컨트롤하며, 두뇌는 개인들의 의지와 욕망에 따라서 우리 신체를 혹사시키기도 한다. 예를 들면, 대학 입시생의 경우 명문대학교에 입학하기 위해서 몸의 건강을 해칠 수도 있는 무리한 학습 방법과 태도를 갖는 경우를 종종 본다. 이러한 경우에 대학 입시생은 몸이 아파서 병원 신세를 지게 되고, 입시 당일에 최상의 컨디션을 유지하기 위해서 '벼락치기'로 공부하는 습관과 태도를 바꾸던지 본인의 수준에 맞는 대학교를 선택하게 된다. 기업의 경우도 현재의 생산과 영업활동에 만족한 전략을 수립하여 실행하는 경우와 미래의 관점에서의 연구개발 기능에 초점을 둔 전략을 수립하는 경우가 충돌 할 수 있다. 이는 자생 체계 모델(VSM)의 '운영 컨트롤 체계'의 현재의 '지금 여기에서'의 기능과 '지능체계'의 미래의 시장 환경 변화에 적합한 전략, 즉 '향후 거기에서'의 기능 간에 갈등과 충돌이 발생할 수 있다. 이 때 최고 경영자는 현재의 기능(운영 컨트롤 기능) 과 미래를 위한 기능(지능 기능) 사이에 갈등과 불일치를 해소하고 조직의 방향성과 정체성을 결정하는 중요한 역할을 하게 된다. 이러한 역할은 조직의 최고의사결정 기구에서 수행하며, 이는 조직의 생존 가능성(viability) 을 위한 최종적인 정책을 수립하고 실행하는 것에 해당된다.

자생 체계 모델(VSM)은 위에서 설명한 다섯 가지의 필수 활동의 체계들을 구조화시킴으로써 조직이 변화하는 환경에 자율적으로 학습하고 진화하는 핵심역량을 확보하게 된다(Espejo, *et al*., 1996).

제 13장 학습과 혁신

21세기는 기술의 급격한 발전으로 사람들의 생활은 혁신적으로 변화하기 시작하였다. 즉 기술로 인한 혁신으로 말미암아 사회가 변화하였고 기업의 경영에도 엄청난 변화를 가져왔다. 조직은 수익을 실현하기 위해서 기술 혁신에 기초한 신제품 개발과 새로운 공정을 통한 새로운 제품 혹은 서비스를 개발하여 소비자에게 제공한다. 2010년 대 이후 신기술의 혁신은 인공지능(AI) 출현으로 더욱 탄력을 받아 제품이나 서비스가 최종 소비자에게 전달하는 과정에 엄청난 변화를 가져다주었다. 구글이나 페이스 북, 아마존, 네이버 등 수많은 인터넷 관련 기업들이 새로이 탄생하였고 인터넷 기술에 근거한 제품개발과 유통 시스템이 새로운 혁신의 흐름을 주도하고 있다. 오늘날 많은 소비자들은 서적, 의류, 가전제품, 일상의 소비재 제품, 심지어는 자동차까지도 인터넷으로 구매하고 있다. 인터넷 기술의 발전이 더 많은 제품의 소비를 창출할 뿐만 아니라 가격을 낮추는 효과도 가져왔다. 이러한 환경 속에서 기업은 수익을 창출하기 위해서 보다 더 효율적인 접근이 필요하게 되었다.

아마존이나 구글과 같은 기업에서는 IT 기술과 인공지능, 빅 데이터, 클라우드 컴퓨팅과 같은 첨단 기술을 이용하여 전 세계 어느 지역에서나 제품을 생산하고 제공하는 것이 가능하게 되었다. 예를 들어,

미국에서의 컴퓨터 프로그래머나 제품을 만드는 기술자를 이용하여 제품이나 서비스를 생산하면, 인건비가 평균 10만 달러가 들지만 인도, 중국, 러시아 등에서 동일 품질의 제품과 서비스를 생산하는 비용은 그 절반에도 못 미친다. 그래서 혁신적인 기술은 과거에는 상상할 수 없을 만큼 낮은 비용으로 외주업무를 가능하게 할 수 있는 환경을 창출하였다.

과거에는 잘 나가는 기업도 기술변화로 인해서 더 이상 발전하지 못하고 망할 수도 있다. 예를 들어 1990년 대 이전에 미국의 폴라로이드사는 카메라 시장을 지배하는 거대 기업이었다. 1990년 대 이후 소니와 삼성이 디지털 카메라를 개발하고 판매하면서 폴라로이드사는 기존의 카메라의 소비자로부터 외면당했다. 폴라로이드사는 디지털 기술에 대해 관심을 가지고 있었음에도 불구하고 기존의 즉석 카메라 시장이 차지하는 영향력이 컸기 때문에 기존 기술에 집착하였고 결국 카메라 시장의 지배력을 상실하게 되었다. 이러한 사례는 기업이 기술변화와 혁신을 간과하게 되면 결국 경영의 위기를 맞게 된다는 사실을 여실히 보여 준다.

따라서 기업은 혁신 전략의 관점에서 기업의 생존을 보장하고 환경을 대응하는 기술을 개발하고 이를 통해서 글로벌 환경에서 경쟁우위를 가져야 한다. 즉 기업은 혁신을 할 수 있는 기술(technology)가 필요하다. 또한 기술을 통해서 기업의 핵심역량을 만들 수 있어야 하며, 이러한 핵심역량은 학습을 통해서 가능하다. 이러한 이유에는 다음 절에는 학습의 개념을 살펴보고자 한다.

제1절 학습의 개념

학습이론은 학자들마다 다양하게 정의하기 때문에 한마디로 명쾌하게 정의하기 어렵다. 조직행동론의 관점에서 본 학습은 조직구성원들의 인식과 행동 및 태도의 변화이다. 또한 학습조직은 개인의 학습이 중심이 되어 팀 중심의 집단 학습, 그리고 조직의 전체 수준에서의 조직학습이 발생하여 시너지 효과를 창출하는 조직이다(권석균, 1995; 손태원, 2005: 11). 사회학적 관점의 진화 이론(evolutionary theory)에서 보면, 사람들은 학습을 통해서 궁극적으로 진보하거나 변화하게 되어 조직과 사회는 변화한다. 사회학적인 관점에서 보면 학습은 패러다임의 변화로 인해서 개인, 조직, 사회차원의 변화와 혁신이 발생되어 개인, 조직, 사회차원의 변화와 혁신을 가능하게 하는 학습 과정 혹은 학습 프로세스로 이해된다(O'Sullivan and Dooley, 2009). 따라서 이러한 학습 과정은 혁신을 통한 경험을 통해서 학습 과정으로 발전된다.

제2절 경험적 학습의 모델

데이빗 콜브(David Kolb)에 의하면 혁신을 위한 경험적 학습(experiential learning)의 사이클은 다음과 같은 4단계로 구성된다(Kolb, 1984).

1. 경험(experience) 단계

경험적 학습은 새로운 환경에 대한 경험(experience)을 통해서 이루어진다. 혁신을 하기 위해서는 가장 먼저 요구되는 것은 경험이다. 즉, 경험이 없으면 혁신은 일어나지 않는다. 환경 변화를 경험해 보지 않는 경우 환경에 대한 정보가 전혀 없기 때문에 실패할 가능성이 매우 높다. 조직이 혁신을 하기 위해서는 혁신 프로젝트를 만들고 이러한 혁신 프로젝트를 통해서 경험을 해야 한다.

2. 성찰(reflection) 단계

조직이 혁신 프로젝트를 수행하게 되면 혁신 프로젝트의 결과에 의해서 성찰(reflection)을 하게 된다. 특히 혁신 프로젝트가 성공했을 때 보다 실패했을 경우에 성찰의 과정은 진지하고 의미 있는 과정이 된다. 이러한 성찰의 과정에서 조직은 혁신 프로젝트가 무엇이 잘못되었는지를 알게 되고 다음 기회에서는 잘못된 점을 반성하여 수정하게 된다.

3. 개념화(comceptualizing) 단계

조직은 성찰 단계에서 얻어진 교훈을 통해서 혁신에 대한 계획과 과정을 개념화하게 된다. 이러한 개념화 단계에서는 그 조직이 처한 상황과 보유하고 있는 자원의 이용가능성을 파악하여 혁신 모델에 대한 개념화가 이루어진다.

4. 실험화(experimentation) 단계

경험적 학습의 개념화 단계에서 이루어진 혁신 모델을 실제로 실험하는 단계이다. 실험화 단계는 개념 모델이 새로운 환경에 어떻게 적용되는 지를 실험을 통해서 인식하여 이러한 실험화 단계를 거쳐서 조직은 혁신에 대한 학습을 하게 된다.

제3절 학습조직과 지식경영의 모델

제 1절 학습의 개념에서 언급했듯이 학습조직은 개인의 학습으로부터 시작되어 집단 학습이 발생하고 집단 학습이 조직의 전체적으로 발생하게 되어 나타난 현상이다. 학습조직이란 "선행적으로 지식을 창조하고 습득하여 조직을 변화시키며, 지식의 창조와 공유를 통해서 얻어진 새로운 통찰력과 지식에 바탕을 두고 조직의 행동을 변화시켜 나가는 조직"이다(Garvin, 1993). 이러한 학습조직의 개념은 학습조직이 지식경영과 매우 밀접한 관계에 있다는 사실을 내포하고 있다. 우선 학습조직의 모델에 대해서 살펴보고자 한다.

1. 학습조직의 모델

지금까지 학습조직을 위한 다양한 이론과 모델이 개발되었다. 본 절에서는 가장 일반적으로 사용되고 있는 학습조직 모델로 피터 생게(Peter Senge)가 개발한 학습조직 모델을 설명하고자 한다. 우리 인간은 '사회적 인간(social man)'으로 이해된다. 사회적 인간이란 언어를 통해서 타인과 소통하면서 사회적 환경에 적응하고 살아가는 개인으로 인식된다(Halliday, 1978). 사회적 인간으로서 개인은 토지, 노동력, 자본과 같은 유형적인 요소들로 구성되는 물질적 환경에서 생활하면서, 동시에 정보, 지식, '사회적 자본(social capital)'과 같은 무형적 요소들로 구성되는 사회적 환경에서도 언어를 통해서 주변환경을 인지하고 학습하면서 살아간다(Nahapiet and Ghosal, 1998). 조직이론에서의 학습조직 모델은 개인을 사회적 인간으로 인식한다(Espejo *et al*., 1996). 학습조직이 조직변화와 혁신에 바람직한 방법론으로 기업에 보편화되기 시작한 것은 시스템 이론에 기반한『제 5의 수련』이라는 책을 통해서이다(Senge, 1990). 생게(Senge, 1990)의 학습조직 모델은 다음과 같은 다섯 가지의 기본적인 수련(discipline) 을 통해서 이루어진다.

① 공유비전 (Shared Vision)

공유비전이란 전체 조직구성원들의 개개인과 리더사이의 끊임없는 대화와 상호작용을 통해서 만들어지는 구성원들 모두가 공감할 수 있는 공동의 비전을 의미한다.

② 사고모형 (Mental Model)

사고모형은 현상을 이해하는 지적인 구축물(mind set) 또는 개념적 틀로서 학습조직의 철학적 기반이 된다. 이는 개인, 집단과 조직의 사고체계와 행동양식에 직접적인 영향을 미치며, 끊임없는 성찰과정을 통해서 새로운 사고도 가능하게 한다.

③ 자아완성(Personal mastery)

자아완성은 개인들이 진정으로 원하는 가치창출을 위해서 자신의 역량을 지속적으로 발전시켜 나가는 행동학습을 의미한다.

④ 팀 학습(Team Learning)

팀 학습은 타인의 관점이나 의견을 존중하고 개인의 독단적인 생각보다는 집단의 사고와 행동을 중요시하는 대화나 토론을 통한 의사소통을 통해서 가능하다.

⑤ 시스템 사고(Systems Thinking)

시스템 사고란 사물이나 현상의 전체를 인식하고 이를 구성하는 요소들과 부분들 사이의 역동적 상호관계와 패턴을 이해할 수 있는 사고의 틀을 의미한다.

2. 지식경영의 모델

경영학 분야에서 논의되고 있는 지식경영의 모델은 조직구조의 설계와 운영을 통해서 창의성을 창출하는 일본식 경영에 대한 성찰에서 비롯된다. 지식경영이란 "지적자원을 가치로 전환하는 창조적 과정으로 지식의 획득 또는 창출, 확산, 공유, 재창출을 통해 기업의 생존력과 경쟁력을 제고하려는 일련의 조직과정"을 의미한다(손태원, 2005: 301). 조직이론의 관점에서 언급하는 지식경영과 연관된 인지활동은 인간에 있어서든 조직에 있어서든 생존에 필수적인 것이고 생존활동과 동일시되는 인지활동, 즉 지식의 창출과 전달은 어떠한 방법을 통하여 이루어질 수 있는 가에 대한 연구이다. 이러한 연구는 노나카(Nonaka Ikujiro)에 의해서 '지식 변환(knowledge conversion)'과정 모델로 발전되었다(Nonaka and Takeuchi, 1995). 지식변환이란 조직에서 지식을 획득, 공유, 표현, 전달하는 프로세스를 나타내는 말이다. 지식변환은 암묵지(tacit knowledge)와 형식지(explicit knowledge)의 상호작용으로 이루어지는 매트릭스로 나타낼 수 있다. 이러한 두 가지 유형의 지식 간의 변화에서 다음과 같은 네 가지의 기본적인 지식변화의 유형을 도출할 수 있다(Nonaka and Takeuchi, 1995).

① 암묵지에서 암묵지로 → 사회화 (socialization)
신체로 지식을 얻는다.

② 암묵지에서 형식지로 → 외부화 (externalization)
생각을 말이나 형태로 표현한다.

③ 형식지에서 형식지로 → 종합화 (combination)
말이나 형태를 조합한다.

④ 형식지에서 암묵지로 → 내면화 (internalization)
말이나 형태를 체득한다.

이러한 지식변환의 과정은 한번만 일어나지 않는다. 개인의 지식 창출에서 시작해서 집단, 조직의 차원으로 나선형으로 회전하면서 공유되고 발전해 나가는 지식창출 프로세스로 파악할 수 있다. 이처럼 개인 차원, 집단 차원, 조직차원의 각 차원을 통해서 기업은 외부환경으로부터 학습할 수 있는 이상을 지식을 새롭게 창출할 수가 있다.

지식경영이란 이러한 지식 변화의 과정이 전 조직의 네트워크를 통하여 활성화될 수 있도록 유도하기 위한 전체 조직 차원의 일관된 노력을 말한다. 즉 지식경영은 새로운 지식의 창출과 기술혁신, 정보의 사용에서 요구되어지는 다양한 시각과 어프로치를 위한 조직적 차원의 지식 창출, 공유, 운영을 위한 경영을 말한다(Little, *et al.*, 2002).

지금까지 살펴본 학습조직의 모델과 지식경영의 모델의 기본전제를 비교해 보면, 학습조직과 지식경영의 모델은 혁신과 변화를 위한 조직 구성원들의 창의성과 지적 욕구가 전제되어야 한다(표 13-1).

〈표 13-1〉 학습 조직과 지식경영의 모델 비교

구분	학습조직	지식경영
개념	"선행적으로 지식을 창조하고 습득하여 조직을 변화시키며, 지식의 창조와 공유를 통해서 얻어진 새로운 통찰력과 지식에 바탕을 두고 조직의 행동을 변화시켜 나가는 조직"	"지적자원을 가치로 전환하는 창조적 과정으로 지식의 획득 또는 창출, 확산, 공유, 재창출을 통해 기업의 생존력과 경쟁력을 제고하려는 일련의 조직과정"
기본전제	"조직 구성원들이 스스로 원하는 것을 창조할 수 있는 역량을 끊임없이 개발해 나갈 수 있고, 상호 개방적인 사고가 존중되고 배양되며, 집단적 열망이 표출될 수 있는, 그리고 학습 자체를 스스로 지속적으로 배워가는 조직"(셍게, 1999)	"창조적 지식을 창출하기 위해 조직 구성원의 창의적 요구를 자극하고, 감정에서 우러나는 원동력을 이끌어 낼 공유비전이 제시되는 경영"(노나카, 1998)
핵심개념	• 시스템 사고 • 공유비전 • 사고모형 • 자아완성 • 팀학습	형식지와 암묵지의 전환과정 • 사회화 • 외부화 • 종합화 • 내면화
핵심성공요인	시스템 사고를 통한 비전, 전략, 구조, 인적자원의 연계성과 통합을 위한 기업문화의 구축과 변화관리	지식관리를 위한 정보 인프라와 지식창조를 위한 기업문화의 구축
공통점	• 학습과 지식창조는 동전의 앙면: 변화관리와 창의성 경영의 핵심기반 • 학습조직의 역량구축에서 지식경영이 출발되어야 함. • 개인, 팀, 조직 전반에서 학습이 공유될 때 지식경영이 성립됨.	

(출처: 손태원, 1999)

제4절 복잡계 환경과 학습조직

복잡계 이론 (complexity theory)의 관점에서 보면 조직은 예측할 수 없는 환경에 대응하기 위해서 학습조직으로 변해야 된다. 이러한 맥락에서 본 절에서는 복잡계환경과 학습조직의 연관성에 대해서 설명하고자 한다.

1. 복잡계 환경과 학습조직

21세기는 불확실성의 시대이다. 불확실성의 시대에서는 새로운 지식과 정보를 중심으로 새로운 가치 창출하는 기업만이 존속할 수 있다. 또한 4차 산업혁명이 전 세계적으로 전파됨에 따라서 기업은 노동력과 자본을 사용한 생산성의 효율성에 기초한 경쟁력에서 탈피하여 혁신적이고 창의적인 아이디어에 기반하여 고객을 위한 새로운 가치를 창출하여 이러한 가치를 제품이나 서비스로 고객에게 제공해야 한다. 또한 고객의 요구와 니즈는 수시로 변하고 있다. 이러한 예측 불가능한 환경을 설명하려면 복잡계 과학(complexity science)에서 발전된 카오스 이론(chaos theory)과 복잡계 이론(complex system theory 혹은 complexity systems)의 관점에서 새로운 과학 철학적 사유체계에 의해서 조직과 경영에 대한 혁신적인 시각을 제공해야 한다.

복잡계 이론과 시스템 이론에서는 어떠한 개별적인 개체도 단독으로 존재할 수 없고 "상호 연계된 부분들의 전체"를 보는 사고에 바탕을 두고 있다(Flood, 1987; 손태원, 2005: 319). 복잡계(complex system)는 기존의 개방 체계(open system)로서 인식되지만, 기존의 개방 체계 혹은 개방 시스템과 다른 점은 환경변화에 스스로 적응하는 복잡적응계(complex adaptive system)으로 인식된다는 것이다. 복잡적응계는 "생명체"처럼 환경과 상호작용하고 스스로 에너지와 정보를 생산하는 능력을 갖고 있다. 스테이시(R. D. Stacy)는 카오스 혹은 혼돈(chaos)의 개념을 비즈니스 전략적 사고의 관점에서 연구하였다(Stacy, 1992). 카오스 현상은 예측

가능하지 않는 비선형적 상태로 이해되는 현상이다. 복잡계는 전체를 형성하는 상호 작용하는 구성 요소들 간의 다양한 상태들의 경우의 수와 이러한 상태를 이해하는 상태이다. 따라서 복잡계의 개념은 시스템을 구성하는 다양한 구성 요소들 간의 상호작용으로 나타나는 현상(존재론적 입장)과 이러한 현상을 이해하는 인간의 지각현상을 이해하는 인식론적 입장을 동시에 고려해야 한다. 복합성으로 인식되는 복잡계는 다음과 같은 특성이 있다(Nicolis and Prigogine, 1989; Mainzer, 2005).

- 복잡계는 비선형성과 예측 불가능성의 특성을 띤다.
- 복잡계는 산일구조(dissipative structure)를 갖고 있으며 개방적이고 반복 불가능한 비가역적 체계의 특성이 있다.
- 복잡계는 환원주의(reductionism)로는 설명되지 않으며 전일주의(holism)적인 특성이 있다.
- 복잡계는 '출현 (emergence)'적 속성 또는 '자기조직화(self-organization)' 하는 특성이 있다. 자기 조직화는 시스템을 구성하는 개체 또는 구성요소의 행위가 자율적이고 확률적인 (stochastic) 특성이 있다.
- 복잡계는 다중적인 네트워크로 인식되며 끊임없는 학습과정(continuous learning process)으로 이해된다.
- 복잡계는 목적성 또는 의도성(intentionality)을 갖는다.

위와 같은 특성을 가진 복잡계는 공간적인 사유 체계를 넘어서는 흐름 또는 프로세스, 즉 운동하는 연속성과 비가역적인 시간을 연구 대상으로 한다. 과학적 사고의 혁신적인 발전에 의해서 탄생된 복잡계 과학(complexity science)과 복잡계 이론은 복잡계 현상을 연구하는 새로운 사고 체계와 연구 방법론을 제시하였다(Prigogine and Stengers, 1984; Stacy *et al*., 2000). 이러한 복잡계 이론은 선진 경영학자들에 의해서 조직 이론에서 응용되기 시작하였다. 예를 들어, 기업의 경영자는 알 수 없는(unkonwable) 미래를 이해하기 위해서는 새로운 시각에서 기업이 처한 복잡계 환경을 이해하여야 하며 단기적이고 기존의 사고방식을 벗어나는 '비선형적 피드백(nonlinear feedback)' 과정을 통해서 창의성을 발휘하여 조직을 변화시켜야 한다(Stacy, 1992).

2. 학습 역량의 개발

(1) 학습조직의 전략적 경영(strategic management)

학습조직의 전략적 경영이란 환경 변화 및 상황적 맥락에 적합한 장기적인 목표와 목표의 결정과 이러한 목표를 시행하기 위해 필요한 행동 방침과 자원의 확보라고 볼 수 있다. 기업은 혁신의 개념상 본질적으로 학습조직이기 때문에 다수의 이해관계자의 관점에서 복수의 경영 목적(multiple bottom line)과 민주적인 거버넌스에 보다 적합한 경영 모델을 개발하고 실행해야 한다. 이러한 전략적 경영의 관점에서 학습조직의 모델은 기업이 지역사회와 이해관계자에 대한 사회적 책임을 다하고, 기업의 활동영역을 벗어난 더 넓은 공동사회(Gemeinschaft)의 관점에서 기업의 사회적 미션과 경제적 목적을 어떻게 달성할 수 있는가에 초점이 맞추어져야 한다. 이러한 전략적인 목적을 위해서 기업은 공동사회의 사회적인 가치(value)의 창출을 통해서 지역 사회 내에서 잠재적인 고객을 발굴하고 이러한 고객의 수요를 충족시킬 때 사회적 미션을 성취하고 사회적 문제를 해결하는 파급효과를 가져올 수 있다. 기업은 이러한 공동체를 위한 가치창출과 행동에 의해서 기업을 운영하여야 한다. 기업은 학습조직이기 때문에 다음과 같은 특성을 갖는다.

• 조직과 권력

모든 조직은 권력의 원천으로 이해된다. 따라서 조직의 지속가능성은 권력의 형성과 유지에 의해서 가능하다. 권력은 지식과 밀접하게 연관되어 있고, 지식창출과 전파와 공유는 조직학습을 통해서 가능하다.

• 학습을 위한 조직설계

기업은 환경변화에 적응하기 위한 조직 학습을 위한 조직 설계와 학습 프로세스의 설계와 운영을 통해서 학습조직으로 변화가 가능하다.

• 창의적 조직관리

학습 조직으로서 기업은 혁신을 하기 위한 창의성과 이러한 창의성을 바탕으로 한 창의적 조직관리가 필요하다.

(2) 학습역량의 개발

복잡계 환경에서 생존하기 위해서는 혁신 조직은 학습 역량을 개발해야 한다. 복잡계 환경은 예측 불가능성, 모순과 패러독스로 특징지어 진다. 예를 들어, 새로이 형성된 시장의 규모와 지속가능성, 고객의 수요, 제품의 수명주기, 기술 변화의 속도, 경쟁 기업의 전략적 변화와 경영의 성격 등은 마치 복잡계의 예측 불가능성처럼 쉽게 파악할 수 없다. 이러한 복잡계 환경에서는 혁신 조직은 학습할 수 있는 역량이 개발되어야 한다. 그러면 혁신 조직의 학습 역량은 무엇이고 이러한 학습 역량을 어떻게 개발할 수 있는가? 일반적으로 조직의 학습 역량은 다음과 같다.

• 체계적인 문제 해결 능력(problem solving)

혁신 조직은 문제를 해결하기 위한 과학적인 분석, 자료의 체계화, 사실 또는 자료에 기초한 의사결정, 문제를 알기 쉽게 이해할 수 있는 개념화 혹은 모델화 시킬 수 있는 체계적인 문제 해결 능력이 있어야 한다. 이러한 체계적인 문제 해결 능력은 조직의 중요한 학습 역량이 된다.

• 탐구 과정(inquiring process)에 의한 시스템적 사고의 배양

혁신 조직은 탐구과정을 통해서 시스템적 사고를 배양할 수 있는 능력이 있어야 한다. 시스템적 사고란 어떤 현상을 전체적이고 통합적인 관점에서 파악할 수 있는 역량을 의미한다.

• 실험을 통한 학습(learning from experiment)

조직은 지식을 축적하기 위한 연속적인 소규모의 실험을 통해서 학습할 수 있는 역량이 있어야 한다. 혁신 조직은 새로운 역량과 능력을 배양하기 위해서 시범적으로 혁신 프로젝트를 만들고 이러한 혁신 프로젝트의 실험을 통해서 학습을 할 수 있는 역량이 있어야 한다.

• 경험의 활용(exploitation from experience)

조직은 과거의 활동에 대한 체계적인 평가와 기록을 통해서 향후에 경험을 활용할 수 있어야 한다. 이러한 경험의 활용은 조직의 학습역

량이 된다.

위에서 언급한 조직의 학습 역량은 혁신 조직이 필수적으로 갖추어야 할 역량이다. 이러한 필수적인 학습 역량이외에도 조직은 외부 아이디어를 이용하거나 지식의 창출과 확산을 통해서 학습 활동을 할 수 있다(표 13-2)

〈표 13-2〉 학습 역량과 조직의 학습활동

구 분	조직의 학습활동
외부 아이디어의 이용	벤치마킹, 고객과의 대화, 제품의 수요조사(고객의 행동관찰), 협력업체의 참여, **지식생태계의 활용**
지식의 확산	보고서 작성, 현장 견학, 인사교류 프로그램, 교육 및 훈련프로그램(OJT, 멘토링, 코칭 포함), **지식생태계의 참여와 활용**

제 5절 학습조직의 사례: 일본 도요타 자동차

1. 서론

본 절에서 학습조직의 사례로 일본 도요타 자동차를 살펴보겠다. 학습조직은 지식경제시대에 진입한 모든 국가에서 기업 경쟁력의 핵심요소임은 물론이고 국가경쟁력의 열쇠이다. 본 절에서는 학습조직과 관련하여 인적자원개발을 통한 조직변신은 가능한가? 라는 주제를 가지고 논의하고 자동차 사업 분야에서 TPS(TOYOTA Production System)

라는 독특한 TOYOTA-Way를 탄생시킨 14가지 핵심철학 중에서 학습조직 구축을 통해 자동차 산업분야에서 세계초일류 기업으로 거듭난 도요타자동차의 사례를 중심으로 살펴보고자 한다(김기찬, 2004).

2. 본 론

(1) 도요타 자동차의 역사

도요타(Toyota) 기업은 기업의 시발점은 수선공이자 발명가인 '사치키 도요타'로부터 시작된다. 미국의 '포드'와 마찬가지로 시골의 외진 농가에서 1800년대 후반에 성장하였다. 그 당시 직조(織造)는 일본의 중요 산업이었으며, 소규모 기업을 고양시키려던 정부는 일본 전역에 걸쳐 가내공업을 장려하였다. '도요타'는 유년시절 그의 아버지로부터 목공 일을 배워 목재 방적기계를 설계하고 제작하는데 응용하였다. 1984년에 그는 기존 제품보다 싸고 성능이 좋은 수동 직기를 만들기 시작하였다. 당시 도요타가 동력기를 발명하였을 때 가장 문제가 되는 부문은 이 자동 직기를 돌리기 위한 전력이 문제가 되었고, 그는 많은 시행착오 끝에 증기엔진을 발명하여 직기를 가동하게 되었다. 이것이 현재 도요타 방식의 일부인 '겐지 겐부츠'의 토대가 되었다. 1926년 그는 도요타의 모회사인 도요타 자동직조 제작소를 설립하였으며, 이것이 오늘날에도 도요타 그룹의 중요한 역할을 하고 있다.

도요타는 지속적인 개선을 통해 정교한 자동방직기를 만들었는데, 그의 발명 중에는 실이 끊길 때마다 직기를 자동적으로 멈추는 특별한 메커니즘이 있었는데, 이것이 바로 도요타 생산방식의 두 축 중 하나인 '지도카(인간의 감성이 미치는 자동화)'라고 불리는 시스템으로 진화하였다. '지도카'는 본질적으로 소재를 가공할 때 품질을 확보하는 것 혹은 오류를 방지하는 것을 의미한다. 아울러 근로자가 기계에 구속되지 않고, 부가가치 작업을 수행하도록 설비와 운영을 기획하는 것을 말한다.

도요타가 개발한 오류방지 직기는 도요타의 가장 인기 있는 모델이 되었으며, 1929년에 그는 그의 아들인 '도요타 기이치로'를 영국에 보내어, 당시 직조 장비의 초고 메이커였던 'Platt Brothers'사와 특허권판매 협상을 통하여 10만 파운드에 특허권을 매각하게 된다. 그는 1929년에 자동직기 특허권 매각 자금으로 현재의 도요타 자동차 회사를 설립하게 되었다.

(2) 도요타방식의 4P모델

먼저 도요타의 원칙 중 14번째 원칙인 '학습조직'을 논하기에 앞서 도요타 자동차의 4P모델을 정리하면 아래 그림과 같다.

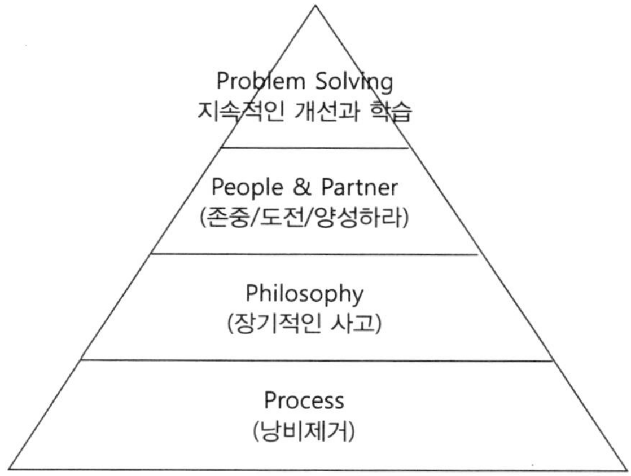

도요타 방식의 4P 모델

(3) 도요타의 원칙

도요타 방식의 핵심철학은 크게 14가지로 구분되며, 개별 원칙은 다음과 같다.

〈Philosophy〉

- 원칙 1. 단기적인 재무목표를 개선해서라도, 장기적인 철학에 기초하여 경영의사결정을 하라.

〈Process〉

- 원칙 2. 문제를 표면에 드러내기 위해 지속적인 프로세스 흐름을 만들어라.
- 원칙 3. 과잉생산을 피하기 위해 풀 시스템을 활용하라.
- 원칙 4. 작업부담을 평준화 하라(헤이준카)
- 원칙 5. 문제 해결과 품질 최우선을 위해 STOP문화를 구축하라.
- 원칙 6. 표준화된 업무는 지속적인 개선과 종업원에서 권한을 위임하는 토대이다.
- 원칙 7. 어떤 문제도 숨겨지지 않도록 시작적인 관리기법을 사용하라.
- 원칙 8. 종업원들과 프로세스에 도움이 되는 신뢰할 수 있고 철저히 검정된 기술만을 사용하라.

〈Peoples & Partners〉

- 원칙 9. 작업을 철저히 이해하고, 철학을 가지고 살며, 다른 종업원에게 그것을 가르치는 리더를 육성하라.

- 원칙 10. 회사의 철학을 이행하는 뛰어난 종업원들과 팀을 육성하라.
- 원칙 11. 도전하게 하고 개선을 지원함으로써 파트너와 부품업체로 하여금 그들의 확장된 네트워크를 존중하라.

〈Problem Solving〉

- 원칙 12. 상황을 철저하게 이해하기 위해 직접 가서 보라.
- 원칙 13. 모든 대안을 철저히 고려하여 합의가 될 때까지 천천히 결정하라. 그러나 실행은 신속히 하라.
- 원칙 14. 냉정한 반성(한세이)과 지속적인 개선(카이젠)을 통해 학습조직(學習組織)이 되라.

(4) 도요타 조직변신의 핵심: 학습조직

도요타방식의 핵심원칙 14가지 가운데 현재의 도요타를 세계 초일류 기업으로 육성시킨 것은 어느 일방에 있다고 할 수는 없지만, 현재와 같은 독특한 도요타 방식을 탄생시킨 것은, 과거 30년이 넘도록 지속적인 반성과 개선이라는 '학습조직' 문화 구축을 통한 인적자원개발이 가장 중추적인 역할을 했다고 할 수 있겠다. 도요타 조직에서는 실수를 학습을 위한 기회로 본다. 개인을 비난하기 보다는 오히려, 조직은 시정조치와 각 경험에 관한 지식을 폭넓게 공유한다. 학습은 상급자가 하급자에게, 전임자가 후임자에게, 동기를 부여하고 훈련시키며, 팀 멤버들의 모든 수준의 지식을 공유하는 지속적이며 전사적인 프로세스이다(도요타 방식 문서- 도요타 자동차 2001년). 20세기 말의 치열한 경쟁으로 21세기는 불안과 불확실성으로 시작되었다. 회사가 공장을 건설하여 좋은 제품을 만들고, 그 다음 독자적인 경쟁우위를 지키면서 한동안 그 제품에서 이익을 얻을 수 있었던 시절은 사라졌다. 적응과 혁신 그리고 유연성은 지난날의 경영방식을 동상에서 끌어내렸으며, 성공적인 비즈니스의 특징으로 생존을 위한 필수적인 요소가 되었다. 그런 조직행동을 유지하는 것은 한 가지 본질적인 특질인 "학습능력"을 필요로 한다. 사실 오늘날 비즈니스 환경에서 경의를 표할 수 있는 최고의 찬사는 진정한 "학습조직"이라는 것이다.

(5) 학습조직의 정의

피터 생게(Peter Senge)는 그의 저서인 '제 5원칙(The Fifth Discipline)'에서 학습조직을 하나의 시스템으로 정의하였다. 그의 정의에 의하면 "사람들은 그들이 진정으로 바라는 결과를 만들고 그들의 능력을 끊임없이 확장시키는 곳, 생각을 새롭고 확장된 형태로 배양하는 곳, 공동의 목표가 자유롭게 설정된 곳, 그리고 사람들이 함께 학습방식을 지속적으로 배우는 곳이다"라고 하였다. 생게는 "새로운 사고 유형"과 배우기 위한 학습을 강조한다. 부연하면 학습조직은 새로운 비즈니스가 기술적인 기법을 개발하거나 적용하기만 하는 것이 아니라, 새로운 기술과 지식 그리고 능력을 배우는 방식으로 또 다른 수준의 학습이다. 진정한 학습조직이 되기 위해, 끊임없이 변화하는 경쟁 환경에 멤버들이 적응하는 것을 돕는 것과 같이 조직의 학습능력은 시간이 경과함에 따라 발전하고 성장해야 한다. 이런 점에서 볼 때 도요타는 훌륭한 학습조직이라고 할 수 있다. 그 이유는 표준화 혁신을 위한 연속성을 창조하는 방식에서 융합된 하나의 동전의 양면으로 생각한다는 점이다. 다시 말해 도요타는 개인과 팀의 혁신을 조직 전체의 학습으로 전환시키는 안전성과 표준화를 분명히 사용하고 있다. 개별적인 종업원이 혁신적인 방식을 따라잡는 것은 하나의 일이지만, 조직학습으로 으로 이어지기 위해서 새로운 방식은 보다 나은 방식이 발견될 때까지 조직전체에 걸쳐서 표준화 되어야 하고 실천되어야 한다. 이것은 도요타방식 학습을 위한 토대이며, 혁신을 통하여 강조된 표준화이며, 새로운 표준으로 변화한다. TPS 자체는 생각하고, 배우고, 육성되는 팀 멤버들을 위해 기획되었다. 도요타는 원래 직기를 만든 것에서 그 다음에는 자동차 설계로 혁신이 진화되었으며, 그 이후의 지도자들은 정신을 유지하기 위해 열심히 일하였다. 획기적인 혁신은 도요타 방식의 한 측면이다. 아마도 가장 중요한 것은 작은 수천의 학습이 결과인 지속적인 개선을 위한 도요타의 보다 평범한 프로세스의 냉철한 적용이다. 도요타의 방식은 실수에서 배우고, 대책을 세우는 종업원들에게 권한을 위임하며, 회사의 방침을 이해하고 행동하는 종업원들에게 새로운 지식을 전파하기 위한 프로세스를 가지는 회사와 밀접한 관련이 있다고 할 수 있다.

(6) 근본원인을 발견하고, 대책을 개발한다.

대부분의 회사와는 달리 도요타는 '월간 프로그램'을 적용하지 않을 뿐만 아니라 단기적인 재무성과를 지향하는 프로그램에 초점을 두지도 않는다. 도요타는 프로세스 지향적인 기업이며, 장기적인 목표에서 신중하게 종업원들과 기술시스템에 투자하고, 높은 고객가치를 이루기 위해 함께 일하는 프로세스라고 할 수 있다. 시스템은 정보시스템뿐만 아니라 최소의 시간과 노력으로 임무를 완수하는 작업 프로세스와 적합한 절차이다. 도요타의 철학과 프로세스는 지속적인 개선에 집중하면 원하는 재무성과를 이룰 수 있다는 믿음이다. 올바를 프로세스가 올바른 결과를 낳는다. 지속적인 개선(카이젠)은 프로세스가 안정적이며, 표준화되고 난 후에 일어날 수 있다. 학습조직이 되기 위해 안정적인 인력양성과 조직적인 지식기반을 보호할 매우 신중한 계승 시스템의 안정성이 필요하다. 학습하는 것은 새로운 프로젝트에 새로운 인적자원으로 완전히 탈바꿈하는 것이 아니다. 과거에 구축된 능력과 앞으로 점진적으로 나아갈 힘을 가진다는 것을 의미한다. 결국 개선(카이젠)과 학습의 핵심은 모든 리더와 종업원들의 생각하는 태도와 방식, 즉 자기반성과 심지어 자기비판의 태도와 개선하려는 열정적인 욕구이다. 서양인들은 통상 비판과 실수의 인정을 부정적인 요소나 나약한 것으로 보는 경향이 있다. 하지만 도요타는 이와는 정반대이다. 강한 힘은 개인이 올바르게 가지 않았단 상황을 인정하고 책임을 지며, 이 상황을 막기 위한 대책을 제안하는 것에서 나온다.

(7) 5-Why

카이젠의 가장 중요한 부문은 도요타의 유명한 5-Why 문화이다. 도요타의 성공을 설명하기 위한 어떤 복잡한 도구나 기법은 없다. 도요타에는 왜 식스시그마 프로그램이 없느냐고 물으면 도요타 종사원들은 놀란다고 한다. 식스시그마는 복잡한 통계분석 도구에 기초한다. 사람들은 도야타가 그러한 높은 품질수준을 식스시그마와 같은 품질도구 없이 어떻게 이루는지 알고 싶어 한다. '다이치 오노'는 진정한 문제 해결은 '원인'이 아니라 '근본원인'을 해결해야 함을 강조하였다. 근본원인은 원인에 감추어져 있다. 전형적으로 '왜?'라고 묻는 프로세스는 해당 프로세스의 상류로 거슬러 올라간다. 이 경우 학습요

점은 무엇인가? 근본원인을 밝혀 낼 때까지 계속 묻는 것이다. 문제의 근본원인을 해결하고 나서 다시 문제가 발생하지 않도록 대책을 세워야 한다. 아래 표는 문제의 근본원인을 찾아가는 5-Why의 예이다.

〈5-Why 조사질문 사례〉

		문제의 레벨	상응하는 대책의 레벨
왜?		오일 웅덩이가 작업현장에 있다.	오일을 깨끗하게 하라.
왜?		기계의 오일을 누출하지 않기 때문에	기계를 수리하라.
		개스킷이 손상되었기 때문에	개스킷을 바꾸어라.
왜?		우리가 열등한 자재로 만들어진 개스킷을 샀기 때문에	개스킷 사양변경
왜?		우리가 개스킷을 싸게 샀기 때문에	구매방침 변경
		구매 부문이 단기 원가절감에 의해 평가되기 때문에	구매부문의 평가정책을 변경하라.

(8) 7단계의 실제적인 문제해결

도요타에서 5-Why 분석은 그들이 '실제적인 문제 해결'이라고 부르는 7단계 프로세스의 일부로서 흔히 사용된다. 상황을 파악하는 것은 열린 마음으로 상황을 관찰하고, 실제 상황을 표준과 비교하는 것으로 시작한다. '문제를 분명히 하기 위해 문제가 있는 곳에 가는 것(겐치겐부츠)'으로 시작한다. 이것은 파레토(Pareto) 분석에서 많은 다른 문제들을 우선순위로 정렬시키는 것을 포함할 수도 있다. 그것은 도요타 내에서 흔히 사용되는 단순하지만 가장 강력한 통계분석 도구이다. 이러한 실행의 궁극적인 목표는 대책을 세우고, 실행하며, 결과를 평가하는 것이다. 여기서 만일 대책이 유효하면, 그것은 새로운 표준이 된다. 도요타에서 표준화와 학습은 함께 가는 길이며, 지속적인 개선을 위한 토대이다. 만일 개선된 프로세스를 표준화하지 않으면, 이때까지의 학습은 잊고, 소실되며, 더 나은 개선을 위해 이용할 수 없는 블랙홀에 빠진다고 할 수 있다.

도구와 기법 그리고 척도 외에 도요타에서 가장 강조하는 것은 문제와 해결을 통하여 생각하는 것이다. 도요타에서 문제해결은 20%의 도구와 80%의 생각이라고 말한다. 일부 회사들은 크고, 새롭고, 정교한 분석도구를 사용하여, 문제해결이 80%의 도구와 20%의 생각인 것처럼 보이는 식스시그마 프로그램과 비교하면 시사하는 바가 크다고 할 수 있다.

(9) 한세이(反省) → 책임, 자기반성과 조직학습

도요타에서 팀워크는 개별 책임을 결코 보호해 주지 않는다. 개별 책임은 비난과 벌이 아니라 학습하고, 성장하는 것이다. 한세이는 가르쳐야 하는 것 중에서 가장 엄격한 것이지만, 도요타의 학습조직에서 없어서는 안 될 중요한 구성요소이다. 도요타에서는 비록 업무를 성공적으로 수행했다고 하더라도 한세이 카이(반성 회의)가 있다. 한세이는 도요타에서 철학적인 신뢰시스템일 뿐만 아니라 개선을 위한 실제적인 도구로 활용되고 있다.

한세이는 반성보다도 훨씬 강하고, 자신의 약점에 관해 솔직한 것이다. 자신의 약점을 성실히 인정하면, 그것은 높은 수준이며 거기에서 끝나지 않는다. 약점을 극복하기 위해 어떻게 변화해야 하는가? 그것이 바로 카이젠(개선) 개념의 뿌리이다. 한세이(반성)을 이해하지 않으면, 카이젠(개선)은 단지 지속적인 개선이다. 한세이는 전체의 프로세스의 변화를 위한 인큐베이터이다. 우리는 약점을 극복하고 살고 싶어 한다. 그것 또한 도요타가 성공에 대해 말하지 않는 이류를 설명해 준다. 우리는 보다 많은 시간을 우리 약점에 대해 말하는 데에 쓴다. 만약 도요타에 약점이 있다면, 아마 충분히 우리의 성공을 축하하지 않는다는 것이다(부르스 브라운리: 도요타 기술센터 총지배인).

(10) 프로세스 vs 결과 지향성 → 척도의 역할

도요타의 시스템을 모방하려는 회사들은 그들이 측정할 수 있는 어떤 행동양식도 받아들일 수 있다고 믿으며, 흔히 척도에 대하여 묻는다. 그러나 도요타가 회사 전체를 통하여 정교하고 공통적인 척도를 개발하는데 특별히 강하지 않다는 것을 알고는 실망하게 된다고 한다. 도요타는 공장 현장 도체에서 프로세스를 측정하지만, 단순한 척도를 좋아한다. 게다가 회사 또는 공장 수준에서 그 중 많은 것을 사용하지 않는다. 도요타에는 세 종류의 척도가 있다.

① 글로벌 성과측정: 회사의 운명은 어떠한가?

이 수준은 다른회사와 유사한 금융과 품질, 안전 척도를 사용한다고 볼 수 있다.

② 현장 성과측정: 공장이나 부서는 잘 작동되고 있는가?

작업 그룹 수준 또는 프로젝트 매니저의 수준에서 부지런히 작업을 하는 종업원들은 핵심 척도상의 발전을 기록하고, 그들은 적극적인 목표와 비교한다. 척도는 개별 프로세스에 특정한 경향이 있다.

③ 개선척도 확장: 사업부문 또는 작업그룹이 잘 작동되고 있는가?

도요타는 기업의 목표를 확장하여 각 사업 단위와 궁극적으로 모든 작업그룹을 위한 확장목표를 만든다. 이 목표에 대한 성과를 추적하는 것이 도요타 학습 프로세스의 중심이다. 다시 말하면 도요타는 작업그룹과 프로젝트 수준에 대해 추적을 행한다. 측정은 팀이 달성하려고 하는 것에 직접 관련된 것이다. 립버거(미국에 소재한 도요타의 파워트레인 제조회사 부사장)에 의하면 그가 관리자로서 발견한 가장 유용한 측정방법은 "생산라인을 멈추기 위해 각 부문에 의해 제기된 안전-풀의 숫자"라고 한다. 부문들은 각각의 안전을 초래한 문제에 주목하면서, 가장 일반적인 이유를 확인하기 위해 Pareto 분석을 사용하여 자료를 규칙적으로 그래프에 나타낸다. 그 다음 그들은 대책을 수립한다. 이 척도가 어떤 의미를 가지기 전에 분명히 잘 작용하는 안돈시스템을 가져야만 한다. 그러한 경우 이 척도는 생산프로세스에서 부딪치는 실제의 일상적 문제에 대한 큰 통찰을 제공한다. 도요타와 많은 다른 회사들과의 차이는 도요타가 프로세스 지향적이라는 점이다. 결과 지향형 관리자는 지속적인 개선 프로그램의 현실적인 결과를 즉시 측정하고 싶어 한다. 프로세스 지향형 관리자는 보다 참을성이 강하고 종업원들과 프로세스에 투자하는 것이 그들이 바라는 결과를 가져온다고 생각한다. 한마디로 표준을 개발하는 글로벌 척도는 도요타에서 우선순위가 아니라는 점이다. 그들에 있어서 중요한 것은 문제를 해결하고, 그들의 프로세스 지향형을 지원하는 척도이다. 가장 중요한 학습측정은 개선 목표의 확장에 대한 과정을 추적하는 것이다. 그것은 호신칸리(정책관리)라고 불리는 프로세스이다.

(11) 호신칸리 → 조직학습을 지향하고 동기를 부여하라.

"당신이 측정한 것은 당신이 갖는다."도요타의 조직적인 학습의 열

쇠는 공동의 목표를 향해 모든 종업원들의 목표를 일정한 곳에 맞추는 것이다. 도요타 문화의 근본적인 가치체계는 대부분 그렇다. 하지만 공통의 무한한 개선을 추구하는 과정에서 지속적인 개선에 모든 사람들을 참여시키는 것은 일정한 목표와 목적, 그리고 그러한 목적을 향상시키는 과정의 지속적인 측정이 요구된다. 여기에서 중요한 통찰은 단순하고, 측정할 수 있으며, 도전적인 목표를 성정하는 것이며, 과정을 측정하는 것이 성공과 관련된 유형의 보상이 없는 경우에도 상당한 동기를 부여한다는 것이다.

〈호신칸리(정책관리)프로세스〉

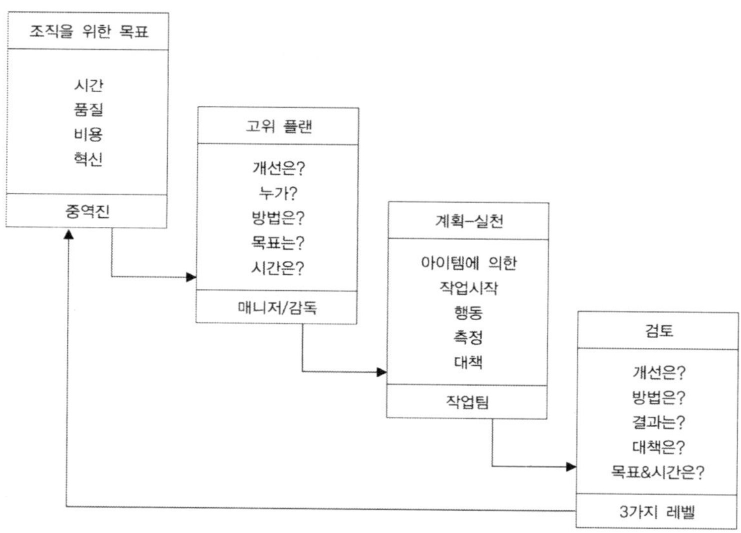

도요타 관리자들은 종업원들과 함께 도전목표를 설정하는데 능숙하며, 측정과 피드백에 관해 열정적이다. 이것이 호신칸리(政策管理)를 위한 토대이다. 때때로 정책관리로 불리는 호신칸리는 회사의 최고경

영진에서부터 작업그룹까지 목표들이 단계적으로 이행하는 도요타의 프로세스이다. 적극적인 목표는 임원의 수준에서 시작되고, 각 수준은 차례대로 한 해 동안 측정할 수 있는 목표를 개발하며, 임원수준 목표를 지원하도록 설계되었다. 도요타에서 이 목표는 매우 구체적이며 측정할 수 있어야 한다. 막연한 목표는 받아들일 수 없다. 목표는 다음과 같이 적극적인 확장목표이다.

- 포장비를 48% 줄여라.
- 운송비를 25% 줄여라.
- 재고를 50% 줄여라.
- 주품결함을 백만 개당 75% 줄여라.
- 작업보건안전국(OSHA)에 등록된 사고를 20만 시간 당 50% 줄여라.

(12) 학습조직을 만드는 것은 장기여정이다.

학습조직을 만들 때에 참여한 종업원들은 그것이 중요한 비즈니스라는 것을 알고 있다. 일본에서 도요타가 수십 년이 걸려 이룬 학습기업과 유사한 조직을 미국에서 건설하는데 10년 이상이 걸렸다고 한다. '냉정한 반성(한세이)과 지속적인 개선(카이젠)을 통해 학습조직이 되라'는 것은 도요타에서의 지속적인 프로세스이다. 심지어 도요타 생산시스템 그 자체가 계획-실행-검토-행동(PDCA)의 학습 사이클을 구현한다. 이 사이클은 일체형 흐름을 만들고, 문제를 표면화하며, 대책을 만들고, 결과를 평가하는데 어떻게 관련이 있는지 알 수 있다.

그 다음 학습조직은 대책이 작동함을 검사하고, 그 다음 새로운 문제를 표면에 드러내는 보다 많은 흐름을 창출하기 위해 재고를 줄인다. PDCA는 보통 매우 섬세한 작업프로세스에 적용되지만 학습기업에서 프로젝트가 그룹에서 회사 전체까지 궁극적으로 회사를 관통하여 PDCA를 회사의 모든 수준에서 끊임없이 사용할 것을 제안한다.

3. 결론

2004년도에 발표한 도요타의 매출이익은 사상 최고액인 1조 7,546억엔(약 175조원)으로 일본 상장기업으로 1위였다. 도요타는 2005회계연도 생산량을 22% 증가한 850만대로 늘려 세계시장에서 15%를 차지함으로써 미국 GM을 제치고 세계 1위로 부상하였다. 1980년대 미국시장에 진출한 도요타자동차는 자동차 왕국인 미국의 자존심을 여지없이 무너뜨렸다. 연로가 많이 드는 큰 자동차에 싫증난 미국소비자들에게 도요타의 경차는 날개 돋친 듯 팔려나갔다. GM, 포드 등 미국의 세계적인 자동차기업들이 도요타자동차에 무릎을 꿇었다. 미국의 언론들은 도요타의 미국시장 잠식을 빗대어 '제2의 진주만 공습'이라 부르며 두려움을 나타내고 있다.

회사를 학습조직으로 만드는 것은 힘든 작업이다. 오늘의 영광을 위해 도요타는 거의 한 세기를 보냈다. 도요타에는 훌륭한 척도들이 없지만, 문화적으로 이국적인 방식인 자기반성을 위한 한세이를 사용하며, 5-Why, PDCA와 호신칸리(정책관리) 등 복잡한 통계방식이 아닌 간단한 도구에 의존하고 있다. 지방의 작은 방직기 공장에서 출발한 도요타가 세계 최고의 자동차기업으로 성장한 비결은 여러 가지가 있지만, 그중에서도 도요타 생산시스템(TPS)을 튼튼하게 뒷받침하고 있는 것은 끊임없이 개선하고 이를 조직에 체화시켜나가는 학습조직에 있다고 할 수 있다.

제 14장 창의적인 조직변화와 조직개발

제 1절 패러다임의 변화

제 4장의 제 6절에서 언급했듯이 기업 경영의 새로운 패러다임은 "사람을 통한 창의성(creativity through people)"이다. 이론적 측면에서 보면 제 II부 복잡계 이론에서 설명한 복잡 적응계로서의 인간관과 사회관을 들 수 있다. 복잡계 이론의 관점에서 보면, 조직도 인간과 사회와처럼 살아있는 생명체로서 복잡 적응계(complex adaptive system)라고 볼 수 있다(Beer, 1981; Jackson, 2003). 복잡 적응계로서 조직의 근본적인 목적은 이윤 추구가 아니며, 환경변화에 적응하기 위한 생명체와 같은 존재이다. 생명체로서 조직의 근본적인 목적은 생존이며 자생성(viability)라고 볼 수 있다(Beer, 1985). 기업이 생존하기 위해서는 환경변화에 적응할 수 있는 '필수 다양성(requisite variety)'를 확보할 수 있어야 한다. 환경변화에 적응하기 위한 기업의 필수 다양성은 기업이 핵심역량을 확보하여 경쟁 기업과는 차별화되는 가치를 창출하여 소비자에게 제공해야 한다. 이러한 기업의 가치 창출은 결국 사람을 통해서 만들어 지게 된다. 따라서 기업의 가치창출의 핵심은 창의적 인재에게 달려 있다. 이러한 논리에서 다음 절에는 창의적 인재의 개념과 필요성에 대해서 살펴보겠다.

제2절 창의적 인재란?

1. 창의적 인재의 개념

창의성이란 개인이 보유하고 있는 사고력이나 상상력을 통해서 기존의 것을 응용하거나 새로운 사고방식으로 새로운 것을 만들어내는 역량이다. 이러한 창의성을 보유하고 있는 사람이 창의적 인재이다. 기업은 창의적 인재를 통해서 단순한 노동력에 기초한 생산성의 향상이 아닌 창의적인 아이디어를 통해 새로운 가치를 창출하여 고객에게 새로운 제품과 서비스를 제공해야 한다.

과거에는 사람을 단순한 노동자로 취급하여 조직의 구성원들을 통제와 감시를 통해서 관리하였다. 21세기 혁신 경영의 시대에서는 사람은 단순한 노동자가 아닌 새로운 기술개발을 통해 신제품과 새로운 서비스를 제공할 수 있는 창의적인 인재로 간주한다. 이러한 창의적 인재는 혁신에 있어서 가장 중요한 자원이며 비용의 관점에서 보아서는 안 된다. 종래의 패러다임에서는 사람을 비용으로 보았고, 경영자는 명령하는 사람으로 인식되었다. 이러한 과거의 패러다임에서는 종업원은 경영자의 명령에 복종하고 따르는 사람으로 간주되었다. 기업의 대부분의 종업원은 명령을 받고 그대로 따르는 것에 익숙하였다. 왜냐 하면 그렇게 하는 것이 그들의 책임을 경감하고 그들에게 스트레스를 덜 준다고 생각하였기 때문이다. 이러한 분위기에서는 종업원은 스스로 생각하고 창의적이고 도전적이지 않고, 단순히 상사의 명령에 따라 업무를 수행하는 수동적인 인간이 되었다. 하지만 이러한 수동적인 인간은 창의적인 인재가 될 수 없다. 오히려 창의적인 인재는 스스로 생각하고 판단하여 일을 처리하여 새로운 환경변화에 적응하기 위한 아이디어를 개발하고 창의적으로 업무를 처리해 나가는 도전적이고 적극적인 사람을 말한다.

일반적으로 말해서 창의적 인재는 창의적 성격을 갖고 있다. 창의적 성격은 다음과 같은 개인의 성격으로 이루어져 있다(Helson, 1999: 손태원 2005: 61에서 재인용함).

- 독창성(originality)
- 개방성(openness)
- 업무에 대한 정서적 몰입(affective involvement in work)
- 인지적, 정서적, 동기부여적 요인들이 결합된 복합적 성격
- 모순적 상황을 극복하는 성격: 전통의 유지와 새로운 도전의 양립성
- 과학자의 창의적 성격과 예술가의 창의적 성격의 조화

또한 창의성에 부정적인 영향을 미치는 태도 요인은 다음과 같다(손태원 2005: 89-90).

- 자기중심적(egotistical) 성격
- 충동적(impulsive) 성격
- 논쟁적 혹은 시비 걸기를 좋아하는(argumentative) 성격
- 성숙치 못한(immature) 성격
- 부주의하거나 사려가 없는(absent-minded) 성격
- 신경과민적임(neurotic)
- 과잉행동(hyperactive)

창의성을 저해하는 요인들에는 위와 같은 부정적 성격이나 태도이외에도 개인의 버릇이나 습관, 기존의 전통과 관행과 관습, 인지적 요인과 감정적 요인 등 심리학적인 요소들과 자원의 부족이나 조직문화에 내재된 요인들이 있다(예를 들면, 폐쇄적인 조직문화, 보수적인 태도나 행동 등).

2. 직무의 변화와 창의적 인재의 필요성

혁신 경영의 시대에서는 직원들이 수행하는 직무 자체도 변화하고 있다. 정보 기술의 급속한 발전과 인공지능(AI), 사물 인터넷(IOT), 빅데이터(Big data), 클라우드 컴퓨팅(cloud computing)과 같은 혁신 기술로 이루어낸 제 4차 산업혁명 시대에서 부서 간의 협동 체제의 강화, 이종 산업과 기업들 간의 네트워킹과 통합, 글로벌 경쟁의 확대 등으로 인하여 이제 업무는 단순 반복적인 틀을 벗어나, 창의적이고 가치 중심적인 업무로 바뀌고 있다. 이러한 상황에서 경영자는 직원들을 '관리하는 관리자'가 아닌 직원들의 협조와 참여를 이끌어 내고 이들을 활용하여 창의적인 업무를 만들고 실행하는 '생각하는 경영자'가 되어야 한다. 또한 직원들은 단순히 명령에 의해서 업무를 수행하는 '수동적인 사람'에서 탈피하여 달성할 목표를 향해서 최선의 방법을 스스로 강구하여 업무를 수행하는 '생각하는 사람'이 되어야 한다. 이러한 '생각하는 사람'이 창의적인 인재이다(안영진, 2014: 104).

창의적인 인재는 신체적으로나 정신적으로 건강해야 하고 단순히 지능만 좋은 것이 아닌 자기지각지능, 언어지능, 공간 지능, 음악지능, 대인관계 지능, 논리·수리지능, 신체·동작지능, 자연 친화지능의 다중지능(multiple intelligence)을 골고루 갖추어야 한다. 다중지능은 하버드 대학교의 교육학 교수인 가드너(Gardner, 1983)가 제시하여 개인행동의 능력과 유사한 개념으로 사용되고 있다(손태원, 2005: 68-69). 이러한 창의적 인재는 조직의 변화와 혁신경영을 지향하는 조직개발을 위해서 필요한 존재이다. 왜냐하면, 이러한 창의적 인재는 기업에서 오늘날 **기업의 핵심역량의 3대 생산 요소인 사람, 가치 창출, 지식 및 정보에**서 사람의 요소로서 기능하기 때문이다. 기존의 경제학 이론에서 본 생산의 3대 요소인 토지, 자본, 노동은 혁신경영에서 중요시하는 무형자산이 간과되었다. 따라서 무형자산을 만들고 유지시킬 수 있는 창의적 인재는 가치창출에서 가장 중요한 자산이 되었다. 최근 제 4차 산업혁명이 시작됨에 따라서 기업 간의 경쟁은 자본과 노동을 조합한 생산량의 확대보다는 사람의 학습과 지식에 기반을 둔 가치창조에 의해서 결정된다. 학습과 지식창출을 가능하게 하는 혁신경영을 통한 새로운 가치 창조가 기업의 핵심역량이 되면서 지속적인 혁신과 새로운 가치 창출이 기업의 새로운 경쟁력이 되고 있다는 인식이 보편화되고 있다(Tidd and Bessant, 2013).

제3절 조직개발: 창의적 인적자원관리

21세기는 지식경제사회라고 부른다. 지식경제사회에서는 가장 가치가 있는 자산은 창의적인 인재가 갖고 있는 지식이다. 지식사회에서 혁신 경영의 본질은 지식을 생산적으로 만드는 과정이며, 이는 경영의 혁신적인 테크닉이나 최신 경영 기법 중심의 기술적인 성격이 아니라, 사회적 기능이 매우 중요하다는 것이다. 지식경제사회에서는 지식이 새로운 경쟁력의 원천이 되면서 동시에 지식이 권력의 원천이 되고 있다(Foucault, 1980; Drucker, 1993; 김인수 2001).

창의적인 인재는 경영 기법이나 정보 기술을 잘 다루기보다는 타인과의 의사소통과 협력을 통해서 일을 성취하는 사회적 기능이 뛰어나며 창의적이고 '생각하는 사람'이다. 이러한 창의적인 인재를 어떻게 개발할 것인가? 창의적 인재를 개발하기 위해서는 새로운 지식생산의 모형에 대해서 이해 할 필요가 있다. 전통적인 지식생산의 모형에서는 대학의 상아탑을 중심으로 연구되는 학계에서 정의한 전문분야의 학문적 지식이 생산되는 것이 주류였다. 최근에는 지식이 서로 다른 분야의 지식이 융합되거나 통합되어 생산되는 학제적 지식(interdisciplinary knowledge)이거나 지식이 적용되는 곳에서 생산되는 현상을 보이고 있다. 이러한 지식생산의 모형의 변화는 〈표 14-1〉에서 정리하였다.

〈표 14-1〉 지식생산 모형의 변화

전통적 지식생산의 모형	새로운 지식생산의 모형
전문분야의 학문적 지식 동질성의 강조	학제적 지식의 강조
학계에서 문제들이 정의됨	지식이 적용되는 곳에서 지식이 생산됨
계층적이고 안정적 조직에서 지식생산	비계층적이고 일시적 조직에서 지식생산
눈에 보이지 않는 학파에 의한 질적 통제	지식에 대한 사회적 책임과 성찰과정

출처: Gibbons, *et al*. (1994)

새로운 지식생산의 모형에 의하면 지식의 적용 범위가 기업이나 산업 현장에서 지식생산은 지식 집약적인 분야에 국한되는 것이 아니라 매우 광범위해지고 있다는 것이다. 이러한 변화가 조직에 미치는 영향은 조직 구조와 직무 설계에 있어서 이미 나타나고 있다. 즉 새로운 정보 기술과 통신 기술의 발달에 의해서 조직은 수평적인 구조로 변화하고 있으며 직무 설계도 어느 한 영역에 국한되기 보다는 몇 개의 영역을 통합하는 직무 설계가 등장하게 되었다. 기업에서의 창의적 인적자원관리는 조직을 경제적 실체라기보다는 사회적 실체로 보고, 구조 설계를 통해 핵심과업을 중심으로 설정된 역할과 관계들을 재조명하는 데 초점을 맞추어야 한다.

기업들은 창의적인 인재경영과 인적자원관리를 위해서 '과학적 관리법'에 의해서 인간의 오류를 제거하려는 목적으로 설계된 기계적인 시스템 접근방법을 초월하여 한다. 또한 사람을 통제 가능한 비용요소 혹은 대체가능한 부품으로 보는 시각에서 탈피하여 사람을 진정으로 조직의 자산으로 인정하는 철학이 있어야 한다. 이러한 관점에서 창의적 인재경영과 인적자원관리의 사례로 일본의 마쓰시다(松下) 기업의 정신문화(精神文化)와 인적자원관리를 소개하고자 한다.

제4절 조직변화와 조직개발

1. 조직변화의 중요성과 개념

21세기에 들어와서 세계는 정보기술과 지식에 원천을 둔 혁신의 시대가 되었다(Isaksen and Tidd, 2006). 21세기 이전에는 토지, 노동, 자본의 3대 요소에 기반을 둔 산업기반 경제 시대였다. 그러나 세계화가 되면서 더 이상 산업경제의 패러다임으로는 기업이 생존하기 어렵게 되었고 창의성과 혁신에 바탕을 둔 창조산업 기반 경제 시대로 급격하게 변모되고 있다. 이러한 시대적 환경변화에 발맞추어 기업을 비롯한 모든 조직에서는 점진적이고 획기적인 조직변화가 절실히 요구되고 있다.

2014년 1월 22일 스위스 다보스에서 개막한 제 44차 세계경제포럼 연차 총회인 다보스 포럼에서 '창조경제와 기업가정신'을 주제로 기조연설을 한 우리나라의 박근혜대통령께서는 "지금은 새로운 세계를 재편해 나갈 동력이 절실한 시기"이며 "창조경제가 지금 세계가 안고 있는 저성장, 실업, 소득 불균형 등 3가지 문제를 해결할 길을 열 수 있을 것"이라고 말했다(경향신문, 2014년 1월 23일 제 6면). 또한 글로벌 정치경제연구소 홍기빈 소장은 창조경제를 구현하기 위한 방안은 위계적인 조직구조와 보수적인 사회체제와 경직되고 권위적인 문화에서 탈피하여 개인들이 자발적이고 주도적인 창의성을 발현할 수 있는 사회 전체의 '연성화'를 다음과 같이 강조하였다.

> 지금 한국경제가 '창조경제'로 전환하는 데에 정착 필요한 것은 사회 전체의 연성화이다. 개발경제 시대에 생겨난 한국자본주의 질서는 대기업과 소수 경제 관료와 금융 기관에 비대칭적으로 경제 권력이 집중되어 있고, 대다수의 나머지 경제 주체들은 맨 아래의 빌딩 청소부 일용직 아주머니까지 위계 서열의 질서에 따라 상명하복 관계로 조직되어 있다. 이 상황에서는 자기보다 위의 경제 권력자들의 마음에 들도록 노심초사하는 것이 경제생활의 전부일 뿐이다. 개개인이 무슨 '창조적'주체가 된다는 것은 물론이고 설령 간혹 창조적 혁신이 나타난다고 해도 이 딱딱한 위계적 권력 구조에서 그것이 현실로 구현될 가능성은 극히 적다. 사회적 경제적 관계의 성격을 더 민주적 수평적으로 바꾸고 사람과 사회의 역량을 더 강화, 개발하는 계획은 없는가.

(창조경제 '말살'3개년 계획, 경제와 세상, 경향신문, 2014년 1월23일 제 31면)

지금 우리 사회와 조직은 권위적이고 경직된 사고방식, 위계적인 문화와 '시스템'화된 조직구조와 프로세스에서 탈피하여 수평적이고 개방적인 의사소통, 창의적이고 혁신적인 조직문화, 환경변화에 적응할 수 있는 '연성화'된 조직 구조와 프로세스로 변화해야 한다. 또한 서구식 자본주의의 개인주의적 사고방식에서 벗어난 동양중심의 공동체의식과 윤리의식이 절실히 요구된다. 예를 들면, 미국사 분야의 국제적 석학으로 꼽히는 김성복 서울대 자유전공학부 초빙석좌교수(전 뉴욕주립대 석좌교수)는 "共同體(공동체) 의식이 완전히 사라진 나라, 한국"이라는 제목의 신문 칼럼에서 다음과 같이 말했다.

> 우리나라에도 예전에는 상대방을 아끼고, 존경하고, 권위를 존중하는 '덕치(德治)'의 전통이 있었는데, 요즘에는 이러한 미덕이 완전히 사라져 버렸다. … 한국에서 민주주의가 시작된 지 몇 십 년밖에 되지 않아 구더기가 나오고 있다. … 구더기 싫다고 장을 안 담글 수 없다. 남을 아끼고 존중하는 '공덕(公德)'의 정신을 발휘해야 한다
>
> **(조선일보, 2014년 1월23일 A23면)**

우리 사회는 과거의 전통적인 미덕을 되살리고 현대사회의 변화하는 흐름에 발맞추어 새롭게 변신해야 한다. 우리 사회가 새롭게 변신하려면 우선 개인 스스로가 변화해야 되고 개개인들이 모인 집단이나 조직이 변화해야 결국 우리 사회가 변화할 것이다. 그렇다면 학문적으로는 조직변화의 개념은 어떻게 정의하고 있는가. 조직행동론에서는 조직변화란 조직내 개인이나 집단의 변화, 그리고 조직차원의 포괄적인 변화 등으로 구분된다. 개인의 변화란 조직구성원 개인의 행동, 가치관, 조직몰입, 만족도 등의 변화를 목표로 하며 집단의 변화란 소집단의 과정 손실의 최소화하고 집단 또는 팀 활동을 통해서 얻

을 수 있는 장점들을 최대한 활용하는 것을 목표로 한다. 조직변화는 조직의 내·외적인 변화에 적응하기 위한 조직의 생존력을 높이려는 것이다(백기복, 2001: 465). 조직변화의 개념은 학자마다 상이하다.

현재 국내기업에서도 새로운 관점(예를 들면, 복잡계 또는 카오스 이론) 에서 전략적 방향을 제시하고 지식경영, 학습조직, 리엔지니어링, 아웃소싱, 벤치마킹 등 다양한 조직변화의 이론과 기법들이 제시되고 있다.

〈표 14-2〉 조직변화의 개념과 주요 내용

개 념	내 용
Kimberly and Miles (1980)	조직변화는 조직이 탄생하고 성장하고 소멸하는 생명사이클(life cycle)으로 이해해야 한다.
Hage (1980)	조직변화는 환경변화에 생존하기 위해서 기업이 변형되고 변신하는 것이다.
Child and Kieser (1981)	조직변화는 외부환경의 경쟁, 혁신, 공공의 요구, 정부의 정책에 따라서 새로운 전략, 작업방법의 개선, 새로운 제품과 서비스의 제공을 통해서 변화하는 지속적인 흐름 (continuos flux)이다.
Beer (1985)	조직변화는 조직구조와 과정, 전략, 조직구성원과 집단의 사고방식과 문화사이의 조화를 통해서 조직이 스스로 생존가능성 (viability)을 개발하고 지속하는 것이다.
Espejo, Schuhmann, Schwninger and Bilello (1996)	조직변화는 새로운 가능성을 발견하거나 창조하는 조직구성원들의 역량을 개발하고 발전시키는 것이다.
Boundas, York, Adams and Ranney (1996)	조직변화는 구성원들의 합의를 통해서 발생하는 계획적인 변화의 과정, 특히 구조적 변화와 문화적 변화의 일치성을 의미한다. 즉 조직문화의 변화에 부합되는 조직내 구조와 의사결정 과정, 계획수립과 실행, 의사소통의 과정에 대한 변화를 의미한다.
King and Anderson (2002)	조직변화는 조직과 조직사이의 다양한 상호작용에 통해서 외부 환경의 변화에 적응하려는 계획된 변화와 혁신(innovation)에 대한 관리(management)를 의미한다.
Jackson (2003)	조직변화는 구조적-기능적 관점, 현상학적 관점, 비판적 체계 이론적 관점, 포스트모던 체계 관점에 따라서 다르게 정의된다.

위에서 여러 학자들이 주장한 조직변화의 개념에 의하면 조직변화의 범위는 〈그림 14-1〉처럼 개인, 집단, 조직차원 및 네트워크 조직과 국가와 사회, 이해관계자 사이의 상호관계의 변화를 포함한다.

〈그림 14-1〉 조직변화의 범위

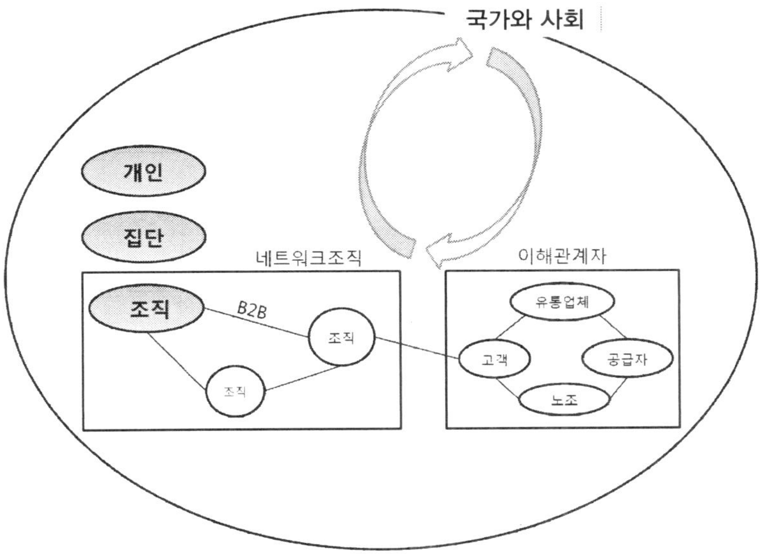

2. 조직변화의 특징

조직변화란 환경변화에 적응하려는 조직체의 의도적인 노력을 의미한다. 조직의 경영자는 조직변화를 위해서 조직구성원들을 폭 넓게 참여시켜서 개인의 욕구와 필요를 충족시켜주는 동시에 조직의 목표를 달성해야 한다. 즉 조직변화와 개발을 위해서는 조직의 최고경영자가 변화를 위한 노력을 주도하고 정신적으로나 물질적으로 적극적으로 지원하여야 한다. 최고경영자가 신념을 갖고 비전을 제시하고 의사소통의 과정을 통해서 모든 조직구성원들이 참여해야 조직변화 및 개발은 성공할 수가 있다. 조직변화에 모든 조직구성원들이 참여하려면 의사소통이 자유롭게 이루어질 수 있는 개방적인 조직문화가 기반이 되어야 한다. 샤인(Edgar Schein)에 의하면 조직문화는 기본가정, 가치 및 행동 규범으로 이루어져 있기 때문에 새로운 환경변화에 적합한 문화를 창조하기 위해서는 개인 및 팀이 스스로 문제해결을 통해서 학습할 수 있는 분위기가 조성되어야 한다. 이러한 학습하는 분위기 속에서 조직구성원 개개인은 최대한 자기 재능을 개발하고 활용할 수 있는 강력한 리더십이 실천되고 인적자원개발이 이루어져야 한다. 로스웰(W. Rothwell), 설리반(R. Sullivan), 하비(D. Harvey) 는 조직변화의 특징을 다음과 같이 설명한다(곽선화 2003: 18-19).

첫째, 조직변화는 장기적인 관점에서 이루어진다. 둘째, 앞서서 언급한 바처럼 최고경영자의 계획적이고 능동적인 역할을 통해서 변화를 주도하고 지원해야 한다. 셋째, 조직개발은 지속적인 교육과정을 통해서 조직구성원들의 사고와 태도를 변화시키는 것이다. 넷째, 최고경영자는 목표를 달성하기 위해서 조직구성원들의 협력적인 참여와 노력을 이끌어 내야 한다. 다섯째, 조직변화는 성과 지향적인 특성이 있고 동시에 인적자원의 잠재역량을 발휘할 수 있는 기회를 제공해야 한다. 여섯째, 행동과학의 원리와 시스템 접근법 및 과학적 방법을 적용하는 실천적이고 종합학문적인 성격을 갖고 있다. 마지막으로 조직변화는 인간의 가치를 중요시하는 인본주의적인 인간지향적인 가치의 실천을 중요시한다(표 14-3).

〈표 14-3〉 조직변화의 특징

주요 특징	내 용
최고경영자의 주도에 의한 계획된 변화	조직변화는 최고 경영자가 조직을 혁신하고 조직의 목표를 달성하기 위해 체계적이고 계획적인 활동이다.
참여적 접근방법	조직의 구성원들과 이해관계자들의 적극적인 참여와 협력이 필수적이다.
혁신지향성	조직변화는 조직문화와 구성원들의 가치와 사고를 변화시키는 혁신 지향적인 특성이 있다.
시스템적 관점 (systems perspective)	시스템적 관점에 의한 조직변화는 환경과 조직체의 상호관계를 전체적인 시각에서 이해하고 시스템과 환경의 상호작용을 통합적으로 이해하는 특성이 있다.
생존 및 학습지향성	조직변화는 궁극적으로 조직의 생존 가능성과 학습의 관점에서 구성원들과 조직의 생존 및 학습 역량을 발전시키는 것이다.

3. 조직변화의 모델

(1) 레윈의 변화모델(3단계 변화 모델)

1950년대 초반 레윈(Kurt Lewin)은 장이론(field theory)을 통하여 조직변화의 3단계 모델을 제시하였다. 레윈에 의하면 조직변화는 해빙(unfreezing), 변화(changing), 그리고 재결빙(refreezing)의 3단계의 과정을 거쳐 이루어진다고 한다.

①해빙단계 → 변화를 추진하는 세력과 변화에 저항하는 세력 간의 힘겨루기

②변화단계 → 변화를 위한 다양한 기법들을 사용하여 계획된 변화를 실천함.

③재결빙단계 → 바람직한 상태로 변화된 조직의 새로운 국면을 상시화 함.

4. 조직변화의 과정과 방법

시스템 사고의 관점에서 보면 조직 변화를 위해서 개발된 시스템 어프로치는 다양하다(Jackson, 2000). 본 절에서는 조직을 문화적 은유로 이해하고 조직내 구성원들의 신념과 가치 체계에 대한 이해와 변화를 바탕으로 발전된 '소프트 시스템 방법론(Soft Systems Methodology: SSM)'을 소개한다(Checkland, 1999).

(1) 소프트 시스템 방법론(Soft Systems Methodology)의 특성과 분석 범위

체크랜드(Peter Checkland)에 의해서 개발된 소프트 시스템 어프로치(SSM)은 조직을 문화적 은유로 이해하고, 조직 문화의 중요성을 인식하고 문제 상황에 대한 분석을 문화적 차원, 정치적 차원과 조직 구조와 프로세스 차원으로 구분하여 문제를 해결하고 조직을 변화시키는 방법론이다(Checkland and Scholes, 1990; Jackson, 2000). 조직을 문화적 현상으로 보는 문화적 은유의 강점은 조직변화의 과정이란 단순한 기술, 규칙, 조직구조나 시스템 또는 절차나 정책상의 변화로는 충분하지 못하고 조직 이미지와 조직 구성원들이 갖고 있는 이념, 가치나 신념 체계, 언어, 규범들, 그리고 사회적 관행들을 이해하고 변화시키는 것이다(가레스 모건, 2012: 206-210). 조직내 비가시적인 문화적 특성을 변화시키기 위해서는 경영자 자신만의 신념과 노력보다는 구성원 전체가 참여하여 공유된 의미를 창출하고 이러한 의미를 통해서 경영자와 조직구성원들의 사고방식과 태도를 변화시켜야 한다.

(2) 소프트 시스템 방법론(Soft Systems Methodology)의 적용 단계

체크랜드에 의하면 소프트 시스템 방법론을 문제해결과 조직변화에 사용하려면 우선적으로 조직의 문화적 차원과 정치적 상황을 이해한 후, 조직 체계와 프로세스 차원의 분석을 실시해야 한다(Checkland and Poulter, 2006). 조직내 정치적 상황과 문화적 차원, 그리고 조직 구조와 프로세스 간의 상호작용을 인하여 파생된 문제는 '정의하기가 모호한 힘든 문제 상황(ill-defined problem situations)'으로 인식된다. 따라서 이러한 '소프트한 문제'를 해결하려면 다음과 같은 문화적 차원, 정치적 차원과 조직 구조와 프로세스의 세 가지 차원의 이해와 분석이 선행되어야 한다. 소프트 시스템 방법론을 조직내 문제해결에 적용하는 과정은 문화적 상황의 분석(stream of cultural analysis)과 실제 문제 상황의 분석(logic-based stream of analysis)으로 구분된다. 소프트 시스템 방법론(SSM)의 문화적 상황의 분석은 다음과 같은 3단계로 나뉜다.

가. 소프트 시스템 방법론(SSM)의 문화적 상황의 분석(stream of cultural analysis)

소프트 시스템 방법론(SSM)의 문화적 상황의 분석(stream of cultural

analysis)은 다음과 같은 문화적 차원의 이해, 정치적 상황의 분석 및 조직구조와 프로세스 차원의 분석으로 나누어진다.

• 문화적 차원의 이해

조직문화란 조직을 유지하기 위해서 구성원들이 공통적으로 인식하는 신념이자 사고방식이다. 이러한 조직문화가 조직 내에서 어떻게 형성되어 변화하여 가는 지를 분석하여 문화적 차원을 이해해야 한다.

• 정치적 상황의 분석

조직내 정치적 상황이란 조직내 권력(power) 혹은 공식적인 권한(authority)이 어떻게 형성되었고 어떻게 작용하는 지를 이해하는 것이다. 본서의 제 4장에서 언급하였듯이 조직내 권력적 차원을 분석하기 위해서는 조직내 의사결정의 과정이 어떻게 이루어지고 보고 체계가 어떻게 되어 있는지를 파악해야 한다.

• 조직구조와 프로세스 차원의 분석

조직구조와 프로세스 차원의 분석은 현재의 조직 구조, 프로세스, 구조와 프로세스의 상호 관계를 파악함으로써 이루어진다. 일반적으로 조직 구조에 대한 분석은 조직내 계층, 공식적 의사소통 과정과 비공식적 의사소통의 패턴 등을 이해함으로써 이루어진다. 조직내 프로세스는 조직내 의사결정의 과정과 관련된 행동과 활동의 실행이 어떻게 이루어지는지를 파악하는 것이다. 구조와 프로세스의 상호작용에 대한 분석은 구성원들이 공감하는 조직내 분위기와 경영자의 경영 스타일 등에 의해서 이루어진다.

나. 소프트 시스템 방법론(SSM)의 실제 문제 상황의 분석(logic-based stream of analysis)

조직내 문제해결과 변화를 위한 '소프트 시스템 방법론(SSM)'의 적용 절차는 위에서 설명한 3가지 차원의 분석이 이루어진 후에 다음과 같은 다섯 가지의 단계를 거친다(Checkland and Poulter, 2006: 14).

• 문제 상황의 발견(Finding out)

조직 내에서 발생하는 문제 상황에 대한 이해와 조직 구조와 프로세스에 대한 이해를 통해서 조직구성원들의 인식하는 문제 상황을 명확히 하고 개념화하는 단계이다. 문제 상황은 글, 그림, 도표 등으로 표시하는 '문제 상황도(rich picture)'로 일목요연하게 작성한다.

• 근원적인 문제의 정의(root definitions)

조직 내에서 발생하는 문제 상황을 '문제 상황도(rich picture)'로 작성되면 이러한 문제 상황도를 바탕으로 문제의 근본적인 원인을 찾아내어 시스템 사고의 관점에서 근원적인 문제를 정의(root definitions)한다.

• 모델의 구성(Model building)

경영자와 조직구성원들 사이에 내재되어 있는 '사실과 가치에 대한 판단 체계'를 구체화하여 모델화하는 단계이다.

• 토론과 논의의 과정(Discussing and debating)

조직 구성원들이 인식하고 있는 문제 상황과 구성원들이 갖고 있는 신념과 가치 체계인 '사실과 가치에 대한 판단 체계'를 구체화한 모델과의 차이를 비교하여 조직변화를 위한 바람직하고 가능한 대안을 토론하는 과정이다.

• 대안의 선책과 행동의 실행(Defining and taking action)

제 4단계에서는 제 3단계에서 논의의 과정을 통해서 제시된 여러 가지 대안 중에서 현실 문제를 해결할 수 있는 최적의 대안을 선택한다. 최종적으로 선택된 대안을 행동으로 옮기고 행동의 결과에 대한 평가를 하는 단계이다. 행동의 결과가 조직내 문제 해결에 어떤 결과를 가져왔는지를 평가하고 이러한 평가를 바탕으로 새로운 문제가 발견되면 이러한 새로운 문제해결을 위해서 소프트 시스템 방법론의 학습과정은 또 다시 시작된다.

위와 같은 소프트 시스템 방법론의 다섯 가지의 적용 단계는 액션리서치의 순환적인 학습과정을 통해서 반복되어야 조직은 '문제해결과정'을 통해서 점차적으로 변화되어 간다(그림 14-2).

〈그림 14-2〉 소프트 시스템 방법론의 학습과정

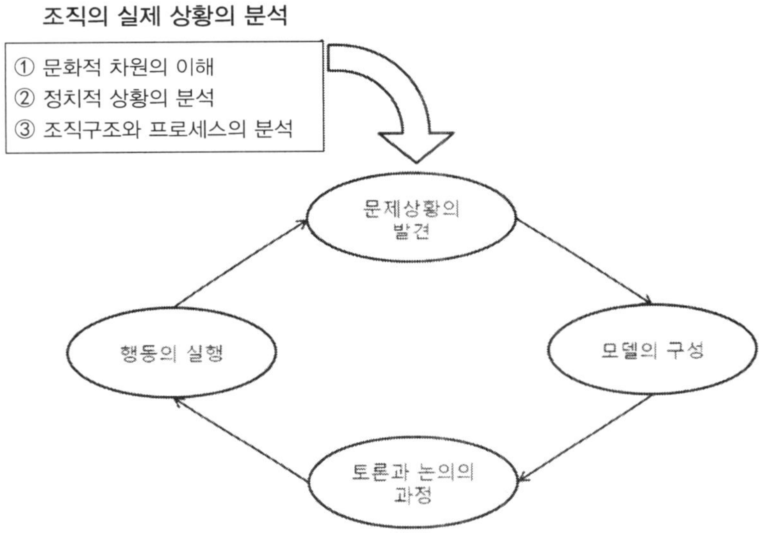

5. 조직개발

(1) 조직개발의 목적과 개념

21세기에 들어와서 급변하는 환경과 치열한 경쟁 그리고 고객의 욕구의 변화로 인하여 현대 기업과 조직은 갖가지 어려움과 도전에 직면해 있다. 조직개발의 중요성은 조직의 생존과 지속가능성을 위해서 반드시 필요하다. 그렇다면 조직개발은 왜 해야 하며, 조직개발이란 무엇이며 어떻게 해야 되는가? 본 절에서는 이러한 물음에 답하기 위해서 먼저 조직개발의 목적과 개념부터 살펴보고자 한다. 제 III부, 제 4장, 제 2절 조직행동의 모델에서 언급했듯이 조직개발의 목적은 조직내 문화, 전략, 구조, 과정, 사람 등이 잘 통합되는 정도를 향상시키고 환경변화에 효과적으로 대처하도록 조직이 자신을 변화시키는 능력을 개발하거나 조직에서 새롭고 창의적인 문제해결방법과 절차를 개발하는 것이다. 조직개발은 조직변화를 유도하기 위해서 조직변화의 주체인 경영자와 조직구성원들이 협동적으로 노력하여 문제를 발견하고 해결하는 체계적인 과정이다. 조직개발에 대한 이론적 정의는 학자에 따라서 다양하다. 벡카드(Beckhard)에 의하면 조직개발이란 행동과학의 지식을 사용하여 조직과정에 계획적으로 개입하여 조직의 효율성을 향상시키는 노력으로서 최고경영자가 계획적이고 주도적인 활동을 하는 것을 의미한다. 커밍스와 월리(Cummings and Worley, 2001)에 의하면 조직개발이란 조직효과성을 향상시키기 위한 목적으로 조직의 전략, 구조 및 과정을 계획적으로 개발하고 강화하는 데 있어서 행동과학의 지식을 적용하여 시스템의 전반을 변화시키는 것을 의미한다. 또한 버크(Burke)에 의하면 조직개발이란 행동과학의 기법, 이론, 방법론을 사용하여 조직문화를 의도적으로 변화시키는 과정을 말한다(표 14-4).

〈표 14-4〉 조직개발에 대한 다양한 정의(곽선화, 2003)

연구자	정 의
Beckhard(1969)	행동과학의 지식을 사용하여 조직과정에 계획적으로 개입하여 조직의 효율성을 향상시키는 노력으로서 최고경영자가 계획적이고 주도적인 활동을 하는 것
Bennis(1969)	조직변화에 대한 대응으로서 조직의 신념, 태도, 가치 및 구조를 변화시켜 조직이 새로운 기술, 시장, 도전 그리고 변화에 보다 잘 적응할 수 있도록 만들기 위한 복합적인 전략
Schmuck & Miles (1971)	성찰적이고 자기 분석적인 방법을 사용하여 시스템을 개선시키기 위한 목적으로 행동과학의 원리와 기법을 적용하는 계획적이고 지속적인 노력
Burke & Hornstein (1972)	계획적인 변화의 과정, 특히 사회적 과정 (예를 들면, 의사결정, 계획수립, 의사소통)에 의한 변화를 회피하는 조직문화를 사회적 과정을 제도화하고 정당화시키는 조직문화로 변화시키는 과정
Beer(1980)	조직개발의 목적은 조직구조, 과정, 전략, 조직구성원 및 문화사이의 조화를 도모하고 새롭고 창조적인 조직적인 해결책을 마련하여 조직의 자기혁신능력을 개발하는 것
Vaill(1989)	조직이 과업을 수행하고 목표를 달성하기 위해 개발할 수 있는 모든 실질적인 과정을 이해하고 개선하기 위한 조직과정
Porras & Roberston (1992)	행동과학에 근거하여 조직구성원들의 실제 업무행동을 변화시킴으로써 계획적으로 변화시키려는 일련의 이론, 가치, 전략 및 기법
Cummings & Worley (1993)	조직효과성을 향상시키기 위한 목적으로 조직의 전략, 구조 및 과정을 계획적으로 개발하고 강화하는 데 있어서 행동과학의 지식을 적용하여 시스템의 전반을 변화시키는 것
Burke(1994)	행동과학의 기법, 이론, 방법론을 사용하여 조직문화를 의도적으로 변화시키는 과정

(2) 조직개발의 기법

조직개발의 기법을 분석의 수준에 따라서 분류해 보면 〈표 14-5〉에서와 같이 개인수준, 집단수준 조직수준의 기법들로 나눌 수 있다 (French and Bell, 1984; Porras and Robertson, 1992, 표 14-5).

〈표 14-5〉 조직개발의 기법

조직개발의 수준	기 법
개인수준	감수성훈련, 개인수준의 관리그리드훈련, 교류분석, 일반적 교육훈련프로그램, 직무충실화, 역할 연기, 생애-경력계획
집단수준	팀구축, 과정자문법, 집단수준의 관리그리드훈련, 감수성훈련, 서베이-피드백, 과정자문법, 집단대면, 제3자 조정법.
조직수준	시스템 4, 목표에 의한 관리(MBO), QWL(Quality of Work Life), 조직수준의 관리그리드훈련, 관리자대면기법, 서베이-피드백, 스캔론 플랜, 인적자원회계, 종업원지주제, 보상프로그램

(3) 개인수준의 조직개발의 기법

가. 감수성 훈련(Sensitivity Training)

감수성 훈련은 1946년 레윈(Kurt Lewin)이 주도했던 T-Group의 활동이 모체가 되어 발달하였다. 감수성 훈련의 목적은 개인 자신의 행동이 타인에게 어떠한 영향을 주는지를 파악하고 자기 자신에 대한 이해를 높여서 집단의 구성원들과의 원활한 상호작용을 조성하는 데에 있다. 감수성 훈련의 절차는 다음과 같다

첫째, 훈련의 참가자는 보통 한 집단에 10~15명 정도로 구성한다. 훈련의 참가자들의 직업, 나이, 출신 등이 상이하도록 집단을 구성한다.

둘째, 훈련 집단에 참여하는 참가자들에게 특정한 과제는 주어지지 않고 참가자들이 원하는 것을 주제로 정해서 훈련에 참여할 수 있다.

셋째, 참가자들은 훈련을 받는 동안 집단 내에서 자율적인 분위기가 인정되므로 훈련 집단의 관리와 운영은 참가자들이 자율적으로 수행한다.

넷째, 훈련 집단의 구성원들 간의 토의는 정기적으로 매일 3회 실시하며, 매회 2시간씩 1주일동안 진행된다.

다섯째, 집단의 토의가 끝나면, 참가자들이 원래 속해 있던 훈련집단을 해체하고 각 집단의 구성원들을 바꾸어 새로운 훈련집단을 구성한 후 2일간 토의를 한다.

여섯째, 새로운 훈련집단의 훈련이 끝나면, 각 참가자들은 원래 소속되어 있던 훈련집단으로 복귀한다.

마지막으로, 위와 같은 과정을 통해서 2주일 간의 훈련을 끝마친다.

감수성 훈련의 효과는 효과적인 커뮤니케이션의 방법을 습득하고, 자신의 감정과 타인의 감정에 대한 이해를 높여서 타인의 의견을 존중하고 집단과 구성원 사이에 어떠한 상호작용이 발생하는 가를 터득하게 된다.

나. 관리 그리드 훈련

관리 그리드 훈련은 블레이크(R. Blake)와 무톤(J. Mouton)의 관리격자 이론에 기초하여 발전된 조직개발 기법이다. 이 기법은 구성원들이 과업수행과 인관관계기술에 있어서 모두 이상형(9.9) 인간을 개발하려는 것이다. 관리 그리드 훈련의 6단계의 훈련 절차는 다음과 같다.

첫째, 제 1단계의 관리 그리드 세미나 훈련에서는 참가자들에게 리더십 이론의 관리격자 모형에 기초한 관리 그리드에 대한 기본 개념을 설명한다.

둘째, 제 2단계의 팀개발에서는 팀의 구성원들을 (9.9)형 인간으로 개발하기 위한 기준을 설정하고, 그 기준을 달성하는 데 필요한 여러 가지 방법들을 설명하고 이러한 방법들을 실제로 경험시키는 단계이다.

셋째, 제 3단계의 집단 간의 관계개발에서는 집단과 집단 간의 원활한 관계 개발을 목표로 조직을 개발시키는 단계이다. 즉 조직개발을 통해서 집단 간의 갈등을 해소시키는 것을 실습하는 단계이다.

넷째, 제 4단계의 조직변화의 목표설정에서는 참가자들이 자율적으로 가장 이상적이고 전략적인 조직체를 구상하고 조직전체의 변화목표를 설정하는 단계이다.

다섯째, 제 5단계의 변화 목표의 추구에서는 이전 단계에서 설정한 변화목표를 계획대로 수행하는 단계이다.

여섯째, 제 6단계의 안정화에서는 현재까지 수행된 모든 활동의 결과들을 체계적으로 평가하고 새로운 시각에서 보는 단계이다. 즉 이전 단계들에서 이루어진 활동의 결과들을 측정하고 평가하며 새로운 가능성에 대해서 토론하는 단계이다.

다. 일반적 교육훈련프로그램

일반적으로 통용되고 있는 교육훈련프로그램에는 직무내 교육 훈련(OJT), 직무외 교육훈련(Off-JT), (최고) 경영자 훈련, 중간관리자 훈련, 임직원훈련, 감독자 훈련 등이 있다. 본 절에서는 기업에서 가장 많이 사용되고 있는 직무내 교육 훈련(OJT)과 직무외 교육훈련(Off-JT)을 소개한다.

1) 직무내 교육훈련(OJT: On-the-Job Training)

직무내 교육훈련은 종업원들이 현업부서 내에서 자신들이 담당하고 있는 구체적인 직무에 대해서 직속 상사로부터 수행방법이나 내용에 대해서 교육받는 것을 말한다. 직무내 교육훈련은 교육대상자인 조직구성원들이 현장에서 자신의 과업을 직접 수행하는 과정에서 교육받기 때문에 직무에 대한 지식의 향상과 직무성과에 직접적인 영향을 미친다.

2) 직무외 교육훈련(Off-JT: Off-the-Job Training)

직무외 교육훈련이란 직무현장을 떠나 연수원 또는 국내·외 대학이나 교육기관과 같은 별도의 장소에서 이루어지는 교육을 말한다. 직무외 교육훈련의 경우 실무 현장에서 교육이 이루어지지 않기 때문에 교육효과의 현장이전의 직접적인 효과와 직무성과에 대한 영향에 대한 교육효과의 정확한 평가가 어렵다. 따라서 국내 기업에서는 장기 간의 교육기간을 설정하여 학습사항의 실무 적용효과를 지속적으로 관리해 나가는 창의적이고 실무적인 교육 훈련기법들이 시도되고 있다.

(4) 집단수준의 조직개발의 기법

가. 팀구축법

집단수준의 조직개발기법으로서 팀구축법은 팀 또는 집단내 개인의 행동과 태도에 영향을 미치는 구성원 간의 비공식적인 관계를 중시하여 팀구축시 팀 또는 집단의 장점을 최대화시키려고 하는 방법이다. 팀구축의 일반적인 절차는 다음과 같다.

- **제 1단계**: 팀조직 연수 – 연수를 통해서 조직 내의 여러 팀들이 변화에 수용할 수 있도록 한다.

- **제 2단계**: 자료 수집 - 설문지를 통해서 일선 관리자들로부터 조직의 분위기, 관리의 현황, 직무만족도 등에 대한 자료를 수집한다.

- **제 3단계**: 자료 분석과 처리 – 변화담당자는 제 2단계에서 얻은 자료를 팀에게 제시하고 변화담당자가 참석하는 자리에서 문제를 공개적으로 토론한다. 공개토론에서 정해진 문제에 대한 대안들에 대한 우선순위를 정한다.

- **제 4단계**: 행동 계획 – 제 3단계에서 토론된 내용을 중심으로 선택된 대안들에 대한 실행 계획을 수립한다.

- **제 5단계**: 팀의 문제 발견과 대안제시 – 각 팀의 유효성을 저해하는 요소들을 규명하고, 문제에 대한 해결책을 만들고, 바람직한 변화가 일어날 수 있는 해결책을 실행한다.

- **제 6단계**: 팀들 간의 상호협력체계의 구축과 확산 – 조직의 전체 목표를 달성하는 데 있어서 상호 의존관계에 있는 팀들 간의 갈등 및 문제들을 찾아내고 팀들 간에 상호 협력할 수 있는 체제를 확립하여 조직 전체에 이러한 체제를 확대시켜 나간다.

나. 과정자문법

과정자문법은 개인 또는 집단이 조직 과정상의 문제를 스스로 진단하고 이해하여 해결할 수 있도록 외부의 컨설턴트가 자문을 해 주는 기법이다. 과정자문법은 구성원들 간의 커뮤니케이션, 집단 구성원들의 역할, 집단의사결정 및 문제해결, 집단 규범과 리더십, 집단 간의 협력관계를 활성화시키는 데 초점을 둔다. 과정자문법의 일반적인 절차는 다음과 같다.

- **제 1단계**: 외부의 자문자 또는 컨설턴트에게 조직이 당면한 문제에 대한 해결책을 의뢰한다. 컨설턴트는 현재 조직이 처한 문제를 해결할 수 있는 능력이 있어야 한다.

- **제 2단계**: 외부의 컨설턴트는 대상조직의 관계자와 협의 하에 용역내용과 기간, 용역에 대한 보수 등을 정하고 공식적으로 계약을 체결한다.

- **제 3단계**: 컨설턴트는 자문(컨설팅) 업무의 수행 장소와 방법을 선택한다. 컨설팅을 받는 조직에서도 팀을 구성하여 외부의 컨설턴트와 함께 문제를 논의하고 해결책을 찾고 이를 실행하는 계획을 수립하는 것이 중요하다.

- **제 4단계**: 문제에 대한 예비 진단을 위해서 설문지, 관찰, 면접, 문서 등을 통해서 자료를 수집하고 분석한다.

- **제 5단계**: 예비 진단단계에서 수집된 자료를 바탕으로 실제로 자문활동을 시작한다. 자문활동은 조직의 문제해결을 위한 논의사항의 도출, 자료에 대한 피드백, 개인별 상담 및 지도, 조직 구조나 프로세스에 대한 변화 등이 있다.

- **제 6단계**: 외부의 컨설턴트는 조직에 대한 개입활동을 서서히 줄이면서 컨설팅을 종료한다.

(5) 조직수준의 조직개발의 기법

가. QWL(Quality of Work Life)

조직수준의 기법으로 개발된 QWL은 1950년대 영국의 타비스톡 연구소(Tavistock Institute)에서 직장과 근로 현장의 질을 향상시키려는 의도에서 개발된 기법이다. QWL의 주요 목적은 구성원들이 수행하는 직무를 재구성하여 직무만족을 느끼도록 유도하고 그 직무를 통해서 자신을 개발할 수 있는 기회를 제공하는 데 있다. QWL의 일반적인 절차는 다음과 같다.

- **제 1단계**: QWL에 대한 외부 전문가를 변화 담당자로 영입하거나 QWL 위원회를 구성한다.
- **제 2단계**: QWL에 대한 전반적인 목표와 내용을 참가자에게 교육시킨다.
- **제 3단계**: 업무에 대한 관찰, 면접과 설문지를 통한 업무 현황에 대한 자료와 정보를 수집하여 QWL의 실시목표와 방법을 정한다.
- **제 4단계**: 모든 업무 현장에 QWL를 실시하기 이전에 어느 특정한 팀 또는 부서를 정하여 시험적으로 실시해 본다.
- **제 5단계**: 시험적인 QWL의 실시 결과에 대한 평가를 하고 그 내용을 다른 팀이나 부서에 통보하여 참여를 유도한다.
- **제 6단계**: 모든 업무현장과 부서에 QWL를 실시한다.

나. 시스템 4

시스템 4기법은 리커트(Likert)의 시스템 4이론에서 발전한 기법으로 관리자의 집단 중심적 리더십과 참여적 의사결정을 통해서 조직의 성과를 향상시키는 방법이다. 시스템 4기법은 시스템 1(독재형 또는 착취형 조직)이나 시스템 2(독재형, 온정형 조직)에서 시스템 3(상담형 조직)의 형태나 시스템 4(참여형 조직)의 형태로 변화시켜 나가는 방법이다. 시스템 4기법의 일반적인 적용 절차는 다음과 같다.

• **제 1단계:** 경영진과 변화담당자가 조직이나 집단의 문제 상황을 개선하기 위해서 시스템 4기법을 어떻게 활용할 것인지 논의한다.

• **제 2단계:** 변화담당자의 도움을 받아 대상 조직이나 집단에서 필요로 하는 리더십, 동기부여, 의사소통, 커뮤니케이션, 비전과 목표설정, 성과측정 등에 대한 설문지를 작성한다.

• **제 3단계:** 대상조직이나 문제 집단을 대상으로 설문조사를 실시하여 자료를 수집한다.

• **제 4단계:** 수집된 자료를 분석하여 문제를 파악하고 해결방안을 위한 전략과 계획을 수립하여 실행한다.

다. 목표에 의한 관리(Management By Objectives: MBO)

목표에 의한 관리의 개념은 1954년 드러커(Peter Drucker)의 저서 '경영의 실천(The Practice of Management)'에서 소개되어 맥그리거에 의해서 조직변화 또는 조직개발의 방법으로 개발되었다. 목표에 의한 관리(MBO)의 일반적인 적용 절차는 다음과 같다.

• **제 1단계:** 조직목표의 설정 – 최고경영자가 조직이 생존하고 성장해 나가는 데 있어서 요구되는 거시적인 조직목표를 설정하는 단계이다.

• **제 2단계:** 사업부 목표의 수립 –사업부장이 전체 조직목표와 부합되는 사업부 목표를 수립하는 단계이다.

• **제 3단계:** 팀(부서) 목표의 수립 – 팀장이 사업부 목표와 부합되는 팀 또는 부서의 목표를 수립하는 단계이다.

• **제 4단계:** 개인 목표의 수립 – 팀원 또는 부서의 구성원이 팀(부서) 목표와 부합되는 개인의 목표를 수립하는 단계이다.

- **제 5단계**: 목표의 실행 – 이전 단계들에서 설정되고 확인된 목표들을 수행하기 위한 구체적인 전략을 수립하고 실천하는 단계이다.

- **제 6단계**: 평가 및 피드백 – 평가 및 피드백 단계에서는 설정된 목표가 계획대로 수행되었는지를 평가하는 단계이다. 최초에 설정한 실적치와 목표치 간의 차이를 평가하고 그 결가를 담당집단에게 피드백해 주고 그 원인을 발견하여 수정하는 단계이다.

(6) 조직개발의 모형

전형적인 조직개발의 실행 절차는 문제인식, 문제의 진단, 변화를 위한 계획, 실행 및 평가로 이루어진다. 조직개발의 대표적인 모델은 프렌치(W. L. French)가 개발한 활동연구 또는 액션 리서치 모형, 백카드(R. Beckhard)가 창안한 조직개발모형, 하비-브라운(D. Harvey and D. Brown)이 개발한 조직개발모형이 있다(Cummings and Worley, 2001).

가. 프렌치의 활동연구모형

프렌치(W. L. French)가 개발한 활동연구(action research) 모형은 행동과학 전문가의 자문을 받아 문제 상황의 진단, 참여자들이 공동으로 수립한 공동실행계획의 수립과 실행, 그리고 실행한 효과에 대한 피드백을 한다는 특징이 있다(Cummings and Worley, 2001: 24, 그림 15-1). 프렌치 활동연구 모형의 적용 단계는 다음과 같다.

준비단계에서 조직개발의 전문가 또는 행동과학 전문가는 전체조직, 하위조직, 전체 조직과 하위 조직 간의 상하관계, 조직내 의사소통의 과정과 경로, 구성원의 역할, 집단관계, 대인관계 등을 파악하고 조직내 실제적 문제점 또는 문제 상황과 잠재적인 문제 상황이 무엇인지 분명하게 규명한다. 문제점들에 대한 자료를 수집시 질문지법, 면접법, 관찰법 및 직관력 등을 활용한다. 수집된 자료를 체계적으로 분석하여 문제의 근본적인 원인과 특성을 파악한다.

나. 백카드의 조직개발모형

백카드(R. Beckhard)가 창안한 조직개발의 모형은 조직개발의 과정에서 요구되는 교육, 자문, 훈련에 초점을 두고 있다. 따라서 백카드의 조직개발 모형의 적용단계는 문제 상황의 진단, 전략적 계획, 교육, 상담 및 훈련, 평가로 구분된다. 백카드 모형의 적용단계의 구체적인 설명은 다음과 같다. 첫째, 문제상황의 진단 단계에서는 현재 상황과 연루된 맥락에 대한 광범위한 자료수집을 통해서 대상조직의 기본속성, 역사적 배경상황과 현재 상태를 정확히 파악한다. 문제 상황의 진단에 대한 조사방법으로는 자료조사, 관찰법, 면접, 설문조사 등이 있다. 둘째, 전략적 계획단계에서는 대상조직의 상황에 대한 개선과 변화에 필요한 계획을 전략적으로 수립하는 것이다. 예를 들면, 전략적 계획 또는 전략적 목표는 팀 효율의 향상, 부문관계의 개선, 조직과 팀의 목표설정 및 방법 개선, 구성원들의 지식 향상 및 역량개발 등이 있다. 셋째, 교육단계에서는 행동 지향적인 조직개발보다는 구성원들에 대한 기초적인 교육을 통해서 조직변화와 개발을 위한 계획수립과 실행에 대한 공감대와 분위기를 조성한다. 넷째, 훈련 및 상담 단계에서는 조직이 처한 문제 상황 또는 문제들에 대해서 변화담당자 또는 조직개발의 컨설턴트가 조직개발의 기법과 방법에 대해서 구성원들을 훈련하고 구성원들과 함께 협력하여 문제를 해결해 나간다. 변화담당자 또는 컨설턴트는 문제해결의 조언자의 역할을 하는 것이 중요하다. 마지막으로, 조직개발의 평가단계에서는 조직개발의 실행에 대한 평가를 지속적으로 하는 단계이다. 자료의 수집, 분석, 평가를 통해서 실제로 조직개발의 효과를 극대화하기 위한 향후 조직개발의 실행 프로그램을 개선하거나 향상시키는 방향이 되도록 피드백한다.

다. 하비-브라운의 조직개발모형

하비-브라운(D. Harvey and D. Brown)은 행동과학적인 조직개발의 기본 가정과 가치체계를 바탕으로 다음과 같은 조직개발의 여섯 단계를 제시하였다.

첫째, 조직개발의 최초 단계는 문제의 인식단계이다. 문제인식 단계에서는 최고경영자가 조직이 처한 외부 상황과 내부 상황에 효율적이고 효과적으로 대응하기 위한 변화의 필요성을 모든 구성원들에게 인식시키는 단계이다. 둘째, 조직개발의 두 번째 단계는 변화담당자가 참가하는 단계이다. 즉 최고 경영자가 변화의 필요성을 모든 구성원들에게 인식시킨 후에, 변화담당자가 조직내 문제가 무엇인지 규명하는 단계이다. 셋째, 조직개발의 세 번째 단계는 진단 단계이다. 조직의 문제 상황에 대한 자료의 수집과 분석, 그리고 분석된 자료를 대상 조직이나 문제 부서에 피드백시켜 문제의 근본적인 원인이 무엇인지를 정확하게 밝히는 단계이다. 넷째, 조직개발의 네 번째 단계는 실행계획 단계이다. 문제 상황을 개선시키기 위해서 행동계획을 수립하고 문제해결을 위한 적절한 전략과 방법을 수립하고 실천하는 단계이다. 다섯째, 조직개발의 다섯 번째 단계는 실행 단계이다. 이전단계에서 수립한 문제해결을 위한 전략과 방법을 구체적인 행동으로 옮기는 단계이다. 마지막으로, 조직개발의 여섯 번째 단계는 종결단계이다. 대상조직이나 문제 부서가 독립적으로 문제를 해결할 수 있는 능력을 갖춤으로써 변화담당자는 활동을 중지한다. 필요시 변화담당자는 대상조직의 변화를 지속적으로 관리한다.

〈그림 14-3〉 조직개발의 실행과정에 대한 프렌치, 백카드, 하비-브라운 모형

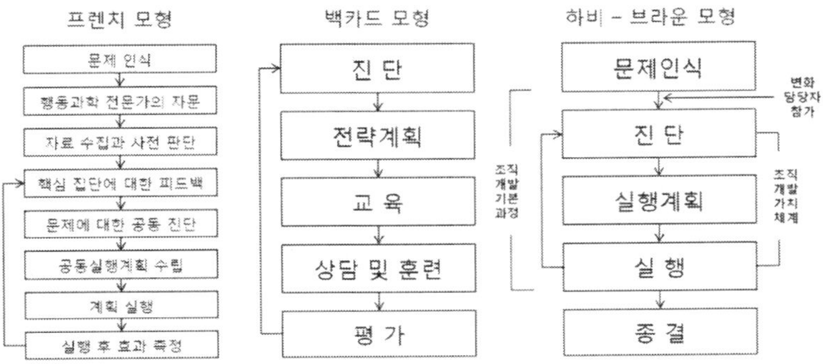

(출처: Cummings and Worley, 2001: 24)

위에서 제시한 조직개발의 3가지 모형을 바탕으로 발전된 조직개발의 종합모형의 구체적인 실행 절차는 다음과 같다(Gibson, *et al*., 2000: 450, 그림 15-3).

첫째, 문제의 인식 단계에서는 환경의 변화와 경영지표의 변화, 최고 경영자와 구성원들의 직관을 통해서 조직 내·외부의 변화상황을 감지하고 문제해결의 필요성을 인식하는 단계이다. 둘째, 예비토의와 분석의 단계이다. 최고경영자, 컨설턴트, 변화담당자가 당면한 변화의 필요성을 인식하고 변화를 위한 조직의 현 상황을 분석하는 단계이다. 셋째, 문제를 진단하고 피드백하는 단계이다. 조직 및 경영 전반에 대한 문제를 진단하고 그 원인이 무엇인지 찾아내어 경영자와 변화담당자에게 피드백하여 문제에 대한 공감대의 형성과 해결책에 대한 아이디어를 제시한다. 넷째, 변화계획 및 목표설정의 단계이다. 즉 문제상황에 대한 최적안을 모색하는 단계이다. 조직의 구조적 변화, 기술적 요인의 변화, 구성원들의 태도와 행동의 변화를 위한 변화계획과 목표를 설정하여 구체적인 해결안을 모색한다. 다섯째, 변화를 실시

하는 단계이다. 조직구조, 관리시스템, 기술 측면의 구조적 변화와 전략적 요소의 변화, 구성원들의 행동개발을 통해서 변화를 실시한다. 마지막으로, 조직개발의 효과를 측정하는 단계이다. 변화에 상응하는 경영지표를 개발하여 효과를 측정하고 피드백하는 단계이다.

〈그림 14-4〉 조직개발의 종합모형

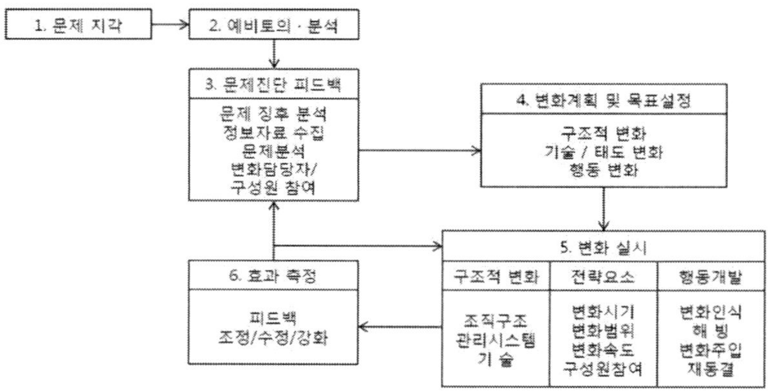

(출처: Gibson, Ivancevich and Donnelly, 2000: 450)

(7) 조직개발의 기법과 연구 방법론

가. 실험실 훈련

조직개발의 역사적 발전과정에서 보면 실험실 훈련(laboratory training)은 첫 번째로 중요한 흐름을 형성한 방법이다. 실험실 훈련은 비구조적인 소집단을 구성하여 피교육자 간의 개방적이고 자유로운 상호작용을 통해서 행동의 개선을 유도하는 행동개발의 기법이다. 미국의 MIT 대학교의 집단역학 연구소(research center of group dynamics)의 창설

자인 레윈(K. Lewin)이 주축이 되어 1946년부터 자유토의방법을 사용하여 여러 차례의 실험을 거쳐서 개발한 행동개선방법이다. 실험실 훈련은 집단역학의 방법(예를 들면, 집단 간의 상호작용, 지도력, 의사결정 등) 을 소집단에 적용시켜서 행동개발기법으로 발전시켜 집단에 속한 개인 자신의 자아인식과 행동개선에 탁월한 효과를 가져왔다. 그 후 실험실 훈련은 소집단 훈련 (영어로는 T-group training이라고 명칭함) 또는 감수성 훈련(sensitivity training)으로 불리게 되었다.

나. 설문조사와 피드백

설문조사와 피드백(survey method and feedback)은 1945년 레윈(K. Lewin)이 설립한 미국 MIT 대학교의 집단역학 연구소(research center of group dynamics)에서 레드크(M. Radke), 페스팅거 (L. Festinger), 맥그리거, 프렌치(J. French), 카트라이트(D. Cartwright) 등의 학자들에 의해서 처음으로 개발된 방법이다. 1947년 레윈의 사망과 더불어 MIT 대학교의 집단역학 연구소의 많은 행동과학 및 조직개발의 학자들이 미시간 대학교로 옮겨서 사회조사연구소를 설립하여 리커트(R. Likert), 만(F. Mann) 등과 함께 설문조사와 피드백 방법을 발전시켰다. 설문조사와 피드백은 주로 설문지를 사용하여 조직구성원들의 가치관과 태도를 조사한 후, 설문조사의 결과를 구성원들에게 피드백해 주고, 그들과의 토의를 통해서 그들 자신과 그들이 속한 집단 그리고 조직을 평가하고 진단하는 과정을 말한다.

미시간 대학교의 설문조사 연구센터에서는 설문조사와 피드백 방법을 통해서 이론적으로는 리더십, 모티베이션, 커뮤니케이션, 역할분석, 집단응집력 등 조직행동분야의 이론을 정립하는 데에 중요한 역할을 하였다. 또한 미시간 대학교의 설문조사 연구센터는 조직구성원들의 태도조사와 조직행동연구를 통해서 설문조사방법을 과학적인 연구방법론으로 발전시켰다. 1960년대에 들어와서 소집단 훈련과 설문조사와 피드백 방법이 미국의 IBM, Polaroid, Texas Instrument, American Airline, Boise Cascade, NASA 등 많은 기업 조직, 연구소와 사회개발단체에서 사용되면서 조직개발의 학문적 발전과 실무적 연구에 선두적인 역할을 하였다.

다. 사회기술적 시스템 연구

사회기술적 시스템 연구는 1950년대 영국의 타비스톡 연구소(Tavistock Institute)의 연구원인 트리스트(E. Trist)와 에머리(F. Emery)에 의해서 개발된 방법이다. 사회기술적 시스템 연구의 이론적 토대는 시스템 이론(systems theory)이다. 시스템 이론은 조직을 주변 환경과 상호작용하는 개방 체계(open system)으로 본다. 이러한 개방 체계의 관점에서 발전된 사회기술적 시스템 연구의 기본가정은 모든 조직이 상호의존적인 두 가지의 시스템인 사회 시스템과 기술 시스템으로 구성되어 있으며, 사회 및 기술 시스템의 변화는 사회 및 기술 시스템의 변화에도 영향을 준다고 본다. 따라서 조직의 목표와 개인의 목표를 동시에 달성하기 위해서는 조직의 생산성 향상과 구성원의 만족을 높이기 위해서 조직은 사회 시스템과 기술 시스템을 동시에 최적화시키는 방식으로 구조화되어야 한다고 본다. 사회기술적 시스템 연구는 현대 조직개발에서 중요시하게 다루는 조직 (재)구조화와 직무 (재)설계의 주된 개념적 토대가 되었다.

라. 액션리서치(action research)

액션리서치는 현대 조직의 조직개발의 방법론으로 가장 일반적으로 사용하는 방법이다. 액션 리서치는 과학적 연구방법인 리서치를 통해서 액션(action)을 유도하고 액션을 하는 과정에서 과학적 연구를 하는 방법이다. 액션 리서치에서 말하는 액션이란 문제를 해결하고 상황을 개선하거나 향상시키기 위해서 설계된 조직변화와 개발을 위한 프로그램과 개입활동을 의미한다.

액션리서치는 1940년대 미국의 사회심리학자인 커트 레윈(Kurt Lewin)에 의해서 개발된 조직개발의 연구방법론이다. 레윈은 제 2차 세계대전 중에 의료진, 군인들의 식사습관을 변화시키는 방법으로서 액션리서치를 개발하였다. 그 후 액션리서치는 사회 계층 또는 조직 내 집단 간에 발생하는 갈등을 연구하거나 집단 역학을 연구하고, 현장중심의 이론을 개발하는 데에도 기여한 바가 크다. 액션리서치는 현장중심의 연구(또는 리서치)를 수행한다는 장점을 갖고 있기 때문에 초창기에는 '문제중심의 연구(problem-centered reserch)'라고 불렀다. 액션리서치의 주요 특성은 연구대상이 되는 사회현상, 조직, 집단 내에 존재하는 문제에 초점을 맞추고 연구자와 참여자가 문제해결을 위한 해결책이나 대안을 논의의 과정을 통해서 이끌어 내는 것이다. 액션리서치는 구성원들 간의 조직의 문제해결을 위한 토론식 학습 과정을 통해 조직내 문제를 해결하고 조직을 변화(예를 들면, 조직구조의 변화, 조직 구성원들의 사고와 태도 변화 등) 시키는 방법이다. 액션리서치는 조직 내의 문제를 발견하고 해결하는 과정이며, 이러한 문제해결과정은 실무적인 영역인 행동(action)과 이론적 영역인 연구 또는 리서치(research)가 상호 순환하는 학습과정이다. 조직개발의 방법으로서 액션리서치는 크게 두 가지 관점, 즉 프로세스로서의 관점과 문제해결 접근법으로서의 관점에서 다음과 같이 사용될 수 있다(곽선화, 2003: 47-48).

첫째, 프로세스의 관점에서 보면 액션리서치는 경영자 또는 컨설턴트가 조직 내의 문제를 발견하고 문제를 진단하기 위해서 항상 변화하는 시스템에 대한 자료를 체계적으로 수집하고 수집된 자료를 시스템과 고객 집단에게 피드백하고, 연구가설과 자료에 기초하여 시스템 내에서 선정된 연구 대상과 변수들을 검토하여 활동 계획을 수립하고 실행하여 실행된 조치에 대한 효과를 연구하는 과정이다.

둘째, 문제해결 접근법으로서의 관점에서 보면 액션리서치는 액션리서치라는 연구방법론이 조직이 당면한 문제에 대한 해결책 및 과학적 지식과 이론적 토대를 제공한다. 액션리서치는 경영자 또는 컨설턴트가 주도적으로 사용하고 적용하는 방법이라기보다는 액션리서치의 연구자, 실행자, 지원자, 참여자 모두의 협조와 협력을 이끌어내어 현실의 문제를 정확하게 인식하고 과학적인 이론, 모델, 절차에 의해서 문제에 대한 대안이나 해결책에 대한 아이디어와 합의를 이끌어내는 방법이라고 볼 수 있다. 액션리서치의 절차는 일반적으로 문제의 발견, 진단, 대안의 선택과 실행의 4단계의 과정을 거치는 순환적 학습과정이다(그림 14-5).

〈그림 14-5〉 액션 리서치의 행동(action)과 연구(research)의 순환적 학습과정

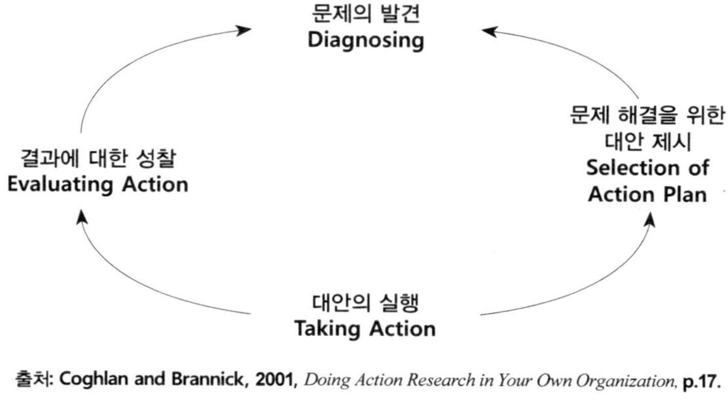

출처: Coghlan and Brannick, 2001, *Doing Action Research in Your Own Organization,* **p.17.**

〈토론 - 사례 분석: 혁신경영을 위해서 A 회사의 조직 개발을 어떻게 할 것인가?〉

최근 들어서 국제 상황은 나날이 급변하고 있다. 이러한 환경변화에 대비하여 A사는 기존의 사고방식과 패러다임에서 벗어나 조직을 새롭게 변화시키려고 한다. A사의 최고경영자인 김사장이 추구하는 경영혁신의 방향은 조직을 근본적으로 변화시켜 국제 경쟁에서 지속적으로 성장할 수 있는 핵심역량을 갖추고자 한다. A사가 핵심역량을 갖추어 경쟁력이 있으려면 고객을 위한 고품질의 제품과 서비스의 창출과 제공을 통해 이익창출을 실현하는 회사로 전환하는 것이다. 즉 A사가 핵심역량을 갖기 위해서는 '변화의 속도'에 따라서 조직을 변화시키는 것이다. 변화의 속도는 급변하는 환경에 대한 적응력으로 이해된다. 다시 말하면 비가역적이고 예측 불가능하게 실시간으로 변화하는 시장의 변화와 소비자의 욕구 변화는 복합성의 이론에서 언급하는 복잡계로 이해되며, 기업의 적응능력은 기업 내외부의 비선형적, 예측 불가능한 불확실성한 상황에 대한 정보를 가능하면 실시간으로 파악하여 대응하는 것이다. 그러나 아무리 실시간으로 정보를 처리하는 IT 인프라가 구축되어 있다고 하더라고, 이러한 시스템을 효율적으로 운영하는 조직구조와 직원 상호간에 서로 신뢰할 수 있는 조직문화가 구축되어 있지 않다면 실질적인 정보공유는 이루어지지 않을 것이다. 이러한 상황은 A사내에서 발생하고 있다. 다음은 2011년 1월에 A사가 자체적으로 서베이한 결과이다.

첫째, 조직 풍토(관계 풍토 및 업무 풍토)와 상사. 동료 직원들과의 상호 신뢰가 저조하여 현재의 조직 문화는 자율적, 참여적, 개방적인 조직 문화의 조성이 안 되어 있다. 둘째, 직원들 사이에 조직에 대한 애착과 열정이 낮다. 따라서 직원들의 이직 성향(이직 탐색, 이직 계획)이 높아서 직원들의 절반가량이 회사 생활에 별로 애착을 갖지 않는다. 셋째, 직원들이 업무 몰입도에 비해서 조직 몰입도가 상대적으로 낮다. 즉 임직원들이 조직 생활을 하는 데에 있어서 개인주의적 사고와 경쟁의식에 기초해 있다.

위와 같이 A사가 당면한 현황은 결국 A사 직원들 상호간에는 신뢰감이 부족하고 조직 구조는 수직적이고 경직되어 있어서 실질적인 대호를 통한 정보 공유가 일어나지 않는다는 것을 알 수 있다. 현재 A사가 추구하는 경영 혁신 활동의 초점은 전사적으로 지식경영 시스템을 구축함과 동시에 경직된 조직 구조와 보수적인 조직문화를 바꾸는 것이다. 그러나 김대표는 보수적인 조직문화와 경직된 구조를 어떻게 바꾸어야 할이지 고민하고 있다. 김대표는 평소에 알고 지내던 친구의 소개로 K대의 교수에게 조직 변화를 위한 자문을 받아보기로 하였다.

제 4절 창의적 조직개발: S창조기술원[16]의 사례

1. 연구의 필요성과 목적

기업 간 경쟁의 심화와 빠른 경영환경의 변화는 오늘날의 기업들을 경쟁에서 이기는 것보다도 생존하기도 힘든 상황으로 몰아가고 있다. 현재 이러한 상황을 타개하기 위한 방법으로 그 어느 때보다도 기업의 혁신능력이 기업에게 요구되고 있는 실정이다. 이러한 혁신능력의 근원적인 구성요소는 이윤창출의 원동력인 핵심기술의 개발과 보유라고 할 수 있다. 그리고 기업의 R&D 부서나 R&D 연구소 같은 기업의 연구조직은 이러한 핵심기술의 개발을 담당하고 있다. 따라서 기업의 연구조직이야말로 21세기 기업전쟁의 최전방에 서 있는 셈이다.

새로운 기술을 개발해내는 업무의 특성상 기술혁신을 위한 R&D

16) 기업의 정보보안상 가명을 사용하였음.

부서나 연구소의 노력이 반드시 성공하는 것은 아니다. 기업의 신기술개발이 성공을 거두기 위해서는 무엇보다도 R&D 부서에 핵심인력이 집중되어야 하고, 전사적인 지원이 뒷받침되어야 하며, 부서가 유기적으로 조직되어 있어야 한다. 특히 기업연구원들은 수행하는 과업의 내용, 직무환경 등에 있어서 불확실성, 창의성, 자율성 등 다른 일반적인 직원들과는 다른 그들만의 독특한 특성을 가지고 있기 때문에 연구조직은 일반부서와는 다른 조직구조와 관리가 요구된다. 하지만 그 중요성과는 달리 우리나라의 기업부설 연구조직은 존폐의 위기에 놓여있는 상황이다. 장기적인 불황으로 인한 경영난으로 소위 '돈 잡아먹는 조직'인 연구조직의 존재에 대해 의문을 품는 의견이 대두되고 있기 때문이다. 이러한 의견은 국내 대기업의 부설 연구소들이 괄목할만한 성과를 내지 못하고 있다는 점에서 일부 임원들의 지지를 얻고 있다. 그러나 만일 연구조직이 없어진다면 자체적인 기술개발이 불가능해지게 되므로 세계 시장에서 우리 기업의 경쟁력도 없어지게 될 것이다. 뿐만 아니라 국가 경쟁력에도 심각한 타격을 입게 되므로, 연구조직은 계속 존속되어야만 한다.

따라서 현 상황을 타개하기 위해서는 연구조직의 자체적인 경쟁력을 키워야만 한다. 그렇다면 어떻게 연구조직의 경쟁력을 키울 것인가? 현재보다 많은 자원을 투입해 연구조직의 경쟁력을 향상시키는 방안도 있지만, 이는 오히려 지금보다 더 효율성을 떨어뜨릴 위험이 있는 방법이므로 위험이 따르게 된다. 따라서 본 연구에서는 조직 구조적 관점에서 해결책에 접근해 보도록 하겠다. 조직구조의 효율적 개선은 조직성과를 향상시키는 중요한 변수이기 때문이다. 현재의 연구조직구조를 분석한 후 구조적 차원에서 문제점을 짚어보고, 이에 따른 대안을 제시하는 과정을 통해 본 연구는 급변하는 21세기에서 생존할 수 있는 기업의 경쟁력을 향상시키는데 조금이나마 기여하고자 한다.

2. 연구방법

(1) 연구대상선정

본 연구에서는 기업의 R&D 연구소 중 대표성이 있는 연구소를 선정하여 국내 연구조직의 현황을 분석해 보았다. 시간과 자원의 부족으로 모든 연구조직들을 조사할 수 없기 때문에 한 곳만을 선정하기로 했고, 그 결과 연구의 분석 대상으로 S창조기술원을 선정했다.

S창조기술원은 현재 국내외적으로 비교적 높은 성과를 보이고 있는 S그룹의 중앙연구소로서 1987년 10월 22일 무한탐구의 이념에 따라 설립되었다. 현재 S그룹 내 중장기 기술전략을 제시하는 역할을 담당하고 있으며, 규모 및 시설, 대우에서 모두 국내 최고 수준으로 인식되어 있는 연구소이다. 또한 국내 기업의 중앙연구소 중에서는 가장 경쟁력 있고 선진적인 조직구조를 지닌 연구소로 평가 받고 있다. 따라서 이곳의 현황을 분석해 연구를 진행하면 보다 의미 있는 조직구조 개선안의 제안이 가능할 것이라고 판단했기 때문에 S창조기술원을 분석대상으로 채택했다. 또한 친분이 있는 연구원들이 다수 근무한다는 사실 역시 S창조기술원을 분석대상으로 선택하는 계기로 작용했다. 친분관계를 이용한다면 심층 인터뷰 섭외가 수월해지기 때문이었다.

(2) 분석방법

본 연구에서는 조직개발의 방법 중 소프트 시스템 방법론(Soft Systems Methodology: SSM)을 사용하였다. SSM에서 사용하는 액션 리서치(action research)를 통한 조직변화를 유도하기 위해서 추가적으로 조직 내 내부 자료 조사, 조직의 관리자와 실무자와의 심층 인터뷰라는 질적 조사방법을 사용하였다.

먼저 연구대상인 S창조기술원의 현재의 조직구조를 분석하고 문제점을 파악하기 위하여 심층인터뷰를 사용했다. 직접 경기도 기흥에 위치한 S창조기술원을 내방하여 기술원내 회의실에서 전문연구원 3명과 2시간가량 인터뷰를 실시했다. 인터뷰 과정은 기본적으로 준비해 간 질문지를 바탕으로 하는 구조화된 인터뷰였지만, 인터뷰 과정에서 파생된 질문들을 계속 물어보는 비 구조화된 인터뷰도 병행했다. 인터뷰 후 자료를 정리하다 생긴 추가질문들에 대한 질문과 답변은 전화로 이뤄졌다. 심층 인터뷰 외에도 조사의 객관성을 기하기 위해 설문조사 등 실증적 연구 방법을 사용하는 것도 필요하지만 조직상황의 분석에는 필요할 수 있지만 조직변화를 위한 대안 제시를 하는 방법으로는 적합하지 않아서 실시하지 않았다.

연구자가 조사한 문제점을 체계화하여 설명하고 21세기 환경변화에 적합한 조직변화의 방향을 제안하는 데에는 실무자와의 면담자료를 이용하여 아이디어를 제시했다. S창조기술원 및 다른 기업연구소 홈페이지의 검색, 종합 일간지 및 경제신문 기사 검색, 시사 잡지 및 국제 전문 경제잡지(article) 검색, 관련 서적과 논문 검색 등 문헌조사도 추가적인 연구방법으로 사용되었다. 자지와 신문은 최근 동향을 반영하기 위해 2000년 이후의 기사를 대상으로 검색하였다.

3. 현황분석

(1) 조직소개

가. 설립이념 및 활동

S창조기술원은 1987년 10월 22일 무한탐구의 경영 이념에 따라 경기도 기흥에 설립되어, 미래 신규 사업 창출을 위한 원천기술 연구와 시장의 게임을 바꾸는 혁신적 제품 개발에 주력하고 있다. S창조기술원은 관계사의 전략산업 경쟁력 강화를 위하여 현장의 애로기술 해결을 지원하고, 시뮬레이션, 분석기술 등 공통기반기술 일류화도 추진하고 있다. 이와 함께 S그룹 내 중장기 기술전략을 제시하고 기술 자문을 통해 지원, 우수한 기술리더를 육성하는 등 그룹의 중앙연구소로서 역할을 수행하고 있다.

(그림 14-6) S창조기술원의 3원화 체제 연구개발

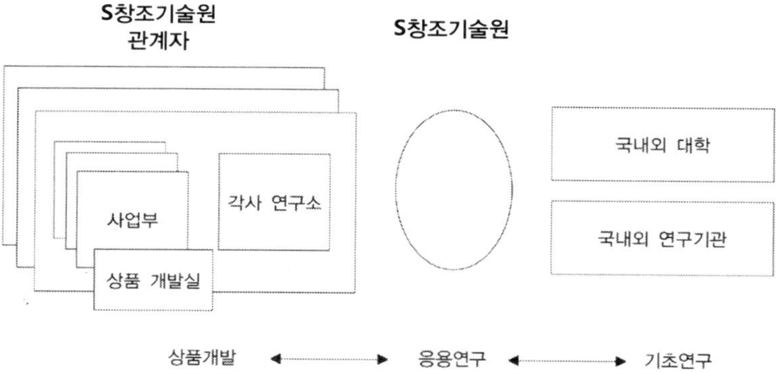

S그룹의 연구개발은 사업부 개발실, 각 계열사 연구소, S창조기술원의 3원화체제로 운영되고 있는데, 이 중 S창조기술원은 미래사업을 대비하기 위해 원천특허확보, 표준화 기술 연구, 차세대 신사업 창출에 주력한다. S전자 총괄별 연구소와 각 계열사 연구소는 신제품개발과 핵심애로기술 개발을 담당하고 있으며, 각 계열사 사업부 개발실은 제품개선, 공정혁신 등을 수행하고 있다.

따라서 S창조기술원은 관계사 제품개발에 협력하고, 글로벌 네트워크의 핵심으로 S기업의 그룹 내 연구개발에서 시너지효과의 창출을 위해 다양한 플랫폼을 제공하는 Total Solution Provider의 역할을 주력하고 있다. 또한 중요성이 증대하고 있는 국제 표준 기술제정에 초기부터 적극 참여하여 표준화 기술을 선도하고자 하는 노력을 기울이고 있다.

나. 미션(mission)

S창조기술원의 미션(mission)은 'S기업의 미래를 위한 연구(research for the future of S enterprise)'으로, 이를 좀 더 자세히 살펴보면 다음과 같이 구성되어 있다.

(그림 14-7) S창조기술원의 미션

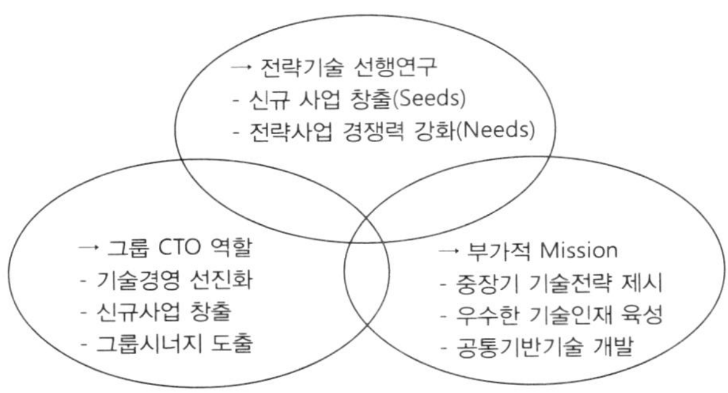

다. 비전(vision)

S창조기술원의 비전은 '꿈과 기술이 있는 연구소'이다. 비전의 세부 요소는 기술의 한계에 도전하고 이를 극복하여 독창적인 기술을 창조한다(challenge the limits, create a unique technology), 고객의 가치, 기술원의 가치를 창출하여 우리의 꿈과 이상을 실현한다(commit to the value for customers and our technology institute, realize our dream), 6시그마를 달성하여 세계수준의 경쟁력을 확보한다(go for six sigma, build world-class competence)의 세 가지로 구성되어 있다.

라. 전략(strategy)

조직의 비전을 실현하기 위한 S창조기술원의 전략은 다음의 세 가지로 요약된다.

첫째, 기술혁신뿐 아니라 가치혁신을 동시적으로 추구하는 R&BD (Research & Business Development) 활동으로 4세대 연구혁신체계 구축에 주력한다. 4세대 R&D는 고객의 잠재욕구실현, 연구와 응용과 혁신의 융합화, 연구와 사업개발의 복합화, 이를 통한 가치혁신의 시장 지배적 제품개발만이 평가를 받는다.

둘째, R&D 부분의 지식경영을 추구한다. 이는 전문능력을 가진 연구원들과 그 동안 축적된 기술자산과 지식의 공유, 활용 프로세스 및 IT 인프라를 바탕으로 연구부문의 지식경영의 표준을 만들어 간다.

셋째, 처음부터 올바른 일을 올바르게 시행한다는 철학으로 연구부문의 6시그마로서 DFSS(Design For Six Sigma)를 추진한다. 제조업 분야에서 효율성 향상을 위해 적용되는 방법론인 6시그마를 연구혁신에 응용해 연구혁신에 추진함으로써, 연구생산성을 향상시키고 올바른 연구개발로 고객가치를 창조한다.

(2) 조직구조분석

하치(Mary. J. Hatch)는 조직의 개념적 모델을 제시함으로써 조직 구성요소를 분석했다. 이 모델은 조직을 기술, 문화, 사회적 구조, 물리적 구조의 교집합으로 간주한다. 이 네 가지 구성요소들은 상호작용하며, 이들은 다시 더 큰 요소인 조직을 둘러싼 환경과 중요한 관계를 지닌다고 본다. 이를 그림으로 나타내면 다음과 같다.

(그림 14-8) 다섯 가지 순환 모델(Five Circle Model)

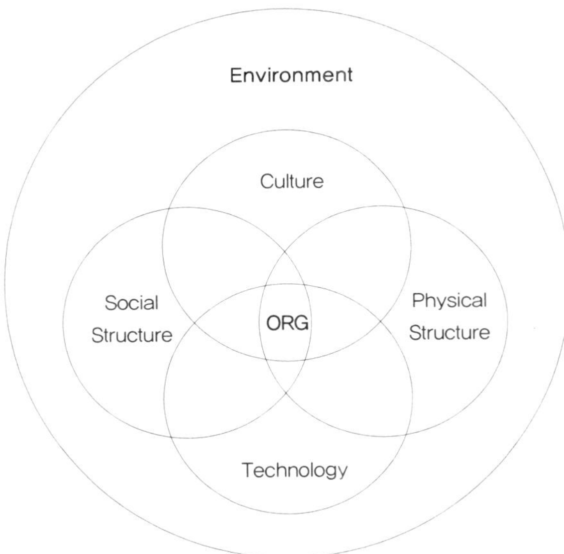

본 연구에서는 S창조기술원의 조직구조를 위에서 언급한 모델에 따라 분석하고자 한다.

가. 기술(technology)

조직에서의 기술은 생산 프로세스에 관련된 기술인 핵심기술과 환경 적응과 관련된 첨단기술의 두 가지로 나뉠 수 있다. S창조기술원의 경우 생산조직이 아닌 연구조직이므로 생산의 결과물은 바로 '사업성 있는 기술(business-oriented knowledge)'이라 정의 할 수 있다. 따라서 생산 프로세스와 관련된 핵심기술로는 연구방법론, 과학기술 전문지식 등을 들 수 있다. 또한 환경 적응과 관련된 첨단기술로는 컴퓨터 사용 기술, 분석기계 사용기술 등을 들 수 있다. S창조기술원은 조직원의 기술을 향상시키기 위한 제도로서 체계적인 교육 시스템을 운영하고 있다. 현재 수행하고 있는 교육 프로그램은 다음과 같다.

〈표 14-7〉 S창조기술원의 교육체계도

기본소양	
인적자원의 기본소양 및 자질함양	
입문교육	신입입문
직무기초	특허실무
	특허고급
	기술정보
	기술문 작성
	영어논문작성
	Presentation Skill
	창의력 개발
	합리적 경영사고 기법
기본소양	Human skill * 대인관계 * 커뮤니케이션 * 팀빌딩 * 갈등관리
	Cost Management
	연구원인성개발과정
	어학, 정보화

연구방법론	
바람직한 연구개발 실천을 위한 tool 제공	
6시그마	White Belt
	Green Belt
기본소양	TRIZ 초급, 중급
	DOE 초급, 중급
	QFD
	기술TREE
	Roadmap
	Value Curve
	다구찌 기법

연구혁신	
21C 기술 트렌드 창출 및 가치혁신을 위한 4세대 R&D 실천적 모델 구현	
4세대 R&D	4세대 R&D : 1일
기술경영	기술경영기본과정 : 2일 *기술전략/분석 *기술협력/예측
	기술경영고급과정 : 3일 *사업성평가 *기술가치 평가
	Project Manager 기본과정 *R&D마케팅 : 2일 *SSP/SAP : 1일 *6시그마 GB : 3주 *기본집합 : 3일
	Project Manager 보수과정 : 4일 *GE PLC *리더십, 팀웍 *사례연구 *Risk관리
	Technology Leader 실무과정 *R&D 마케팅 : 2일 *6시그마 GB : 3주 *Role, Human skill ; 2일+2일=4일
	IRI, SRI 특별연수과정

전문지식	
LAB 단위 차원관리에 기초한 교육	
전문기술	*기술세미나 *Group Study *학회/컨퍼런스 *학술연수 *Visiting Scholar
공통기술	*생산기술, 품질기술
	*첨기연 과정
	*e-campus과정
	*기타외부위탁교육

나. 사회적 구조

조직에서의 사회적 구조는 조직 내에서의 지위와 역할에 따라 상호 의존적으로 관계하는 개인이 행동할 수 있는 범위나 행동양식을 정해 주는 사회적 정의나 틀을 뜻한다. 따라서 조직의 사회적 구조란 조직의 목표를 달성하기 위해 조직 구성원 및 집단의 행동에 영향을 미치는 직무와 부서의 상대적으로 안정된 프레임워크라고도 정의할 수 있다. 본 연구에서는 S창조기술원의 사회적 구조를 직급체계, 조직체계, 업무체계의 세 가지로 구분하여 분석하겠다.

• 직급체계

S창조기술원의 직급체계는 기본적으로 수직적 계층구조를 따르나, 일반 기업조직에 비하면 수평적 계층구조의 특성을 많이 지니고 있는 것으로 판단된다.

S창조기술원의 공식적 직급체계는 '연구원(사원) → 주임연구원(주임) → 선임연구원(대리) → 책임연구원(과장) → 수석연구원(차, 부장) → 연구위원(상무) → 연구소장(전무)'의 7단계 수직적 계층구조이다. 하

지만 연구위원 이하의 직급을 가진 조직원들의 실생활에서의 대화는 '연구원'과 '전문연구원'의 두 가지 호칭으로만 이뤄진다. 선임연구원 Pay band2 이상의 직급부터 '전문연구원'이라는 호칭이 부여되고, 그 아래는 '연구원'이라는 호칭으로 불려진다.

• 조직체계

S창조기술원의 조직체계는 연구 분야별로 구성되어 있다. DIGTAL, NANO, OPTO, ENERGY, BIO의 다섯 가지 핵심 연구 분야별로 실험실(Laboratory, LAB)들이 여러 가지 소속되어 있으며, 또한 각 LAB은 다수의 프로젝트 팀으로 구성되어 있다. 이를 그림과 표로 살펴보면 다음과 같다.

〈표 14-8〉 S창조기술원의 연구 분야 및 내용

연구 분야	내 용	
DIGITAL	기술정의	0과 1의 조합으로 모든 정보를 표현할 수 있는 기술
	소속LAB	Multimedia Lab / HCI Lab / I-Networking Lab
NANO	기술정의	원자와 분자 크기의 물질을 다루는 기술
	소속LAB	MEMS Lab / Materials & Devices Lab / E-Polymer Lab / Storage Lab
OPTO	기술정의	LD/LED에 근거를 둔 광원과 Tera bit 이상의 초고속 광통신 부품, 디스플레이 등 21세기 정보처리 기술의 90% 이상을 차지하는 기술
	소속LAB	Materials & Devices Lab / E-Polymer Lab / Photonics Lab / MEMS Lab
ENERGY	기술정의	기존 Battery의 한계를 극복할 수 있는 미래 에너지
	소속LAB	Materials & Devices Lab
BIO	기술정의	작은 기판 상에 생물분자(DNA, 단백질)를 결합시켜 유전자 발현 양상, 유전자 결함, 단백질 분포, 반응 양상 등을 분석하거나 생물학적 반응 및 분리 등을 수행하는 기술
	소속LAB	Digital Bio Lab
BASIC TECH	기술정의	슈퍼컴퓨터를 활용한 시뮬레이션 기술과 재료분석기술은 모든 연구개발에 기반이 되는 공통기술
	소속LAB	다른 LAB 기술을 지원하는 역할을 하므로 별도의 LAB 없음

LAB의 리더는 랩장으로 불리며, 연구위원의 직급부터 랩장이 가능하다. LAB의 하부에는 기술 집단(technical group)가 있는데, 이는 타깃 제품을 개발하기 위해 그 제품과 관련된 프로젝트 집단(project group)들을 세 개씩 묶은 조직형태를 말한다. 기술 집단의 리더는 전문연구원 이상이면 누구나 가능하다. 그리고 LAB을 구성하는 가장 하위요소인 프로젝트 집단의 리더 역시 전자와 동일한 자격요건을 가지게 된다. 프로젝트 집단의 구성은 다음과 같이 이뤄진다.

전문연구원이 개발할 과제를 제안하고, 이것이 승인이 되면 연구원 스스로 팀원을 모집하게 된다. 만일 개인의 능력으로 팀원 모집이 불가능하게 된다면, 인사부서에 도움을 요청해 외부에서 인력을 선발해 충원하게 된다. 문론 인력선발에 있어서 인사부서는 프로젝트 집단의 리더의 의견을 절대적으로 반영한다. 이렇게 필요한 인력이 모아지면 과제에 착수하게 되는데, 과제별로 최저 6개월에서 최고 4년까지 팀이 유지되게 된다. 따라서 프로젝트 집단은 매우 유기적으로 구성이 이뤄지는 하부 조직이라고 할 수 있다.

• 업무체계

S창조기술원의 업무체계의 특징으로 매트릭스(matrix) 조직과 아웃소싱(outsourcing)이 있다.

조직내 종축과 횡축의 두 지휘명령 계통을 설치하고, 이원적 관리에 의해 활동하는 조직인 매트릭스 조직을 S창조기술원은 프로젝트 중심 조직의 특성에 맞게 적용시켜, 연구 인력의 관리를 인사부서와 프로젝트 집단의 이원적 관리체계로 운영해 인력관리와 인력충원의 효용성을 높였다. 프로젝트 집단의 리더의 지휘 하에 작성된 연구원의 경력, 실적, 인사고과 등의 Data가 인사과로 보내지면, 인사과는 이를 체계적으로 분류해 각 항목별로 유사한 사람끼리 묶어서 정보를 처리한다. 그리고 프로젝트 집단의 리더가 인력충원을 요청하면 인사과에서 조건에 맞는 사람을 찾아 유기적으로 연결시켜주는 것이 바로 S창조기술원 식의 매트릭스 조직인 것이다.

두 번째 특징인 아웃소싱은 조직에서 각 프로젝트 팀에 업무의 일정 부분 이상을 외주 업체에 맡기라는 규정을 정할 정도로 전략화되고 일반화 되어 있다. 기업 내부의 프로젝트를 제 3자에게 위탁해 처리하는 아웃소싱을 통해 업무를 효율적으로 처리할 수 있다. 아웃소싱으로 외주 업체에 개발이나 생산을 의뢰할 경우 외주 업체 어느 누구에게도 관련 정보를 공개하지 않을 것을 약조 비밀보호조약(NDA, Non Disclosure Agreement)를 체결한다. 이처럼 S창조기술원의 아웃소싱은 지적재산권을 보호하며 일을 효율적으로 처리할 수 있게 만들어 주는 바람직한 업무체계라 할 수 있다.

다. 문화(culture)

조직문화는 조직 내에서 역사적으로 형성되어 온 조직구성원들의 가치관, 행동양식, 조직 고유의 상징 및 특성, 관리관행, 경영이념 등으로 구성되는 조직 특유의 가치체계라 할 수 있다. S창조기술원의 조직문화는 다음과 같은 특징이 있다.

첫째, 절차와 보고, 회의가 많은 형식주의가 업무 프로세스를 지배한다. 인터뷰 결과 조직원들은 지나치게 까다로운 보고절차와 별로 중요하지도 않은 사안에 회의를 하는 것에 불만을 나타냈다. 둘째, 다른 조직보다는 비교적 평등한 문화이나 여전히 수직적 위계질서가 존재한다. 따라서 상의하달문화의 성격이 강해 조직의 안정성은 추구되지만 변화와 혁신이 어렵다. 셋째, 불확실성에 대한 회피성향이 낮은 경향이 있다. 연구비에 대한 규제가 비교적 적기 때문에 실험적인 과제에 도전하는 팀들도 상당수 된다. 하지만 현재 위기경영 의식이 팽배하기 시작하면서 연구비에 대한 규제가 서서히 강해지고 있는 실정이다. 마지막으로 이기주의에 가까운 개인주의 문화가 인간관계를 지배한다. 이는 뒤에서 서술할 특허에 기준한 평가제도에서 기인한 것으로 판단된다. 또한 기업에 오기 전 학교에서 혼자 연구를 수행했던 대다수 연구원들의 경험 역시 이기주의적 개인주의 문화가 형성된 원인으로 꼽힌다.

라. 물리적 구조(physical structure)

S창조기술원의 공간구조는 크게 사무실 구조와 실험실 구조로 나뉠 수 있다.

사무실은 컴퓨터, 전화기, 팩스, 복사기, 프린터, 책상 등 일반적 사무용품이 구비되어 있으며, LAB 당 사무실이 하나씩 배정된다. 사무실 안에는 프로젝트 팀 별로 파티션으로 나눠져 있어 독립적인 공간을 사용한다. 하지만 이 파티션은 높이가 매우 낮아 자리에서 일어나면 다른 팀의 구성이 다 보일 정도이다. 팀원들의 책상들은 칸막이 없이 모여 있어 열린 공간구조를 형성한다. 한 가지 특이한 점은, 일반회사와는 달리 상무급 임원인 랩장의 방이 분리되어 있지 않고, 사무실 안에 함께 존재한다는 사실이다. 실험실에는 실험기구, 실험설비, 분석기계, 컴퓨터, 원료 등 실험에 관한 모든 것이 구비되어 있다. 실험실의 성격(화학, 물리 등)에 따라 여러 개의 실험실이 존재하며, 각 실험실은 효율적인 공간 활용을 위해 다시 과제별로 구역이 나눠져 있다.

마. 조직내 통제기능(control in organization)

• 평가체계

조직내 통제기능은 S창조기술원의 평가체계에 의해서 이루어 진다.

〈표 14-9〉 S창조기술원의 평가체계

정 의	주된 직무에 대한 인사평가
수행방법	— 목표기준법(MBO) 사용 : 분기 시작 시 제시한 목표를 얼마만큼 달성했는가를 평가 : Project 리더의 경우는 과제개발의 성공이 분기의 목표가 되며, 팀원의 경우는 과제와 관련된 특허를 획득하는 것이 분기의 목표가 됨 — 책임연구원 이상의 직급에는 다면평가가 시행됨
수행단계	— 목표 설정 : 프로젝트팀의 목표에 따라서 소속연구원 개개인의 목표 정해짐 : 분기 시작 시 리더와 상의해서 목표를 결정하는데, 포괄적 목표를 정한 후, 그에 따른 세부목표를 설정하며 각 목표별로 중요도를 할당 — 목표 1차 평가 : 분기 초기에 개인이 설정한 목표에 따라 분기 말에 평가가 이뤄짐 : 각 목표에 대한 수행 정도를 평가자가 에세이로 서술함 — 목표의 2차 평가 : 1차 평가의 에세이를 바탕으로, 피평가자의 상사가 평가자가 되어 점수를 부여하며, 상대평가로 이뤄짐 : 공식적으로 정해진 기준 없이, 평가자의 자율에 맡김 : 프로젝트팀 리더에 의한 1차 점수 → LAB 리더에 의한 2차 점수 → 연구소장에 의한 3차 점수로 이뤄짐 (1차 점수의 비중 가장 높음) : 점수는 A, B, C, D로 평가되며, 이는 다시 +, 0, -로 나뉨 = A는 전체의 10%, B는 20%, C가 60%, D가 10% 정도로, 다른 부서와 동일한 수준임 / 평가결과에 따라 A와 B는 성과급 상승, C는 동결, C-와 D는 성과급 삭감됨

S창조기술원은 1년에 두 차례의 업적 평가와 한 차례의 능력 평가로 인사평가를 시행한다. 연구조직의 경우 직무 특성상 역할이 뚜렷하게 배분되어 있기 때문에 업적평가에서 업무의 수행 정도를 명확하게 평가할 수 있다.

• 평가체계

이러한 평가체계는 연구원의 업적평가를 통해서 S종합기술원의 연구역량을 향상시키기 위한 것으로 도입되었다. 또한 이러한 평가체계를 통해서 보상체계인 연봉제의 등급을 정하고 있다.

• 보상체계

S창조기술원은 기본적으로 연봉제를 채택하고 있다. 연봉제는 전 임직원을 대상으로 매년 3월 ~ 익년 2월까지 적용되며, 매년 개인평가 결과에 근거해 다음 해 연봉을 결정하는 방식으로 운영된다. 올해의 연봉은 '전년연봉 + (전년연봉 * 연봉상승률)'로 계산되며, 연봉상승률은 '정기인상률 + 평가등급률'로 계산된다. 각 연구원에게 지급되는 월급은 기본급과 능력급으로 구성되는데, 기본급은 같은 직급이라도 Pat Band와 근속연한에 따라 달라지고, 능력급은 전년도 인사고과에 따라 변동된다. 그 외에도 성과 및 자격에 따라 보상의 차등화가 이뤄진다.

〈표 14-10〉 S창조기술원의 성과 및 자격에 따른 보상의 차등화

연구 성공 인센티브	― 개발 중인 연구가 성공적으로 수행되었을 경우, PS(Profit Sharing)와 PI (Profit Incentive)의 차별화가 있음. : 보통 성과의 연구원들이 받는 PS와 PI의 액수와 비교했을 때 평균적으로 약 10~20% 정도 더 증가한 액수를 받음.
특허수당	― 국내특허 취득의 경우 30만원, 해외특허 취득의 경우 100만원 가량을 개발 연구원에게 보너스로 지급함. ― 특허취득 당시의 수당은 있으나, 특허기술로 회사가 생산을 해 이익을 냈을 경우, 이에 대한 배당금이나 추가 수당은 없음.
박사수당	― 박사학위 소지자의 경우 한 달에 30만원 정도의 박사수당이 지급됨 : 경쟁사인 LG의 경우, 박사수당은 한 달에 80만원 정도임.

(3) 조직내 문제점

가. 평가 및 보상체계의 문제점

S종합기술원의 평가체계와 보상체계는 본래의 목적인 기술원의 연구역량을 향상시키기 위한 것보다는 S종합기술원에서 근무하는 연구원들이 이러한 평가체계에 의해서 이루어지는 성과에 따라 보상의 차등화가 이루어지기 때문에 연구원의 연구역량을 혁신시키고 강화시키려고 노력하기 보다는 평가를 잘 받아서 보상을 잘 받고 승진하기 위한 목적으로 사용되고 있다. 이러한 평가 및 보상체계의 문제점은 S종합기술원이 제 4차 산업혁명 대비하여 연구원의 연구역량을 근본적으로 향상시키고 조직을 혁신시키는 걸림돌이 되고 있다.

나. 조직의 구조적 문제점

S창조기술원은 국내 다른 기업에 비해서 수평적 조직체계를 가지는 등 비교적 선진화된 구조를 갖추고 있으나, 세계적인 회사들의 연구조직에 비해서는 여러 가지 문제점을 내재하고 있다. 이를 각 항목별로 살펴보면 다음과 같다.

• 기술(technology)적 측면

현재 S창조기술원은 사업성 있는 기술(business-oriented knowledge)의 생산이 원활화지 못한 실정이다. 기업의 부설연구소이니만큼 연구소의 업적은 기업의 이윤창출과 밀접히 관련되어야 하지만, 이를 뒷받침하는 조직의 핵심기술이 원활히 기능하지 못하고 있다. 이러한 현상의 원인으로는 인사선발의 문제와 교육의 문제가 지적되고 있다. 연구원들을 선발할 때 사업화에 관한 경험이나 능력이 있는 사람을 선발해야 하는데, 대다수의 연구원들은 학교에서 연구를 하다 왔기 때문에 사업화에 대한 마인드가 전혀 없다. 따라서 LAB 스케일의 개발은 성공하지만, 이 기술을 공장에서 생산할 수 있는 수준으로 향상시키는데 한계에 부딪히게 된다. 따라서 이를 보완하기 위해서는 사업화와 관련된 교육 커리큘럼이 도입되어야 하지만, 현재 S창조기술원에서 시행하고 있는 교육은 연구방법론에만 초점이 맞춰져 있어 사업화 마인드를 개발할 기회가 주어지지 않고 있다.

• 사회적 구조(social structure) 측면

R&D 조직에서는 과업수행을 창의적으로 하기 위해서는 위계질서를 중시하는 수직적 조직구조보다는, 분권화되고 위계구조가 단순한 수평적 조직구조가 적합하다. 조직구조가 수평화되고 결재단계가 단순해지면 조직 커뮤니케이션이 정확해지고 신속해지기 때문에 조직의 효율성을 높일 수 있게 된다. 또한 직급체계가 단순해지기 때문에 능력과 성과를 기준으로 한 임금관리도 직급수가 많은 수직적 조직에서보다 훨씬 더 강력하게 활용될 수 있다. 실제로 사업 단위별로 강한 자율성과 권한을 부여하여 독립적인 경영활동을 수행할 수 있도록 편성된 구조적 분권화 메커니즘인 사업부제의 채택비율은 우수기업의 40%로 비우수기업의 20%에 비하여 훨씬 더 큰 것으로 나타났다. S창조기술원의 경우 비교적 수평적인 조직체계라고 할 수 있다. 신입사원이 어느 분야를 많이 알고 고참자들이 그 분야를 모를 경우에는 신입사원과 선임 사원과의 업무 수행시 수평적인 관계가 가능하다. 과제의 리더는 꼭 높은 직급이 아니라도 선임연구원 이상이면 누구나

가능하며, 리더가 선임연구원이고 부하가 책임연구원인 경우도 있다. 그러나 실제로는 위계질서의 체제가 엄격하게 잡혀 있다. 연구조직의 구조는 명칭만 다를 뿐 일반 회사들의 조직구조와 동일하고, 수평적인 조직 구조를 추구하는 것과는 달리 계층도 7단계로 이뤄져 있어 지나치게 많다. 인터뷰 결과 겉으로는 평등한 직급체계를 유지하고 있지만, 내부에서는 엄격한 위계질서가 확립되어 있는 편이라는 의견이 공통적으로 도출되었다.

또한 업무체계서 활용되고 있는 아웃소싱의 과정이 지나치게 복잡해 업무의 효율성과 신속한 업무처리를 방해하고 있다. 외주 업체와 계약을 체결하려면 비밀보호조약(NDA: Non Disclosure Agreement)의 승인을 4단계에 걸쳐 받아야만 한다. 〈그림 14-9〉에서 보이는 것과 같은 복잡한 승인과정으로 인해, NDA의 승인기간은 평균 5일 정도로 계산된다.

(그림 14-9) 비밀보호조약(NDA) 승인과정

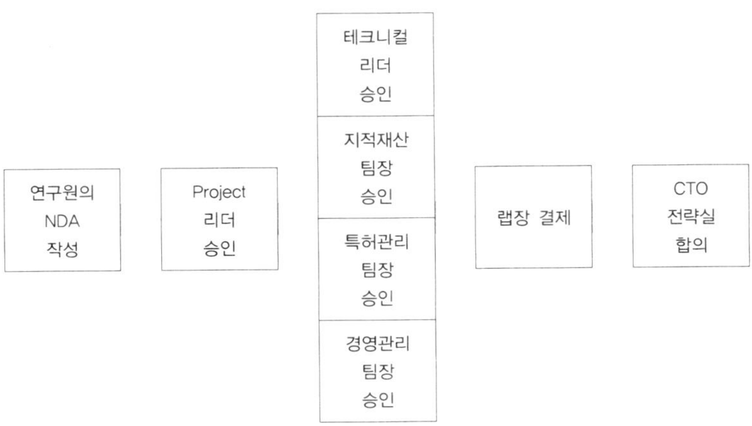

• 문화(culture)적 측면

S창조기술원의 조직문화 중 형식주의와 상의하달문화, 개인주의는 조직의 발전을 저해하는 문화로 꼽힌다. 형식주의와 상의하달문화는 구성원의 충성심, 조직관리의 효율성에 초점을 맞춘 대한민국 특유의 유교적 조직문화에서 비롯된 것으로 판단된다. 연구조직의 경우, 유교적 조직문화는 상하 간의 자유로운 커뮤니케이션을 막아 창의성의 저하를 가져오기 때문에 조직생존에 치명적인 영향을 미칠 수 있다. 현재 S창조기술원은 원칙적으로는 수평적인 관계가 가능하지만 문화가 행위주체들의 행위를 제약할 수밖에 없으므로, 구성원 개개인의 창의성 발휘가 어려운 실정이다. 또한 연구 성과를 내기 위해서는 조직원들 간의 커뮤니케이션이 중요한데, 이기주의적 개인주의 문화 때문에 정보의 교류가 원활하지 못하다는 점도 문제가 된다. 따라서 현재 우리나라 연구조직에 맞는 적합한 조직문화의 개발 및 정착이 시급한 실정이다.

• 물리적 구조(physical structure)적 측면

S창조기술원의 물리적 구조는 대다수의 조직원들에게 만족감을 안겨주고 있으므로, 치명적인 문제점이 없는 것으로 판단된다.

• 조직내 컨트롤 기능 측면

조직내 컨트롤 측면은 다른 구성요소들의 문제점의 근본원인이 되는 문제점들이 내재되어 있는 구성요소이며, 다양하고 복잡한 문제가 있다. 특히 평가 및 보상체계와 관련하여 다음과 같은 문제점이 있다

※ 평가체계와 연관된 문제점

첫째, 프로젝트 리더의 평가기준과 팀원의 평가기준이 달라 팀플레이가 나올 수 없다는 점이 가장 큰 문제점으로 꼽힌다. 리더의 인사고과는 과제의 성공에 절대적으로 영향을 받지만, 팀원 개인의 인사고과는 과제의 성공이 아닌 특허개수와 기여도로 평가되고 이는 연봉과 직결된다. 즉, 과제목표와 개인목표가 일치하지 않게 되어 업무의 효율성이 떨어지게 된다. 인사부서는 특허가 많이 나오면 과제가 성공할 수 있을 것이라 판단해 평가기준을 작성했지만, 이는 특허와 과제 성공의 연관성이 크지 않다는 현실을 간과한 것이다. 이러한 평가제도 때문에 팀원들은 프로젝트를 성공시키는데 노력하기보다는 특허를 쓰는데 더 관심을 많이 가지게 되어 상대적으로 팀의 업무를 소홀히 하게 된다. 하지만 팀장은 자신의 인사고과가 과제의 성공에 달려있으므로 조원들을 독촉하게 되고, 이로 인해 팀의 인간관계가 악화되는 문제도 발생하게 된다.

둘째, 성과평가가 연구조직이 갖는 불확실성을 전혀 고려하지 않고 이뤄진다. 항상 새로운 것에 도전해야 하는 연구전문직의 직무성격상 과업수행에 필요한 확실한 정보는 늘 부족한 편이고, 따라서 미래에 일어날 상황에 대한 예측성 역시 낮을 수밖에 없는 상황에 이르기 마련이다. 실제로 실무에서 실험실(Lab scale)에서 성공한 개발이 공장에서 제조하는 단계로 발전하는 경우는 아주 드물다. 한 연구원은 인터뷰에서 실험실에서 새로운 제품을 개발하기도 어렵지만, 실험개발에 성공한 아이템이라 해도 실제로 공장에서 제대로 생산될 확률 역시 10%도 되지 않을 정도로 낮다고 말했다. 따라서 회사 측에서는 연구조직이 갖는 이러한 불확실성을 염두에 두고 성과평가에 있어 일반

직원들과 차이가 있는 체계를 적용해야 하지만, 현재 일반부서와 동일하게 일괄적인 상대평가가 이루어지므로, 이에 대한 연구원들의 불만이 매우 높다.

셋째, 인사평가가 불공정하게 이뤄지고 있다. 현재 사용되고 있는 목표관리법은 프로젝트별로 업적 차가 심할 뿐만 아니라 개인적인 능력의 차가 심하며, 과업환경이 상당히 복잡하고 다이내믹한 연구조직의 연구 인력을 위한 업적평가방식으로 상당히 바람직한 방법이지만, 현재 연구소 내에서 제대로 사용되고 있지 못한 실정이다. 특히 평가자 훈련이 제대로 되어있지 않기 때문에, 피평가자에 대한 점수를 매길 때 피평가자의 연구 성과를 객관적으로 평가하다기 보다는 인맥과 정치력에 좌우되어 주관적으로 점수를 주는 경향이 크다. 따라서 연구에 신경 쓰기보다는, 인사고과를 잘 받기 위해 상사와 술자리를 가지고 그들에게 잘 보이는 것에 더 노력하는 연구원들이 생기는 폐해가 발생하게 된다. 또한 상대평가의 영향으로 좋은 점수를 받을 수 있는 사람이 정해져 있기 때문에 자신의 점수를 우선시하는 평가자들이 일부러 부하직원을 낮게 평가하는 경향이 있다. 부하들의 점수가 높게 되면 자신이 좋은 점수를 받을 수 있는 확률이 그만큼 줄어들기 때문이다. 따라서 직급이 낮은 경우 아무리 높은 성과를 올리더라도 높은 그레이드를 받는 것은 거의 불가능하게 된다.

넷째, 평가기준과 피드백이 피평가자에게 제시되지 못하고 있다. 목표관리법에서 성과평가를 위한 목표설정 시, 평가자가 피평가자에게 평가기준을 명확히 제시해주어야 하지만, 인터뷰 결과 대다수의 평가자들이 이러한 가이드를 제대로 제공해주지 않는 다는 사실을 알아냈다. 따라서 현재의 평가방식에서는 단지 결과만을 통보할 뿐, 어떻게 개선해야 한다는 식의 상세한 피드백이 전혀 이뤄지지 않고 있다. 피드백이 없는 평가는 단지 잘잘못을 가리기 위한 평가일 뿐, 연구원 개인과 조직의 발전에는 도움이 되지 않는 평가이기 때문에 신속한 개선책 마련이 요구된다.

※ 보상체계와 연관된 문제점

첫째, 조직원들의 욕구에 부합하는 무형의 인센티브가 없다. 모든 연구원들이 연구 성과에 대한 보상으로 성과급이나 수당을 바라는 것은 아니며, 금전적인 보상 이외의 인정과 같은 내재적인 보상을 원하는 연구원도 있다. 225개의 대기업 연구직을 상대로 한 설문조사에서 국내외학위 취득 과정 및 교육 연수프로그램을 지원받는 것을 금전적인 보상에 이어 높은 선호도를 나타내는 것으로 조사되었다. 또한 연구 활동에 대한 수상 역시 인색한 편이다. S계열사의 경우에는 매년 탁월한 연구실적을 낸 연구원에게 S기술상을 수여하지만, 수상자는 S컴퓨터, S코닝, S전자, S전기의 4개 계열사를 통틀어 단 한 명뿐이다. 때문에 상을 통한 동기부여는커녕, 오히려 계열사의 CEO들 간의 불필요한 경쟁심만 부추기게 하는 부작용이 나타난다.

둘째, 보상수준에 있어 외부공정성이 충족되지 못하고 있다. 연구직 인력들의 초기 연봉은 다른 업종에 비해서 상대적으로 낮은 편이다.

〈표 14-11〉 성과 및 자격에 따른 보상의 차등화

(단위 : 만원)

신용평가	금융	전자	IT	제약	건설	조신
3500	2400 ~ 3000	1900 ~ 2300	1800 ~ 2100	2100 ~ 2300	1700 ~2150	2200 ~ 2400

위의 표는 최근에 각광을 받고 있는 IT 및 전자 업계의 대졸 초임의 연봉을 살펴본 것이다. 전체적으로 이공계열보다는 상경계열이 임금이 높은 것으로 볼 수 있겠다. 외국의 경우와 비교해볼 경우를 살펴보면 미국 노동통계국에 따르면 기업에 취직한 공대 대학원 졸업생의 시간당 평균 임금은 31.37달러로 경영대학원 졸업생의 27.93달러보다 많다. 프랑스의 경우도 미국과 비슷하다. 인문계 출신의 대졸 초임은 월 1500유로 안팎인 반면 이공계는 2500유로나 된다. 결국 이는 연구전문직이 되기 위해서 오랫동안 투자를 한 인력들에게는 외부적으로 불공정하다고 느낄 수밖에 없게 하는 부분이다. 이는 오늘날 이공계로부터 우수한 인재들이 일탈하게 하는 가장 큰 요인으로 작용한다. 임금의 상대적 불공정성은 현재 조직원들에게 불만을 야기할 뿐만 아니라, 장기적으로 보았을 때에도 우수한 조직원의 충원이 어렵게 되므로 연구조직의 경쟁력을 약화시킨다.

4. 소프트 시스템 방법론(SSM)의 적용

본서의 제 4장 제 3절(5. 문제 중심의 학습방법)에서 언급했듯이 소프트 시스템 방법론(SSM)은 문제 중심의 학습방법으로 액션 리서치를 통해서 조직을 변화시키는 방법이다. 소프트 시스템 방법론(SSM)의 적용 절차는 다음과 같다.

- 제 1& 2단계: 문제 상황의 구체화
  '문제 상황도(rich picture)'와 '근원적 문제의 정의(root definitions)'

- **제 3단계:** '시스템적 사고'의 개념적 모델(conceptual models)의 설계

- **제 4단계:** 개념적 모델과 현재의 문제 상황에 대한 비교

- **제 5단계:** '문화적으로 실현 가능하고 체계적으로 바람직한 변화(culturally feasible and systemically desirable changes)'(대안)에 대한 토론과 대안의 실행

(1) & (2) 문제 상황의 구체화

앞서 조직 소개의 설립이념에서 언급했듯이 S창조기술원은 1987년 10월 22일 창립하여 지난 30년간 무한탐구의 경영 이념 하에 미래 신규사업의 창출을 위한 원천기술 연구와 시장의 게임을 바꾸는 혁신적 제품 개발에 주력하고 있다. 또한 S창조기술원은 관계사의 전략산업 경쟁력 강화를 위하여 현장의 애로기술 해결을 지원하고, 시뮬레이션, 분석기술 등 공통기반기술 일류화도 추진하고 있다. S그룹 내 중장기 기술전략을 제시하고 기술 자문을 통해 지원, 우수한 기술리더를 육성하는 등 그룹의 중앙연구소로서 역할을 수행하고 있다. 하지만 제 4차 산업혁명시대에 핵심역량으로 내세울 수 있는 혁신 기술이나 제품은 선보이지 못하고 있다. 이러한 현실은 팀 리더와 연구원들의 대부분은 박사급이지만 비즈니스 모델에 대한 기초 지식과 학문적 역량이 선진국의 연구소나 기업의 연구원에 비해 매우 부족한 현실이다. 예를 들어 비즈니스 모델에 대한 기술적인 분석을 위해서 어떤 자료와 정보가 필요한지, 설사 이러한 자료와 정보가 수집되었다고 하더라도 어떻게 이를 활용하여 비즈니스 모델을 만들 수 있는 지에 대한 기초적 학문적인 지식이 매우 부족한 현실이다. 또한 성과체계와 보상체계는

이러한 기초적인 학문적 지식이 부족한 S창조 기술원에 근무하는 관리자나 연구원의 지식개발과 역량 강화에는 거의 도움이 되지 않는다. 따라서 이러한 문제 상황을 개선하기 위해서는 다음과 같은 '문제 상황도(rich picture)'와 '근원적 문제의 정의(root definitions)'가 필요하다.

• '문제 상황도(rich picture)'

S창조기술원의 혁신을 위한 K 연구원의 의견은 다음과 같다.

> "S창조기술원에 근무하는 연구원의 지식개발과 연구 역량을 강화를 위해서 새로운 교육과 훈련을 위한 자기개발 프로그램이 필요합니다. 이러한 자기개발 프로그램은 기존의 성과체계나 보상체계를 혁신한 새로운 평가체계와 보상체계가 만들어 지고, 이러한 새로운 평가 및 보상 체계는 자기개발 프로그램의 성공적인 실행과 연계되어 만들어져서 실행되어야 합니다."

• '근원적 문제의 정의(root definitions)'

위의 문제 상황도에서 다음과 같은 근원적 문제의 정의를 도출하였다.

❋ 새로운 자기개발 프로그램의 설계와 운영

❋ 새로운 평가체계와 보상체계의 설계와 운영

(3) 개념적 모델의 설계

SSM의 (1) & (2) 단계인 문제 상황의 구체화에서 도출된 근원적 문제의 정의에서 다음과 같은 개념적 모델이 설계되었다.

• 새로운 자기개발 체계(A new self–development system):
S창조기술원에 근무하는 연구원의 지식개발과 연구 역량을 강화를 위해서 연구원 개개인의 기초적 학문 지식과 비즈니스 모델의 기초 지식을 배양하는 체계

• 새로운 평가 및 보상 체계(New performance evaluation and compensation systems):
S창조기술원에 근무하는 연구원의 기초적 학문 지식의 발전을 위한 자기개발 프로그램이 성공적으로 실행되기 위한 새로운 기준의 평가 및 보상체계

(4) 체계적인 논의의 과정

SSM의 (4) 단계인 '체계적인 논의의 과정'은 SSM의 (3) 단계인 개념적 모델의 설계에서 도출된 두 개의 개념적 모델, 즉 새로운 자기개발 체계와 새로운 평가 및 보상 체계가 현실적으로 적용될 수 있는지 현재의 S창조기술원의 문제 상황과 비교하여 체계적인 논의의 과정을 거치는 단계이다. S창조기술원에 근무하는 팀 리더와 연구원의 자유로운 토론의 분위기가 조성되지 않아서 이러한 체계적인 논의의 과정을 현실적으로 어려운 상황이다. 따라서 이러한 체계적인 논의의 과정은 이루어질 수가 없었다.

(5) 변화에 대한 토론과 대안의 제시와 실행

현실적인 제약 때문에 SSM의 (4) 단계인 '체계적인 논의의 과정'이 이루어질수 없었기 때문에 연구자는 혁신경영의 이론적 관점에서 S창조기술원의 혁신을 위한 혁신경영을 통한 경쟁력이 있는 한국적 연구조직의 구축을 제안하였다. 이러한 제안은 다음 절에서 설명하고자 한다.

5. 대안제시 – 혁신경영을 통한 경쟁력이 있는 한국적 연구조직 구축

혁신경영은 새로운 지식의 창조와 기술혁신, 문화혁신, 정보의 사용에서 요구되는 다양한 시각과 다양한 접근을 위한 조직차원의 지식창조, 공유, 운영을 위한 체계적 경영을 말한다(O'Sullivan and Dooley, 2009). 현재 지식이 기업의 핵심역량 중 하나라는 인식이 확산되면서 지식경영에 대한 관심이 높아지고 있는 상황이고, 기업 내에서 지식경영을 실천하기 위한 구체적인 방안에 대한 사항들로 연구범위가 확대되고 있는 실정이다. 따라서 본 연구에서는 기존의 지식경영에 대한 이론적 연구를 바탕으로, 한국기업의 연구조직이 21세기에 생존하기 위한 조직형태를 제안해 보도록 하겠다.

(1) 혁신중심의 테크놀로지 배양

조직의 투입물을 산출물로 변화시키는 기술은 조직구조에 큰 영향을 미친다. 현재 우리나라의 연구조직이 당면한 문제점은 사업성 있는 기술(business-oriented knowledge)의 생산이 원활하지 못하다는 것인데, 이에 대한 해결책을 지식경영의 관점에서 접근해보면 교육 제도의 개선을 제안해 볼 수 있다.

앞의 문제점에서도 서술했듯이, 현재 우리나라 연구조직의 연구원들에게는 사업화 관련 지식이 공유되어 있지 않고 있다. 기업의 목적인 '사업화를 통한 이윤 창출'은 기술을 개발하는 인적자원의 사업화 마인드 없이는 실현이 불가능하다. 하지만 현재 조직원들 대부분이 관련 지식을 습득하지 못하고 있으므로, 가장 빠른 해결책은 바로 조직원 교육을 통한 지식의 창출이라고 할 수 있을 것이다. 즉, 교육을 통해 생산프로세스와 관련된 핵심기술을 배양해야 한다. 구체적인 방안으로는 관리자급을 대상으로 한 경영교육의 장려를 들 수 있다. 유능한 관리자를 선발해 카이스트(KAIST)의 경영학 석사과정(Techno MBA) 등 국내 경영대학원 진학을 회사에서 지원해주고, 이들이 학위를 수여한 후 팀원들에 대한 교육을 담당한다면, 사업화 지식의 공유가 가능해 질 것이다. 그 외에도 사업화에 성공한 연구원들의 노하우를 인트라넷을 통해 공개해 조직 구성원 전체가 공유할 수 있게 하는 방법도 핵심기술 배양에 도움이 될 것이다. 물론 지식을 공개한 연구원에게는 그에 대한 합당한 보상책을 마련해 지식공개에 대한 동기를 부여해야 한다.

(2) 혁신적 · 사회적 구조(social structure) 설계

연구조직의 사회적 구조를 21세기 환경변화에 적합하게 만들기 위해서는 혁신적 사회적 구조가 필수적이다. 혁신적 사회적 구조는 새로운 리더십 중심의 조직내 위계질서의 재창조 및 협력의 조직문화와 적합성을 지닌 조직구조를 의미한다. 혁신적 조직구조에는 다음과 같은 사항들이 요구된다.

첫째, 조직의 하부부조가 나름대로 자율적으로 의사결정을 하고 이를 시행할 수 있는 권한 위임(empowerment)이 실현되어야 한다. 이러한 권한의 위양의 실현을 통해서 결제에 있어 여러 단계를 걸치지 않고 적절한 시기에 신속한 의사결정이 가능해지게 되고, 따라서 지식의 창조, 공유, 협력이 빠른 속도로 이루어질 수 있다. 또한 부하 직원에게 권한을 위임함으로써 수평적 업무체계가 구축이 되므로 조직의 경직된 수직적 위계질서를 완화시킬 수 있게 된다. 권한이 하부부서에 많이 위양될수록 각자 창의력을 발휘하게 되고, 조직 내의 경쟁풍토를 이끌어 낼 수 있는데, 이는 권한의 위양이 각자 자기의 책임 아래 업무를 수행하고, 자기통제를 할 수 있는 계기가 되기 때문이다. 의사결정에서의 신속함과 적절성, 책임감이 오랜 시간을 걸쳐 경영능력으로 나타나게 되면, 이는 장기간의 경쟁우위를 유지시켜주는 중요한 무형자원의 역할을 하게 된다.

둘째, 업무의 비공식화를 실현해야 한다. 현재 국내의 연구조직의 보고체계는 불필요한 서류, 결재 등으로 인해 효율성이 떨어지기 때문에, 업무의 비공식화를 통해 조직 내에서 구성원들 간에 자유롭고 신속한 정보교환이 이뤄질 수 있도록 조직체계를 정비해야 한다. 앞서 서술한 아웃소싱에 대한 NDA 승인과정도 보고와 결재체계를 줄이는 비공식화 과정을 통해 개선될 수 있을 것이다. 업무들이 복잡한 서류작성이나 상부의 결재과정을 거치지 않고 처리된다면 자유롭고 신속한 지식의 교환을 통해 지식의 창조, 공유, 협력이 가능해 질 것이다. 그리고 이를 통해 보다 유기적인 조직 운영이 가능해 질 것이다.

셋째, 직급체계의 단순화를 추구함으로써 분권화된 조직을 형성해야 한다. 앞서 서술한 권한의 위양에 현재 7단계 직급체계를 4단계 직급체계로 줄이는 구조적 조정을 병행한다면 구조적 제약이 완화되어 더욱 신속한 의사결정과 보다 원활한 커뮤니케이션이 가능해질 것이다. 계급과 지위의 수직적 지정은 정보, 협력, 의사결정, 그리고 학습의 흐름을 가로막기 때문에 지위와 계급, 직권은 미래를 빠르게 움직이는 학습조직에서는 사라져야 한다. 직급체계의 단순화는 현재 시행되고 있는 수평적 호칭제도는 전문연구원과 연구원들에 힘을 실어 줄 수 있을 것이며, 이를 통해 수직적 조직문화를 개선할 수 있으리라 판단된다.

(3) 혁신적 문화 형성

조직이 혁신적 문화를 형성하기 위해서는 조직 구성원들의 자유로운 의사소통의 분위기가 조성되어야 한다. 또한 조직 내부에서 구성원들과 과업 집단사이의 지식 창조 능력을 가지고, 지식에 대한 자발적인 공유와 협력의 문화를 형성해야 한다. 이는 조직구성원들 간 지식과 정보가 공유될 때 지식의 창조와 활용이 가능하게 되기 때문이다. 또한 이러한 공유가 가능하게 하기 위해서는 조직 구성원들 간의 협력이 필수 요소로 꼽힌다. 이러한 지식의 창조, 공유, 그리고 협력에 초점을 맞추는 지식중심의 조직문화는 아래의 몇 가지 전제조건 하에서 가능하다.

첫째, 혁신적인 변화를 위한 지식의 창조, 공유 및 협력에 기준을 두는 인사시스템을 구축해야 한다. 현재의 특허제도를 통한 인사평가제도는 조직원 개인의 조직에 대한 지식기여도만 평가하지만, 이를 개인이 자신이 창조한 지식을 조직원들 상호간에 얼마나 공유하고 협력했는지를 평가하는 시스템으로 바꾼다면 지식중심의 조직문화 형성이 가능해 질 것이다. 즉, 인사평가에 조직원들에 대한 지식공유 기여도를 포함시킴으로써, 지식공유에 대한 동기를 부여하는 것이다. 이를 통해 이기주의적 조직문화를 어느 정도 개선할 수 있게 될 것이다.

둘째, 리더십 역할에 대한 재정의가 필요하다. 리더는 지식의 창조, 공유 및 협력의 가치관을 강조하고 이에 근거한 행동을 보임으로서 역할 모델(role model)의 역할을 수행해야 한다. 최근에 논의되고 있는 서번트 리더십(servants leadership)의 모델이 적합하다고 판단된다. 따라서 현재의 자기 몫 챙기기에만 급급한 리더의 행동을 개선해야 하는데, 그 방안으로는 팀원들의 평가를 리더의 인사고과 평가기준에 적극적으로 반영하는 것을 들 수 있다. 물론 현재에도 다면평가가 수행되고 있지만, 이는 지극히 형식적인 것이고 그 반영률도 미미해 인사고과에 영향을 미치지 못하고 있다. 따라서 리더의 자질을 평가하는 측정도구를 재개발하고, 측정결과의 인사고과 반영비중을 높여야 할 것이다. 이를 통해 올바를 리더십이 형성될 수 있을 것이다.

셋째, 활발한 정보공유를 위한 의사소통체계를 정립해야 한다. 앞서 서술한 인사시스템의 정비를 통한 정보공유 외에도, 유교적 조직문화에 의한 상명하달식의 문화를 개선하려면 상향적 의사소통을 도입하는 등 의사소통체계의 정비가 필요하다. 상향적 의사소통은 하부의 의사를 상부에 정확히 전달하고 의견이나 제안, 보고 등을 활발히 제시함으로써 상위경영자에게 피드백 정보를 주고 조직의 통제를 용이하게 하며 아이디어 산출을 통하여 혁신창출에 까지 이르는 등, 경직되기 쉬운 계층서열적 조직의 상하관계를 원활하게 하여주는 역할을 수행해 조직의 성과에 크게 기여할 수 있기 때문이다. 또한 우리나라 조직의 경우 유교문화가 뿌리 깊게 박혀 있기 때문에 완전한 수평적 조직문화를 한 번에 추구하기는 불가능하므로, 의사소통체계를 조정하는 것부터 시작해 점진적으로 조직문화개선을 추구해야 할 것이다. 따라서 사내 건의함 제도, 상사와의 단독면담제도 등을 도입해 상향식 의사소통의 창구를 마련함으로써 수직적인 정보공유를 가능케 할 수 있을 것이다.

(4) 혁신적 · 물리적 구조의 설계

조직내 혁신을 위해서는 조직구조의 지역적 분산을 줄여야 한다. 지역적 분산이란 조직의 물리적인 시설과 인력이 지역적으로 분산되어 있는 정도를 말하는데, 지역적 분산이 점점 더 확대될수록 의사소통, 조정 및 통제가 더 어려워지게 된다. 따라서 같은 프로젝트를 수행하고 있는 팀별로 공간을 구성하는 현재의 방식은 지식중심의 조직의 물리적 구조에 부합하는 방식이라고 할 수 있다. 하지만 이 방식은 프로젝트 그룹(project group)의 조직구조로는 적당하지만, 3개의 프로젝트 그룹이 묶이는 형태인 기술 그룹(technical group)의 의사소통을 지원하기에는 다소 부적절하다. 기술 그룹들 간의 의사소통을 개선하기 위해서는 물리적인 구조의 개선보다는 인트라넷을 통한 사이버 공간의 개선을 추구하는 것이 바람직하다고 본다. 한정된 사무실이라는 공간상의 제약과 기술 그룹(technical group)의 구성이 수시로 변동된다는 절차상의 제약이 물리적 구조의 개편에 장애요인으로 작용하기 때문이다. 따라서 사이버 공간에서 기술 그룹별로 커뮤니티를 구성해 의사소통을 도모한다면 물리적 구조의 한계를 개선할 수 있을 것이다.

또한 물리적 구조의 설계에 있어서 수직적 위계질서를 타파해야 한다. 앞서 서술하였듯이 현재 S창조기술원의 경우 상무급 임원인 실험실(Lab) 소장의 방이 분리되어 있지 않고 사무실 안에 함께 존재한다. 이는 공간 설계에 권위주의적 특권의식을 배제한 것으로 판단된다. 또한 프로젝트 리더(project leader)의 책상 역시 팀원들의 책상과 구분 없이 같은 위치에 놓여있다는 점 역시 수평적 조직구조를 지향한 물리적 조직구조라고 할 수 있다. 이러한 현재의 조직의 물리적 구조를 잘 유지하면서 사회적 구조의 개형을 추구한다면, 지식경영에 보다 가까이 다가갈 수 있게 될 것이다.

(5) 혁신과 지식중심의 컨트롤 정비

혁신경영을 통한 경쟁력의 향상을 도모하기 위해서는 조직구성원들로 하여금 조직혁신을 위한 지식의 창출, 공유 및 활용을 촉진시키는 분위기를 조성하고 현재의 평가시스템을 탈피해야 한다. 현재의 평가 시스템은 조직혁신이 목적으로 사용되기 못하고 조직 구성원들의 승진이나 연봉제의 등급향상을 위해서 사용되고 있다. 이러한 상황에서 조직내 지식이나 학습활동은 가시적인 것이 될 수밖에 없고 진정한 혁신활동을 위한 지식공유나 지식창조는 발생하지 않는다. 또한 개인의 축적된 지식과 학습으로 인한 성과물이 제대로 평가되고 보상 받지 못한다면 개인이나 팀이 지속적으로 학습활동을 하지 않을 것이며, 따라서 조직 구성원 간에 지식도 공유되지 않을 것이다.

평가와 보상체계의 근본적인 문제가 먼저 해결되어야 지식공유 문제도 해결될 수 있기 때문이다. 아래에서는 평가체계와 보상체계로 나누어서 개선책을 제안하겠다.

가. 평가체계의 근본적인 변화

첫째, 혁신경영을 위한 효율적인 평가기준을 도입한다. 현재 프로젝트 리더의 평가기준과 팀원의 평가기준이 달라 팀웍과 팀플레이를 통한 시너지 효과가 나올 수 없다는 점이 가장 큰 문제로 꼽히고 있다. 따라서 개인의 업적을 특허의 개수로 평가하는 종래의 제도를 없애고, 개인의 연구 성과가 프로젝트에 얼마나 기여하는지를 측정하는 새로운 평가도구를 개발하거나 팀웍을 위한 평가체계를 새롭게 만들어야 한다. 또한 연구원과 팀 리더의 업적 평가시 조직과 개인의 평가기준을 일치시켜야 한다. 특허에 의한 평가는 보조적인 평가수단으로 사용되어야 할 것이다. 또한 한 개인이나 부서가 조직 내에서 지식의 창조 공유를 위해 공헌한 정도를 측정하는 항목을 평가지표로 개발하여 평가한다면 지식경영에 보다 접근할 수 있을 것이다.

둘째, 근본적으로 평가방법을 개선하기 위해서 평가체계에 있어 절대평가를 도입한다. 좋은 성과에도 불구하고 상대적인 평가에 의해 제대로 업적을 인정받지 못할 경우 조직원의 의욕상실은 물론 귀중한 인재 이탈의 주원인이 될 수 있다. 이러한 상대평가에 따른 부작용을 막기 위해서는 육성형 인사고과인 절대평가의 도입이 시급하다. 종업원 개인에게 기대상을 명확히 하고, 잉원배분에 상관없이 피평가자의 실제 업무수행에 대한 사실에 기초한 절대평가의 특성은 연구원이라는 직무의 성격과 매우 잘 맞아떨어진다. 하지만 절대평가에도 전반적 고과성적의 인플레 현상, 피평가자의 고과점수에 대한 기대수준의 상승 같은 문제점이 있다. 따라서 고과성적을 어느 정도 피고과자들에게 공개하고, 고과자 훈련을 강화해 고과의 일반적 오류를 줄일 수 있도록 해야 한다.

셋째, 평가의 객관성을 향상시킬 수 있도록 평가자 훈련을 실시한다. 인사평가에 있어서 평가자의 훈련이 미흡할 경우 아무리 질 좋은 평가도구를 사용한다 하더라도 그 평가의 신뢰성은 떨어지기 마련이다. 그러므로 모든 평가자들에게 명확한 평가기준과 설정방법에 대한 충분한 교육이 이뤄져야 한다. 특히 평가지표에 주관적인 요소가 많은 연구전문직의 인사평가에 있어 평가자는 비계량적 지표라 할지라도 올바른 평가기준을 설정하여 개인의 편견에 의한 평가오류를 줄이도록 해야 한다. 또한 평가항목 및 지표선정 시 피평가자들의 참여를 늘리고, 평가 후 상세한 피드백 과정을 포함시켜서 차후에 일어날 수 있는 오해의 소지가 남지 않도록 해야 하겠다.

나. 보상체계의 근본적인 변화

첫째, 보상체계는 연구원의 성과와 노력 여하에 따라서 큰 차등을 금전적 인센티브 및 비금전적인 인센티브 제도(업무의 자율성 보장, 업무시 간의 자율화, 기타 연구원이 연구역량 향상을 위한 도움이 되는 방법)를 도입한다. 연구 분야의 외부공정성이 확보되는 것은 당장 어려울 지라도 이들에게 연구 성과에 합당한 대우를 해주어야한다. 지급 현행 유지되고 있는 보상방식은 성과에 따른 인센티브의 차등 폭은 20% 안팎으로 지극히 좁다. 따라서 현행보다 차등 폭을 늘려 높은 성과를 낸 팀과 낮은 성과를 낸 팀의 인센티브 격차를 50% 이상으로 설정하는 것이 바람직하다고 판단된다. 또한 조직에 대한 지식기여도에 따른 개별적인 보상 제도를 시행하는 것이 바람직하다. 객관적인 기여도 측정을 통해 금전적 보상에 차등을 둠으로써, 보다 활성화된 지식공유가 이뤄질 수 있을 것이다. 선진 외국기업의 경우 이러한 성과 보상 시스템을 적극적으로 활용하고 있다. IBM은 고온 초전도체 발견으로

1987년에 노벨상을 탄 2명의 연구원에게 15만 달러씩 지급하는 등 탁월한 성과를 낸 연구원에게 파격적으로 보상하고, 동시에 공인자격증을 주어 최고의 영예를 누리게 하는 방법으로 조직원에게 동기를 부여하고 있다. 연간 10억 달러가 넘는 IBM의 특허료수입은 이런 시스템에서 나오는 것이다. 세계적인 전자업체 소니(Sony)도 우수 기술을 개발한 연구원에게 5년간 200만 엔을 제공하고, 이후 기술로 수입이 생기면 다시 5년 간 보상하는 제도를 시행하고 있다.

둘째, 금전적인 인센티브 외에 조직원들에게 가치를 부여하는 다른 인센티브 제도를 도입한다. 인터뷰 결과 연구전문직은 인력의 특성상 매우 예민하고 섬세해 작은 것에 상처를 잘 받기도 하지만, 상사의 작은 배려나 인정, 격려 등에 감동을 받고 보다 나은 연구 성과를 내기 위해 헌신적으로 일하는 경우도 많은 것으로 나타났다. 따라서 이들에게 동기를 부여하기 위해서는 성과급제, 스톡옵션제와 같은 금전적 보상 외에도 관리자의 인정, 격려, 배려 등 비금전적 요소도 매우 중요하다고 판단된다. 비금전적 보상방식의 예로는 베스트 연구원 선정, 대학에서의 강의기회부여, 연구결과 대외발표 활용, 사내 전산망에 축하의 메시지 띄우기 등 다양한 것들이 있다. 다음의 3M 사례는 성공적인 비금전적 무형의 보상방식을 보여준다. 3M은 '혁신'이라는 기업의 경영이념에 따라 자율적이고 활발한 연구 활동이 이뤄진다. 연구비에 투자되는 금액도 어마어마하며 연구시간의 15%는 아예 연구원들이 원하는 연구를 할 수 있도록 장려하고 있다. 종업원들의 실수를 두려워하지 않는 조직의 분위기 속에서 기발한 아이디어를 만들어낼 수 있도록 연구원들을 격려한다. 여기서 특이한 사실은 독창적인 아이디어를 상품으로 만든 연구원에게 금전적인 보상이 없다는 사실이다. 다만 아이디어가 회사에 기여한 정도에 따라 6단계로 나눠진 각종

상을 준다. 최고의 영예는 '칼튼 소사이어티'라고 부르며, 3M내부에서는 '노벨상'이라는 별명이 붙어 있다. 이들에게는 우선 승진의 특혜와 회사에 오랫동안 근무할 수 있는 기회가 주어진다. 무엇보다도 이들은 자긍심을 고취시키고 성공에 의한 조직에 기여를 통해서 인정받을 수 있는 것이다. 그리고 이는 결과적으로 조직의 입장에서 보면 이들을 고무시켜 더 나은 성과를 달성할 수 있게 된다.

셋째, 인센티브에 대한 종업원의 선택권을 높인다. 경영자는 언제나 조직원의 요구가 무엇인지에 대해서 관찰하고 그에 부합하는 다양한 방식의 인센티브를 제공하여야 한다. 조직원에 따라 보상으로 국내외 학위 취득을 위한 지원을 받고자 하는 사람이 있을 수 있고, 어떤 직원들은 충분한 연구시설 및 기자재와 충분한 연구 공간 및 근무시간 자율관리를 원할 수 있을 것이다. 따라서 각자가 원하는 방식으로 보상을 받을 수 있는 카페테리아식 인센티브 제도를 도입해야 할 것이다. 이를 통해 효과적인 동기부여를 가능케 할 것이라 판단된다.

6. 프로젝트의 결론

(1) 혁신경영의 필요성

오늘날과 같이 빠르게 변화하는 경영환경을 둘러싸고 치열한 경쟁 속에서 살아남기 위해서 조직은 환경변화에 유연하게 적응할 수 있는 조직형태를 구성해야만 한다. 하지만 현재 우리나라의 연구조직은 경직된 조직구조와 상의하달문화, 연구조직의 특성을 고려하지 않는 평가제도와 보상제도로 인해 사업성 있는 기술의 생산이 원활하지 못한 실정이다. 현재 조직의 유효성을 살리지 못하고 있는 연구조직은 기업의 애물단지로 전락한 상태이며, 장기불황으로 인한 긴축경영 대상으로 꼽히는 등 조직 생존의 기로에 서 있다.

본 사례에서는 이러한 문제점을 해결하고 연구조직을 21세기 환경변화에 생존할 수 있는 조직형태로 재구성할 수 있는 방안으로 혁신경영을 통한 조직형태의 개편을 제안하였다. 지식은 기업이 가지는 가장 소중한 자원이며, 이는 기업으로 하여금 비교우위를 가지게 해주는 수단이기 때문이다. 특히 최종생산물이 지식인 연구조직이야말로 혁신경영의 도입이 가장 시급한 조직이라고 할 수 있다. 현재 국내의 연구조직들은 혁신경영을 도입했다고 주장하고 있지만, 단지 혁신경영에서 조직의 비전이나 전략만을 차용했을 뿐 혁신경영을 실제적인 조직설계에 이용하지는 않고 있는 실정이다. 따라서 본 연구는 혁신경영을 연구조직의 형태에 적용시켜 현재의 문제점에 대한 해결책을 제시해 보았다. 본론에서 언급한 구체적인 해결책을 요약해보면 다음과 같다.

첫째, 교육을 통해 사업화에 관한 기술(technology)을 배양시켜 현재의 이론 중심적 기술에서 벗어나 사업성 있는 기술을 조직원들에게 학습시킨다. 둘째, 권한의 위양과 업무의 비공식화, 직급체계의 단순화를 통해 수직적이고 위계적인 조직의 사회적 구조를 수평적이고 유연한 구조로 변화시켜 지식의 창조와 공유를 유도한다. 셋째, 지식기여도를 반영하는 인사시스템 개편과 리더십 역할에 대한 재정의, 상향식 의사소통체계의 정립을 통해 지식중심의 문화를 형성한다. 넷째, 조직의 물리적 공간구성에서 위계적 구조를 타파하고 프로젝트 별로 공간을 구성함으로써 지식의 교류와 전파를 용이하게 한다. 마지막으로 지식기여도 평가척도 개발, 절대평가의 도입, 평가자 훈련의 실시를 통해 평가 제도를 재정비한다. 또한 금전적인 인센티브를 개선하고 조직원들의 가치를 충족시키는 비금전적인 인센티브를 개발하며, 카페테리아식 인센티브 제도를 도입함으로써 지식근로자에 적합하도록 보상체계를 개선한다.

혁신경영을 응용해 내부경쟁력을 키운다면 우리나라의 연구조직은 21세기 환경변화에 적합한 조직으로 다시 태어날 수 있을 것이다. 이외에도 혁신경영의 성공여부를 측정하는 측정치를 개발하여 조직변화가 성공적으로 수행되고 있는지 지속적으로 모니터링을 하고 문제점을 수정하고, 성공사례를 벤치마킹해야 혁신경영이 성공적으로 도입될 수 있을 것이다. 혁신경영 실천은 최고경영자의 아낌없는 지원이 있어야 가능하므로, 지식영영을 통해 연구조직의 역량을 향상시키고자 하는 최고경영자의 의지가 반드시 뒷받침되어야 할 것이다.

(2) 연구의 한계

S창조기술원이 21세기 환경변화에 대응하기 위한 혁신적인 조직으로 거듭나기 위해 소프트 시스템 방법론(SSM)을 적용하였다. 하지만, 현실적인 제약으로 인하여 소프트 시스템 방법론(SSM)의 일부만 적용되었다. 이러한 SSM의 적용과정의 문제점을 보완하고자, 이론적 관점에서 혁신적 문화의 조성, 물리적 구조의 변화, 평가체계와 보상체계의 근본적인 변화 등을 제시하였다. S창조기술원에 제시한 이러한 제안점이 실제로 S기업에서 어떻게 이루어졌는지에 대한 후속 연구는 이루어지지 못하였다.

참고문헌

국내문헌(국문)

가레스 모건(Garath Morgan) 저, 박상언, 김주엽 공역(2012)『조직이론: 조직의 8가지 이미지』, 경문사.

곽선화(2003)『조직개발과 설계』, 서울: 삼영사.

관계부처 합동, 2017, 혁신성장을 위한 사람중심의『4차 산업혁명 대응 계획』, drive.google.com.

권석균(1995), 학습조직의 이론적 조망, 인사·조직연구, 3(1): 109-131.

권태명(2015),『쉽게 풀어쓴 간추린 일본역사』, 시대정신

김기찬 역(2004), The TOYOTA WAY, Gasan Books,

김 석(2007),『에크리, 라캉으로 이끄는 마법의 문자들』, 살림.

김선우(2016), "제 4차 산업혁명에 대응하는 조직문화와 인적자원개발 사례,"『직업과 인력개발』, 19권, 4호, 한국능력개발원

김남현·김정원 공역, 노스하우스(Northouse) 저(2001),『리더십: 이론, 응용, 비판, 측정, 사례』, (Leadership: thoery and Practice) 2nd edition, 경문사.

김인수(2001), 지식기반 경제의 도래와 지식경영,『지식경영이론연구』(특허청/한국지식경영학회).

노나카(1998),『지식경영』, 21세기 북스.

노르베르트 엘리아스 지음, 박미애 옮김(1996),『문명화 과정 I & II』, 한길사.

노버트 엘리아스 지음, 유희수 옮김(1999),『문명화 과정: 매너의 역사』, 신서원

박기영(2017),『제 4차 산업혁명과 과학기술 경쟁력: 한국의 위기 극복과 포용적 혁신성장을 위하여』, 한울아카데미.

박기찬(2005), 智山(지산)의 경영관과 테일러리즘의 재해석, 박기찬외 16인 공저『한국기업의 인적자원관리』pp.3~38, 박영사.

박내회 (2003)『조직행동론』, 박영사

박동준(1994), 기업의 사회적 책임 수행을 위한 기업윤리에 관한 연구,

서울대학교 대학원, 국민윤리교육과 , 박사학위논문.
박신영(2017),『기획의 정석』, 세종서적.
백기복(2001), 조직행동연구: 조직과 인간의 새로운 만남, 서울: 법문사.
버렐 · 모오건 공저, 윤재풍역(1990).『사회과학과 조직이론』, 박영사
변상우(2016), 글로벌 시대의 리더가 갖추어야 할 역량『리더십』, 도서출판 청람.
삼성경제연구소(2016), 삼성경제연구소 리포트, 4차 산업혁명 시대, 글로벌 인재 유치 현황 및 필요성
셍 게(1996),『제 5의 수련』, 21세기 북스.
손태원(1999), 경영혁신 사조의 변천과정에서 본 지식경영과 학습조직의 위상 연구, 경제논총 · 허철부박사 회갑기념논총, 명지대학교 경제연구소, 18: 465-488.
손태원(2005),『조직행동과 창의성』법문사.
안영진(2014),『변화와 혁신』제 3판, 박영사.
워더 & 챈들러(William B. Werther, Jr. and David Chandler) 지음, 양춘승 옮김(2011, Strategic Corporate Social Responsibility,『기업의 사회적 책임과 전략』 동서미디어.
요시카와 료조(2016),『제 4차 산업혁명』, KMAC.
웨인 다이어 지음, 최홍명 옮김(2009), 성공으로 가는 길『긍정의 힘』, 새벽이슬.
유재언(2013), 경영학 교육에서의 액션 러닝의 유용성: 자생 체계모형(VSM)에 의한 이중 순환학습방법을 중심으로, 경영교육연구, 제 27권 6호: 395~418.
유재언(2014),『지속가능한 사회적 기업의 체계론적 이해: 함께 일하고 사는 세상 만들기』, 한경사.
윤영수(2011),『복잡계 개론』, 삼성경제연구소.
이부키 에이코(2006),『경영전략 - 사회적 책임으로 경쟁력을 강화하기』, 매일경제 신문사
이훈영(2008),『이훈영교수의 연구조사방법론』, 도서출판 청람.
임창희(2004),『조직행동』, 제 3판, 학현사.
장덕진 · 임덕진(2006), 복잡계와 사회구조, ,『복잡계 워크샵』(복잡계 네

트워크 지음/ 민병원·김창욱 편), 삼성경제연구소, pp. 35-83.

장승권·Chia(2006), 복잡계적 조직연구의 쟁점과 과제,『복잡계 워크샵』(복잡계 네트워크 지음/ 민병원·김창욱 편), 삼성경제연구소, pp. 433-480.

정동섭·송경수·류태모·이희옥·최찬기 공저(2015),『창조경영을 위한 조직행동』, 탑북스.

클라우드 슈밥 지음, 송경진 옮김(2016), 클라우드 슈밥의 제 4차 산업혁명, 새로운 현재.

해외문헌(영어)

Argyris C. (1964) *Integrating the Individual and the Organizations*, p. 123, John Wiley & Sons, New York.

Ashby, W. R. (1966) An introduction to cybernetics, Wiley, New York.

Ashby, W. R. (1968) 'Principles of self organizing systems,' In Buckley, W. (ed.) *Modern Systems Approach for the Behavioural Scientist*, pp. 108-118, Aldine, Chicago, IL.

Beer, S. (1979) *The Heart of Enterprise,* Chichester: Wiley.

Beer, S. (1981) *Brain of the Firm,* 2nd ed., Chichester: Wiley.

Beer, S. (1985) *Diagnosing the System for Organization*, Chichester: Wiley.

Berle, JR. A. A. and Means, G. C. (1982) *The Modern Corporation and Private Property*, New York: The MacMillan Company.

Bohla, H. S. (1992) A model of evaluation planning, implementation and management: Toward a "culture of information"within organizations, *International Review of Education*, 39(2), 103-115.

Bohlander, G. W and Snell, S. A. (2013) *Principles of Human Resources Management*, South Western/ Cengage Learning: Australia

Boltanski, L. and Chiapello, E. (2005) The New Spirit of Capitalism, *International Journal of Politics, Culture and Society*, 18: 161-188.

Bornstein, D. (2004) *How to Change the World: Social entrepreneurs and the power of new ideas*, Oxford: Oxford University Press.

Bohla, H. S. (1992) A model of evaluation planning, implementation and management: Toward a "culture of information"within organizations, *International Review of Education*, 39(2), 103-115.

Boleman, L. G. and Deal, T. E. (1994) The organization as theater, In Tsoukas, H. (eds) (1994) *New Thinking in Organizational Behaviour: From social engineering to reflective action*, pp. 93-107, Oxford: Butterworth/Heinemann.

Boud, D. and Garrick, J. (1999) *Understanding Learning at Work*, Routledge: London.

Buchholz, R. A. (2009) *Rethinking Capitalism: Community and Responsibility in Business*, New York: Routledge.

Burns, T. and Stalkers, G. M. (1991) Mechanistic and Organic Systems, In Shafritz, J. M. and Steven Ott, J. (1991) *Classics of Organization Theory,* 3rd edition, Pacific Grove, California, Brooks/Cole Publishing Company.

Burrell, G. and Morgan, G. 1979. *Sociological Paradigms and Organizational Analysis*, London: Heimann.

Carlisle, Y. (2002) Strategic Thinking and Knowledge Management, In: Little, S. Quintas, P. and Ray, T. (eds.) *Managing Knowledge: An Essential Reader*, London: Sage.

Checkland, P. (1981) *Systems Thinking, Systems Practice*, Wiley, chichester

Checkland, P. (1999) Soft Systems Methodology in Action, Chichester: John Wiley & Sons.

Checkland, P. (2010) Researching Real-Life: Reflections on 30 Years of Action Research. *Systems Research and Behavioral Science,* 27(2): 129-132.

Checkland, P. and Scholes, J. (1990) *Soft Systems Methodology in Action*, Chichester: Wiley.

Checkland, P. B. and Poulter, J. (2006) *Learning for Action: A Short*

Definitive Account of Soft Systems Methodology its use for Pratitioners, Teachers and Students, Chichester: Wiley.

Churchman, C. W. (1971). *The Design of Inquiring Systems: Basic Concepts of Systems and Organizatio*n, New York: Basic Books Publishers.

Clare, M. and Detore, A. W. (2000) *Knowledge Assets: Professional's Guide to Valuation and Financial Management*, Harcourt Professional Publishing: San Diego, New York.

Clarke, A. D. (2007) New Capitalism, *Corporate Governance eJournal*, Faculty of Law, Bond University, http://epublications.bond,au/cgej/7

Coghlan, D. and Brannick (2001). *Doing Action Research in Your Own Organization,* Sage: London.

Coghlan, D. (2011). Practical Knowing: the Philosophy and Methodology of Action Learning Research, in Pedler, M. (eds) 2011. *Action Learning in Practice*. 357-367, Gower: Surrey, England.

Coleman, J. S. (1988) Social Capital in the Creation of Human Capital, *American Journal of Sociology*, 94: 95-120.

Collins, J. C and Porass, J. I. (1994) *Built to Last*, New York: Harper-Collins.

Connolly, W. E. (2002) *Neropolitics: Thinking, Culture, Speed*, Minneaplois · London: University Minnesota Press.

Crimmins, J. C. and Keil, M. (1983) *Enterprise in the nonprofit sector*, New York: Rockefeller Brothers Fund.

Crowther, D. and Green, M. (2004) *Organizational Theory*, CIPD (Chartered Institute of Personnel and Development), London.

Cummings, T. G. and Worley, C. G. (2001) Organization Development and Change, South-Western

Daft, R. L. and Weick, K. E. (1984) Toward a model of organizations as interpretation systems, *Academy of Management Review*, 9, 284-295.

De Man, A. P. (eds.) (2008) *Knowledge Management and Innovation in Networks*, Cheltenham, UK/ Northamption, MA, USA: Edward Elgar.

Donaldson, L. (2001) *The Contingency Theory of Organizations(Foundations for Organizational Science),* London: SAGE Publications, Inc.

Donaldson, T. and Preston, L. E. (1995) The Stakeholder Theory of the Corporation: Concepts, Evidence and Implications, *Academy of Management Review*, 20(1): 65-91.

Drucker, P. F. (1993) *Post-capitalist society*, Oxford:Butterworth-Heinemann.

Drucker, P. F. (1999) "Beyond the Information Revolution,"*Atlantic Monthly*, October, 1999: 47-57.

Espejo, R. (1996) Requirements for effective participation in self-constructed organizations, *European Management Journal*, 14(4), pp. 414-421.

Espejo, R. and Reyes, A. (2011) *Organisational Systems: Managing Complexity with the Viable Systems Model*, Heidelberg: Springer-Verlag.

Espejo, R. Schuhmann, W., Schwaninnger, M. and Bilello, U. (1996) *Organizational Transformation and Learning: A Cybernetic Approach to Management*, Chichester: Wiley.

EU Commission (2002) *Corporate social responsibility: a business contribution to sustainable development.*

Fairclough, N. 1993. Discourse and Social Change. Polity, Cambridge.

Fairclough, N. 2003. Analyzing discourse: textual analysis for social research, Routledge, London.

Farace, R. V., Monger, P. R., and Russell, H, M. (1977) *Communicating and Organizing*, Reading: Addison-Wesley Publishing Company.

Feiock, R. C. (2013) *Institutional Collective Action Dilemmas and the Creative Economy*, Symposium on Regional Development: Regional Economic Development and Governance, June 12th,

2013, Keimyung University.

Flood, R. L. (1987). "Complexity": A definition by Construction of a Conceptual Framework", *Systems Research*, 4(3): 177-185.

Flora, J. L. (1998) Social Capital and communities of place, *Rural Sociology*, 63: 481-506.

Foucault, M. (1974). *The Archaeology of Knowledge*, Trans. A. Sheridan, London: Tavistock.

Foucault, M. (1979). *Discipline and Punish*, Trans. A. Sheridan, Harmondsworth: Penguin.

Foucault, M. (1980). *Power/Knowledge*, London: The Harvester Press.

Foucault, M. (1984). Polemics, politics and problematizations, In Rabinow. P. (ed.) (1994). *Michel Foucault: ethics, essential works of Foucault 1954-1984*, vol. 1. pp. 111- 119, Penguin (the interview conducted by Paul Rabinow in May 1984).

French, W. L. and Be ll, C. H. (1984) *Organization Development*, 3rd edition, Englewood Cliffs, N. J.: Prentice-Hall.

Friedman, M. (1970) The social responsibility of business is to increase its profits. *New York Times*, September 13.

Gardner, H. 1983. *Frames of Mind: The Theory of Multiple Intelligences*, New York: Basic Books.

Garratt, B. (1983) The Power of Action Learning, in Pedler, M. (eds) 1983. *Action Learning in Practice*. pp. 23-38, Gower: Surrey, England.

Garratt, B. (2011) The Power of Action Learning, In Pedler, M. (eds) 2011. *Action Learning in Practice*. 4th edn, 21-34, Gower: Surrey, England.

Garvin, D. A. (1993) Building a Learning Organization, *Harvard Business Review*, July/August, pp. 78-91.

Gergen, K. J. (1994) The limits of pure critique. In, *After Postmodenism: Reconstructing Ideology Critique*, Simons, H. W. and Billing M. (eds.) Sage: London.

Gibbons, M., Limoges, C., Nowotny, H., Schwartzman, S., Scott, P.

and Trow, M. (1994) *The New Production of Knowledge: the dynamics of science and research in contemporary societies*, Health: London.

Gibson, J. L., Ivancevich, J. M. and Donnelly, Jr. J. H. (2000) *Organizations: Behavior, Structure, Process,* 10th ed., McGraw-Hill.

Hall, R. H. (1987) *Organizations: Structures, Processes & Outcomes, 4th edition,* New Jersey: Englewood Cliffs.

Halliday, M. A. K. (1978) *Language as social semiotic: The social interpretation of language and meaning*, London: Edward Arnold.

Handy, C. (1985) *Understanding organizations,* Harmondsworth, UK: Penguin.

Hansmann, H. (1996) *The Ownership of Enterprise*, Cambridge, MA: Harvard University Press.

Haque, U. (2011) *The New Capitalist Manifesto: Building a Disruptively Better Business*, Harvard Business Review Press.

Hart, M. (2010) *Capitalism at the Crossroads: Next generation business strategies for a post-crisis world,* 3rd edition, Pearson Education, Inc., Wharton Business Publishing, New Jersey.

Hatch, M. J. (1997) *Organization Theory: Modern, Symbolic and Postmodern Perspective*, Oxford University Press: Oxford.

Held, D., McGrew, A.G., Goldblatt, D. and Perraton, J. (1999) *Global Transformation: Politics, Economics and Culture*, Cambridge: Polity Press.

Helson, R. (1999) Personality, In Runco, AM. A, and Pritzker, S. R. (eds) *Encyclopedia of Creativity (II),* pp. 361-371, San Diego, CA: Academic Press.

Hull, Z. (2008) Sustainable Development: Premises, Understanding and Prospects, *Sustainable Development*, 16: 73-80.

Ivancevich, J. M. (2001) *Human Resource Management*, 8th edition, Boston: McGraw-Hill/ Irwin.

Isaksen, S. and Tidd, J. (2006) *Meeting the Innovation Challenge:*

Leadership for Transformation and Growth, Chichester: Wiley.

Jackson, M. C. (2000) Systems Approaches to Management, New York: Kluwer Academic/ Plenum Publishers.

Jackson, M. C. (2003). *Systems Thinking: Creative Holism for Manager,* Chichester: John Wiley & Sons Ltd.

Jackson, N. and Carter, P. (2000) *Rethinking Oganisational Behaviour,* Harlow, England: Financial Times/ Prentice Hall.

Kerlin, J. A. (ed.) *Social Enterprise: A Global Compariso*n, Medford, Massachusetts: Tufts University Press.

Kilminster, R. (2011) Norbert Elias's post-philosophical sociology: from 'critique' to relative detachment, In: Gabriel, N. and Mennell, S. (eds.) *Norbert Elias and Figurational research: Processual Thinking in Sociology*, Wiley-Blackwell/ The Sociological Review, Oxford, UK.

Kinicki, A. and Fugate, R. (2012) Organizational Behavior, 5th edition, Boston: McGraw-Hill/ Irwin.

Kinicki, A. and Kreitner, R. (2009) *Organizational Behavior: Key concepts, skills and best practices*, Boston: McGraw-Hill/ Irwin.

Kinsley, M. (2008) *Creative Capitalism: A conversation with Bill Gates, Warren Buffett, and other Economic leaders*, Simon & Schuster Paperbacks: New York.

Kolb, D. 1984. *Experiential Learning*, Prentice -Hall, NJ: Englewood Cliffs.

Kreitner, R. and Kinicki, A. (2010) *Organizational Behavior*, New York: McGraw-Hill/ Irwin.

Lacan, J. (1977) *The Four Fundamental Concepts of Psycho-Analysis*. Trans. A. sheridan, Harmondsworth: Penguin.

Lemert, C., Elliott, A., Chaffee, D. and Hsu, E. (2010) *Globalization: A Reader,* New York Routledge.

Lin, N. (2001) *Social Capital: A Theory of Social Structure and Action*, Cambridge University Press, Cambridge.

Little, S., Quintas, P. and Ray, T. (eds) (2002) *Managing Knowledge: A essential reader*, London: Sage.

Lukes, S. (1974) *Power - A Radical View,* Basingstoke: Macmillan.

MacGill, V. R. D. 2012. *Gonna Lay Down My Sword and Shield: A Complexity Perspective on Human Evolution from a Violent Past to a Compassionate Future*, Houston: Strategic Book Publishing and Rights Co.

Mainzer, K. 1994. *Thinking in Complexity: The Complex Dynamics od Matter, Mind, and Mankind,* Berlin: Springer.

Manz, C. and Sims Jr., H. (2001) *New Superleadership: Leading Others to Lead Themselves*, San Francisco, CA: Berrett-Koehler.

March, J. G. 1981. "Footnotes to Organizational Change."*Administrative Science Quarterly*, 26: 563-577.

Mainzer, K. (2005) *Thinking in Complexity: The Complex Dynamics of Matter, Mind, and Mankind,* 4th ed., Berlin: Springer.

McGill, I. and Brockbank, A. (2004) *The Action Learning Handbook: Powerful techniques for education, professional development and training*. London and New York: Taylor & Francis e-Library.

McMichael, P. (2012) *Development and Social Change: A Global Perspective*, Los Angeles: Sage.

Midgley, J. (2000) *Systemic Intervention: Philosophy, Methodology, and Practice*, New York: Kluwer Academic/ Plenum Publishers.

Morgan, G. (1986) *Images of Organization*. Beverly Hills, CA: Sage.

Nahapiet, J. and Ghoshal, S. (1998) Social capital, intellectual capital, and the organizational advantage, *Academy of Management Review*, 23(2): 242-266.

Net Impact, (2009) About Net Impact, Retrieved January 28, 2009, www.netimpact.org/displaycommon.cfm?an=I

Nicolis, G. and Prigogine, I. (1994) *Exploring Complexity: An Introduction,* New York: W. H. Freeman and Company.

NIPA, 2016, 국내외 ICT 외국인 취업, 창업 비자 현황 조사 및 개선방안

연구
Nonaka, I., and Takeuchi, H. (1995) *The Knowledge Creating Company: How Japanese Companies Create the Dynamics of Innovation*, Oxford: Oxford University Press.

North, D. C. (1991) Institutions, The *Journal of Economic Perspectives*, 5(1): 97-112.

Northouse, P. G. (2016) *Leadership: Theory & Practice*, 7th edition, Los Angeles: Sage.

O'Sullivan, D. and Dooley, L. (2009) *Applying Innovation*, Los Angeles: Sage.

Pfeffer, J. (1992) Understanding the Role of power in Decision Making, In Shafritz, J. M. and Steven Ott, J. (eds) Classics of Organization Theory, 3rd edition, pp. 404-423, Pacific Grove, California: Brooks/Cole Publishing Company.

Porras, J. I. and Robertson, P. J. (1992) Organizational Development: Theory, Practice and Research, In M. D. Dunnette and L. M. Hough (eds.), *Handbook of Industrial & Organizational Psychology*, Consulting Psychologists Press, pp. 719-822.

Prigogine, I and Stengers, I. (1984) *Order Out of Chaos: Man's New Dialogue with Nature*, New York: Bantam Books.

Putnam, R. D. (1973) *Making Democracy Work, Civic T*

Putnam, R. D. (1993) *The belief of politicians: Ideology, conflict, and democracy in Britain and Italy,* New Haven, CT: Yale University Press.

Rindova, V. Barry, D. Ketchen D. J, Jr (2009) Entrepreneurship as emancipation, *Academy of Management Review*, 34(3): 477-491.

Robbins, S. P. (1983) *Essentials of Organizational Behavior*, New Jersey: Prentice-Hall.

Rothwell, R. (1992) Successful industrial innovation: Critical success factors for the 1990s, *R & D Management*, 22(3), 221-239.

Samuelson, P. A. and Nordhaus, W. D. (1989) *Economics*, 13th edition,

McGraw-Hill, Boston.

Sato, T. (2013) Ethics and Social Responsibility in International Business, in D. Tsang, H. H. Kazeroony and G. Ellis (eds.), *The Routledge Companion to International Management Education*, London and New York: Routledge, Taylor & Francis Group, 86-103.

Schwaninger, M. (1994). *Management-Systeme*, Frankfurt, New York: Campus Verlag.

Schwaninger, M. (2004). What Can Cybernetics Contribute to the Conscious Evolution of Organizations and Society? *Systems Research and Behavioral Science*, 21(5), pp. 515-527.

Senge, P. (1990) *The Fifth Discipline*, New York: Double-Day.

Senge, P. M. and Sternman, J. D. (1992) System Thinking and Organizational Learning: Acting Locally and Thinking Globally in the Organization of the Future, European Journal of Operation, 59(1): 137-150.

Shafritz, J. M. and Steven Ott, J. (1991) *Classics of Organization Theory*, 3rd edition, Pacific Grove, California: Brooks/Cole Publishing Company.

Shaw, E. and Carter, S. (2007) Social entrepreneurship: theoretical antecedents and empirical analysis of entrepreneurial process and outcomes, *Journal of Small Business and Enterprise Development*, 14(3): 418-434.

Shaw, W. H. and Barry, V. (2016) *Moral Issues in Business*, 13th ed, Boston, MA. USA: Cengage Learning. .

Siebert, H. (2005). *The German Economy: beyond the social market*, Princeton University Press, Princeton and Oxford.

Simon, H. A. (1957) *Administrative Behavior*, 2nd ed., New York: Macmillan.

Skerratt, S. (2012) Developing rural social enterprise: the relevance of context, in Farmer, J., Hill, C. and Munoz, S-A. (eds.) *Community Co-Production: Social Enterprise in Remote and*

Rural Communities, 24-46, Edward Elgar, Cheltenham, UK/ Northampton, MA, USA.

Slocum, J. w. and Hellriegel, D. (2011) *Principles of Organizational Behavior*, South-Western Cengage Learning: Austrailia.

Smith, A. (1776). *The Wealth of Nations*, London: Strahan and Cadell.

Somers, A. B. (2005) Shaping the Balanced Scorecard for use in UK social enterprise, *Social Enterprise Journal*, 1(1): 43-56.

Spar, D. (1993) *China (A): The Great Awakening*, Harvard Business School.

SSEC (2009) *Policy and Resources*, Retrieved from http://www.scottishsocialenterprise.org.uk/policy/

Stacey, R. D. (1992) *Managing Chaos: Dynamic Business Strategies in an Unpredictable World*, Kogan Page.

Stacey, R. D. (2006) *Complexity and Creativity in Organizations*, San Francisco: Berret-Kohler.

Stacey, R. D., Griffin, D. and Shaw, P. (2000). *Complexity and Management: Fad or Radical Challenge to Systems Thinking*? Routledge, London.

Stogdill, R. M. (1974) *Handbook of leadership: a survey of theory and research*, New York: Free Press.

Taylor, F. W. (1911) *Scientific Management,* Harper & Brothers Publishers, New York and London.

Tidd, J. and Bessant, J. (2013) *Managing Innovation: Integrating Technological, Market and Organizational Change*, 5th edi., Chichester: Wiley.

Tsoukas, H. (eds) (1994) New Thinking in Organizational Behaviour: From social engineering to reflective action, Oxford: Butterworth/ Heinemann.

Vibert, C. (2004) *Theories of Macro Organizational Behavior: A Handbook of Idea and Explanations,* New York: M. E. Sharpe.

Yu, J. E. (2005). Incorporating knowledge management as HRD

strategy: the case of a Korean electronics company, *Journal of Organisational Transformation and Social Change*, Vol. 2, No. 3: 187-212.

Yu, J. E. (2013). The Use of Deleuze's Theory of Assemblage for Process-Oriented Methodology, *Historical Social Research*, 38(2): 197-217.

Yu, J. E. (2017) Proposing a Process-Oriented Systems Research for Systems Thinking Development, *Systems*, 5(2): 34; doi:10.3390/systems5020034. http://www.mdpi.com/

Yu, J. E. and Lee, J. W. (2008) Creating rhizomatic networks and ethics for the marginalized group, *Systemic Practice and Action Research* , Vol 21(4), 253-266.

Yu, J. E. and H. C. Hong, H. C. (2016). Systemic Design for Applying the Combined Use of SSM and CDA to Social Practices, *Systemic Practice and Action Research*, 29: 149-171.

관련 Web Sites

네이버 백과사전 http://100.naver.com/100.nhn?docid=84643

도요타자동차(www.toyota.co.jp)

찾아보기

유재언

고려대학교 무역학과 졸업
영국 런던대학(West London College) 경영학 diploma
영국 헐대학교(University of Hull) 경영학 석사
영국 링컨대학교(University of Lincoln) 경영학 박사
고려대학교 전문교수/ 초빙교수
계명대학교 경영대학 부교수

4차 산업혁명 시대를 위한
혁신적 조직행동

초판 1쇄 발행 _ 2018년 3월 20일
초판 2쇄 발행 _ 2019년 1월 30일

저　자 · 유 재 언
발행인 · 정 현 걸
발　행 · 신 아 사
인　쇄 · 대명프린팅
주　소 · 서울특별시 은평구 통일로 59길 4 (2층)
전　화 · (02) 382-6411 팩스 · (02) 382-6401
홈페이지 · www.shinasa.co.kr
E-mail · shinasa@daum.net
출판등록 · 1956년 1월 5일(제9-52호)

ISBN: 978-89-8396-278-2(93320)

정가 20,000 원